世界哲學家叢書

知 禮

釋 慧 岳 著

1995

東 大 圖 書 公 司 印 行

國立中央圖書館出版品預行編目資料

知禮／釋慧岳著.--初版.--臺北市：
東大發行：三民總經銷，民84
　面：　公分.--(世界哲學家叢書)
參考書目：面
含索引
ISBN 957-19-1721-4（精裝）
ISBN 957-19-1722-2（平裝）

1.（宋）釋知禮-傳記

226.49　　　　　　　　　　84008926

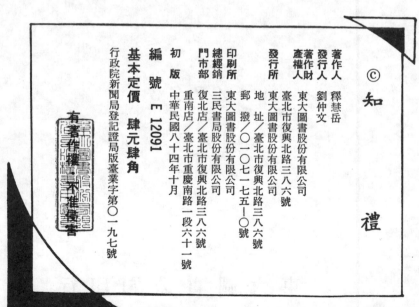

ⓒ 知　禮

著　作　人　釋慧岳
發　行　人　劉仲文
產權人財
著作權　東大圖書股份有限公司
發　行　所　東大圖書股份有限公司
　　地　址／臺北市復興北路三八六號
　　郵　撥／〇一〇七一七五─〇號
印　刷　所　東大圖書股份有限公司
總　經　銷　三民書局股份有限公司
門市部
　　復北店／臺北市復興北路三八六號
　　重南店／臺北市重慶南路一段六十一號
初　版　中華民國八十四年十月
編　號　E 12091
基本定價　肆元肆角
行政院新聞局登記證局版臺業字第〇一九七號

有著作權·不准侵害

ISBN 957-19-1722-2（平裝）

「世界哲學家叢書」總序

　　本叢書的出版計畫原先出於三民書局董事長劉振強先生多年來的構想，曾先向政通提出，並希望我們兩人共同負責主編工作。一九八四年二月底，偉勳應邀訪問香港中文大學哲學系，三月中旬順道來臺，即與政通拜訪劉先生，在三民書局二樓辦公室商談有關叢書出版的初步計畫。我們十分贊同劉先生的構想，認為此套叢書（預計百冊以上）如能順利完成，當是學術文化出版事業的一大創舉與突破，也就當場答應劉先生的誠懇邀請，共同擔任叢書主編。兩人私下也為叢書的計畫討論多次，擬定了「撰稿細則」，以求各書可循的統一規格，尤其在內容上特別要求各書必須包括(1)原哲學思想家的生平；(2)時代背景與社會環境；(3)思想傳承與改造；(4)思想特徵及其獨創性；(5)歷史地位；(6)對後世的影響（包括歷代對他的評價）；以及(7)思想的現代意義。

　　作為叢書主編，我們都了解到，以目前極有限的財源、人力與時間，要去完成多達三、四百冊的大規模而齊全的叢書，根本是不可能的事。光就人力一點來說，少數教授學者由於個人的某些困難（如筆債太多之類），不克參加；因此我們曾對較有餘力的簽約作者，暗示過繼續邀請他們多撰一兩本書的可能性。遺憾

的是，此刻在政治上整個中國仍然處於「一分為二」的艱苦狀
態，加上馬列教條的種種限制，我們不可能邀請大陸學者參與撰
寫工作。不過到目前為止，我們已經獲得八十位以上海內外的學
者精英全力支持，包括臺灣、香港、新加坡、澳洲、美國、西德
與加拿大七個地區；難得的是，更包括了日本與大韓民國好多位
名流學者加入叢書作者的陣容，增加不少叢書的國際光彩。韓國
的國際退溪學會也在定期月刊《退溪學界消息》鄭重推薦叢書兩
次，我們藉此機會表示謝意。

　　原則上，本叢書應該包括古今中外所有著名的哲學思想家，
但是除了財源問題之外也有人才不足的實際困難。就西方哲學來
說，一大半作者的專長與興趣都集中在現代哲學部門，反映著我
們在近代哲學的專門人才不太充足。再就東方哲學而言，印度哲
學部門很難找到適當的專家與作者；至於貫穿整個亞洲思想文化
的佛教部門，在中、韓兩國的佛教思想家方面雖有十位左右的作
者參加，日本佛教與印度佛教方面卻仍近乎空白。人才與作者最
多的是在儒家思想家這個部門，包括中、韓、日三國的儒學發展
在內，最能令人滿意。總之，我們尋找叢書作者所遭遇到的這些
困難，對於我們有一學術研究的重要啟示（或不如說是警號）：
我們在印度思想、日本佛教以及西方哲學方面至今仍無高度的研
究成果，我們必須早日設法彌補這些方面的人才缺失，以便提高
我們的學術水平。相比之下，鄰邦日本一百多年來已造就了東西
方哲學幾乎每一部門的專家學者，足資借鏡，有待我們迎頭趕
上。

　　以儒、道、佛三家為主的中國哲學，可以說是傳統中國思
想與文化的本有根基，有待我們經過一番批判的繼承與創造的發

展，重新提高它在世界哲學應有的地位。為了解決此一時代課題，我們實有必要重新比較中國哲學與（包括西方與日、韓、印等東方國家在內的）外國哲學的優劣長短，從中設法開闢一條合乎未來中國所需求的哲學理路。我們衷心盼望，本叢書將有助於讀者對此時代課題的深切關注與反思，且有助於中外哲學之間更進一步的交流與會通。

　　最後，我們應該強調，中國目前雖仍處於「一分為二」的政治局面，但是海峽兩岸的每一知識份子都應具有「文化中國」的共識共認，為了祖國傳統思想與文化的繼往開來承擔一份責任，這也是我們主編「世界哲學家叢書」的一大旨趣。

傅偉勳　韋政通

一九八六年五月四日

自　序

　　中國佛教，在宋代初期的天台宗，能發展至天台教學史上，得特放異彩之登峯造極的興盛，乃因出了不少高僧的緣故，其中被後代尊敬為宋代天台第一高僧的是知禮大師。

　　知禮大師護教衛道的精神，及其苦修實踐的精進，絕不是空受虛名而被稱為第一高僧! 依唐代道宣（西元五九六～六六七）律師著《續高僧傳》（大正五〇～四二五），能當選高僧，即以十德而分為十科，即：(1)翻譯，(2)義解，(3)習禪，(4)明律，(5)感通，(6)遺身，(7)讀誦，(8)護法，(9)興福，(10)雜科（兼通世學）。其中前八科屬修慧門，第九為修福門。又南宋時代的宗曉（西元一一五一～一二一四）大師對知禮大師之成就讚歎說（大正四六～八五八B）：

　　　　「伏讀三朝僧傳，十科選佛，西聖之法，取材盡矣。而吾
　　　　祖法智（知禮大師之封號），以道供職，妙觀著述，洪演
　　　　興起大教，義解為首，造寺造像，營福次之! 生於舌根舍
　　　　利滅後儼然! 神異有餘。」

又《佛祖統紀》卷第九（大正四九～一九四B）讚歎說：

「自荊溪而来，九世二百年矣！……備眾體而集大成，闢
異端而隆正統者，唯法智一師耳！是宜陪列祖，稱為中
興，用見後學，歸宗之意。」

據上述，知禮大師在十科中，既得多種，即其一生，為荷擔如來
家業而嘔心瀝血勤習止觀，闡揚天台教觀，闢異端而隆正統，且
常坐不臥，足無外涉，誠是佛教中之大思想家、大哲學家、宗教
大實踐家，亦堪稱是台宗宋代高僧中之傑出高僧，他雖是垂化千
年，卻永久是台宗後裔尊崇的一大宗師。

知禮大師的如是成就，乃全由其實踐力，妙得自內證的智
慧，不但是天台教典的精熟，及至大藏的一切聖典都精通，而得
深深體會到佛陀之本懷，如為欲眾生趨入「寶所」的捷徑，必由
依「修觀」而獲得，即以修觀而斷妄心為對象，妄心既斷，即大
圓鏡智由之生，遂得真如實相的顯現為趨入寶所的根本之道，故
知禮大師，強調修行者要認識清楚，絕不是唯唱「真心論」，而
放棄實際的修觀，就能得淨心的顯現，絕無是理！故修行者當
知，必須苦心實踐修觀，才能證得安身立命！

知禮大師的教化有方，攝眾之多，得由年譜中可資證明。且
及至於日本，在知禮大師四十四歲時（西元一〇〇二），從答日
僧源信師等，請問「台宗問目二十七條」後，日本天台宗，就依
之而專弘知禮大師教學，傳至現代尚盛。

最為可惜的是，筆者在一九八八年春，朝禮天台祖庭之便，
特至寧波探尋，始知延慶寺、觀宗講寺等，有關台宗系統的寺院
都無存！唯見延慶寺的大殿，成為糧食倉庫而已。雖然知禮大師
之道場現今無存，但其遺留的嘉言著作，卻永久留存在天台教學

史上，乃肯定是常照而不滅的燈塔！

　　要研究知禮大師的思想，應從其大著十五種中尋求，始能顯露出來，但愚痴的筆者，雖虔誠而盡心的恭誦過幾遍，還是無法整然的寫出來，唯應傅偉勳教授之徵稿，不得不勉強寫出其萬分不及一，僅以作為交卷而已！故錯誤難免，還祈十方大德指正是禱！

釋　慧　岳

一九九五年六月五日

目　　次

第二章　知禮傳承妄心觀之特色

第三章　知禮傳持實踐觀門之特色

序　論

中國，自唐代之德宗至五代中（西元七七九～九五七）的二百年間，乃是戰禍不休的亂世，致使佛教也因戰亂影響而衰微！當時的天台宗，據宗鑑大師於西元一二三七年編《釋門正統》卷二說：

> 「智者所說教迹，自安史挺亂以來，會昌籍沒之後，當時碩德，但握半珠，隱而不曜，所有法藏，多流海東。」❶

即會昌五年（西元八四五）的武帝廢佛❷，乃中國佛教蒙受最慘酷的破壞！當時之天台宗徒，都紛紛隱散於各地，教典也因而流逸於韓國、日本。天台宗乃是最重視理論和實踐之學派，竟遭受教典散失的厄運，這對天台宗來說，實是極致重傷至大之打擊！幸得當時的吳越王錢氏❸，其維護佛教的精神甚為深厚，遂備重禮遣使至韓國，幸其奉還教典，故天台宗遂亦得復興之機運！雖然教典齊備，可使教理研究上之方便，但在同時，學徒之間竟發生思想傾向的不同，因而造成山家、山外兩派的對立，且互諍理論甚為激烈！但真理卻是愈辯愈明，也因為此諍論而因禍得福，反使天台教學達於登峯造極之境界，形成宋代天台學的極致

興隆。

　　兩派之對立淵源，乃始於志因大師的門下晤恩（九一二～九八六）大師所著之《金光明經玄義發揮記》，認爲「玄義」釋名段的觀心釋文，係是後人所僞撰附加而成爲「廣本」，且堅持「略本」才是智者（五三八～五九七）大師親撰。就因爲該書廣略兩本之眞僞問題，致使論諍不斷的對抗竟達四十餘年之久。

　　山外、山家兩派的傳承分別是：天台宗第十四代清竦大師之門下，有義寂、志因大師。義寂之門下有義通，再傳有知禮、遵式大師，在知禮門下更有尙賢、本如、梵臻大師等，以上稱爲「山家派」；「山外派」是與義寂大師同門的志因大師門下，有晤恩，再傳有源清，其門下有：慶昭、智圓大師，慶昭門下有繼齊、咸潤大師等。又義寂大師門下的宗昱，及知禮門下的仁岳大師，及尙賢大師之徒孫——從義大師等，雖出身於山家學派，但他們的思想，卻傾向同於山外，故被山家派認爲是破壞傳統之異端者，而蒙受嚴厲的處分，並被摒棄、攻擊，更被後人排斥，冠以「山外雜傳派」的污名。

　　然宋代的天台宗分裂爲兩派之論諍，由其表面看來，係由《金光明玄義》廣略問題而引起，但追尋其根本原因，卻是晤恩門下過於親近禪❹、華嚴❺哲學，而脫離天台本質的緣故。即當時禪宗得一枝獨秀的繁榮，使得天台宗徒應運而接近，致使天台教團衰落！竟在不得已的狀況下，造成非吸收他宗派之教義來輔助不可的狀態！故山外派的諸學者們，就是承受禪、華嚴思想而別開一面，主張「心造」「心變」之原理，以作維護天台教團的復興！由此，俾使現代之台宗教徒，還可窺探古代先德的用心良苦！

一、智者大師對真妄之二心論

在智者大師的教學中，究竟是以妄心爲主體？或是以眞心爲
主體？或兩者皆是？智者（五三八～五九七）大師乃承南岳慧思
（五一五～五七七）大師的思想爲基礎。在慧思大師所著《諸法
無諍三昧法門》中說：

> 「初學禪時，思想多念，覺觀攀緣，如猿猴走，不曾暫
> 停。假使行者，數隨心觀，亦不能攝，即作是念，『三界
> 虛妄，皆心所作』，即觀是心，從何處生？」❻

又繼之說：

> 「心若在內，何處居止？遍觀身內，求心不得！無初生
> 處，亦無相貌。
> 心若在外，住在何所？遍觀身外，覓心方所，都不見心。
> 復觀中間，亦不見心。
> 如是觀時，不見內入心，不見外入心，不見內外入心，不
> 見陰中心，不見界中心。
> 當知！此心空無有主，無名、無名行、無相貌，不從緣
> 生，不從非緣生，亦非自生。」

即強調心如猿猴般，行走無停息，且證明思想演變在於妄心的攀
緣，雖有覺觀之修持，還是無法統攝，故其結論是「三界虛妄，

皆從心之所作」。這更可證明眾生所用之心，乃是全屬妄心的運用。如是觀念，更於內、外、中間——即內入心、外入心、內外入心都不可得，即三界的中心思想都無實在，故說「此心空無有主」。如是，慧思大師的思想，乃被智者大師忠實的繼承。又《十住經》❼之「了知於三界，但從心而有」，與《六十華嚴》❽十地品之「了達於三界，但從貪心有，…在於一心中，……但從心而起」等，皆是領悟生死乃由心所作，心若滅即生死滅。

所謂「心」，乃針對「妄心」，故有生死皆被妄心所驅使，而遭受六道輪迴不休的苦果！故如能將妄想心除去，即無生死之慮。換言之：本來清淨的真如心，卻被一念妄心所運用，遂演變成為千變萬化之眾生心（妄心），故唯識學家也強調，由於第六、七識的妄心作弄，因而造成貪等一切惡業。且禪學家在實踐禪七的修持時，其主旨還是針對要打死第七識之取捨的妄心，才能找到本來面目之主人翁（真心）。而淨土家的念佛至一心不亂，亦是強調人們的日常生活中，都被雜亂心利用而不得安然，故必須以雜亂之妄想心為對象，以念佛、觀佛而棄除妄想，始能深入安心立命的境界。且律宗的大德，亦依戒律而嚴肅身心，即是深怕真心被妄心所作弄而變質生起貪瞋痴，故須時時刻刻守持：並以非禮勿視、非禮勿作、非禮勿言等原則，為實踐行的實訓。因此，佛教實踐門的重點，旨在於避免妄心的作弄，而以維持真心不墮落為旨趣。

智者大師妙契經典的啟示，並且上承慧思大師的思想，更由內證妙悟而發揮心之演變，遂宣說一心十法界、一念三千等妙論！其主旨是：強調人們之日常生活當中，時時刻刻都用錯了心（妄心），因而才有生死不能了之苦，為免除生死，則須藉由修

觀——即重視依觀力——俾使妄心不生起，此爲追尋眞如本心的
途徑！

　　眞心是淸淨本如的性體，既墮爲凡夫，即是眞心變質而成妄
心，致使生死不斷之慘，故智者大師的敎學，才極重視實踐門之
修觀，且以理論門輔助實踐門的成就，樹立天台敎學之極致。這
種敎學，由唐代湛然大師繼承而弘揚！降至宋代，更得知禮大師
忠實繼承而發揚光大，得成爲宋代天台敎學登峯造極之興盛。

　　在智者大師的著作中，處處都顯示卻除妄心而重視實踐修觀
爲中心思想，在《小止觀》說：

> 「內外根塵妄識，一切有漏煩惱法，三界有爲生死因果
> 法，皆因心有，故《十地經》云：『三界無別有，唯是一
> 心作。』若知心無性，則諸法不實，心無染著，則一切生
> 死業行止息。」❾

如是可知，一切煩惱、生死等，皆爲一心所作，若心無染着，即
一切生死業感就止息。換言之：一切業感都是因眞心被妄心作弄
而產生，若無妄心，即一切生死都無，故強調修觀就是除斷妄心
而攝皈於眞心，故在天台學中，被認爲是極重要的途徑。

　　又《法華玄義》說：「三界無別法，唯是一心作。心能地獄
……心能賢聖，覺觀心是語本❿。」顯示心能造地獄、天堂、賢
聖，即符合證眞心是賢聖，而用錯心則成地獄。是以天台學強調
不被妄心所迷，至速反省，由妄心修觀，以成就賢聖，故云「覺
觀心是語本」爲旨趣。且在唐代譯出之《大佛頂首楞嚴經》說：

「一切眾生，從無始來，生死相續，皆由不知常住眞心，性淨明體，用諸妄想，此想不眞，故有輪轉。……是義必明將無所惑。」⑪

又同經更云：

「一切眾生，從無始來，種種顚倒，業種自然，如惡叉聚，諸修行人，不能得成無上菩提！……皆由不知二種根本，錯亂修習，猶如煮沙欲成嘉饌，縱經塵劫終不能得！云何二種？阿難！一者無始生死根本，則汝今者與諸眾生，用攀緣心爲自性者。二者無始菩提涅槃元清淨體，則汝今者識精元明，能生諸緣！緣所遺者，由諸眾生遺此本明，雖終日行而不自覺，枉入諸趣。……前塵虛妄相，想惑汝眞性，由汝無始至于今生，認賊爲子，失汝元常，故受輪轉。」⑫

上舉引文乃證明智者大師具先見之明，在《楞嚴經》尚未譯出之前，既分析眞心、妄心之覺迷兩界，並言，一切眾生雖有成佛作祖之眞心，但皆被妄想所迷而不自覺，如認賊爲父，甘墮於惡趣。故欲實踐修持，以了生脫死，必須觀妄心爲對象，而以修觀爲旨趣。換言之：本來，心是清淨性體，即無染、無動、無縱、無橫、無上下、無方偶，卻因以根塵相對而生一念心（妄心），一念妄心既然顯現，即同時將清淨無染之「眞如心」變質爲妄心，且被驅使而顯現千差萬別的現象變化！如不謹愼小心，即易墮於三惡道。如《摩訶止觀》說：

「心是惑本，其義如是！若欲觀察，須伐其根，如炙病得
穴。今當去丈就尺，去尺就寸，置色等四陰，但觀識陰，
識陰者心是也。」❸

上舉可知，「心」是業惑之根本，如欲斷除惑本的妄心，必須斷
其根源。即所謂「炙病得穴，去丈就尺，去尺就寸」的如是義，
故找出妄心之中心病源，再對症下藥，方爲上策。可知，智者大
師的一生，不單是重視理論門的義解，更重視實踐門的修持禪
觀！故唐道宣律師之《續高僧傳》❹卷一七，將智者大師編入於
「習禪篇」。因在天台學之實踐門中，智者大師特別重視讀誦、
懺悔，並組織整然的儀制爲輔助而消滅妄心爲事懺門。即在日常
生活中，則以禮拜本尊，懺悔宿業而行道、誦經、坐禪等作爲行
儀。在《方等三昧》說：

「若覺觀攀緣則浮相，若無所記錄，即是沉相。浮則可以
止攝歸心性，知性不動。沉則可以觀察，起令念慮明白。
雖無能觀所觀，而法性平等，非垢非淨，即是實性。……
是則垢淨雙泯，無垢無淨，猶如虛空，名爲畢竟清淨。」❺

上舉，攀緣的浮相，必用「止」而制住，惛沉時必用「觀」而令
心顯明。如此乃是明示因妄心之作弄才有浮沉等相。本來，心性
是不動，卻由妄心的驅使而始有浮動。又心是平等，是非垢非
淨，如同虛空，所有現象，乃因妄心的作弄而造成生死之根本，
如欲斷除生死，必依修觀之三昧力，始能消滅妄心而趨入於眞實
心，也才能符合與諸佛之一實平等，獲得清淨的境界！至於《法

華三昧》說:

> 「行者當諦觀，現在一念妄心，隨所緣境，如此之心，為
> 因心故心。為亦因心亦不因心故心。為非因心非不因心故
> 心。為在三世，為在內外兩中間，有何足跡，在何方所？
> 如是等種種因緣中，求心畢竟不可得！心如夢幻不實，寂
> 然如虛空，無名無相，不可分別。
> 爾時行者，尚不見心是生死，豈見心是涅槃，旣不得所
> 觀，亦不存能觀，不取不捨不倚不着，一切念想不起，心
> 常寂然，亦不住寂然，言語道斷，不可宣說。雖不得心非
> 心相，而了了通達一切心非心法，一切皆如幻化。是名觀
> 心無心，法不住法，……一切妄想顛倒，所作罪福諸法皆
> 從心起。……應當心心存念三寶，觀心性空，不得於剎那
> 頃，憶念五欲世事，生邪念心。」❶❻

強調心因妄心而隨境演變，故必須依諦觀修持，始能將夢幻不實
的妄心，歸納於寂然的清淨。更且強調不得執着於有妄心的存
在，即要不取不捨、不倚不着，俾使一切念之相，都不能生起，
以專心恭念三寶，絕不讓思慮五欲等邪念，在頃刻之間別生異
念！如此捨去妄心的修觀，始得之三昧力顯現，才能眞是達成妙
用。如唯依眞心為主體，即就不必實踐修觀，可以說人人本來就
是聖人，那所謂實踐修觀就成為多餘的事了！當知，因為人人非
聖人，且於日常生活中，都是被妄心驅使，故稍有不愼，就會犯
錯而造成惡業，既造惡業，必墮於三惡道，這是確然的定律；故
智者大師，才處處強調：必須分清眞妄兩心，時時反省，絕不可

被妄心作弄！換言之，即日常中的語言、動作、思想，對於直接、間接、主體與對象等，絕不許輕浮而被妄心利用，造出一切惡業，作為警策修行的焦點。故智者大師在公開宣示，以「除諸法實相，餘皆魔事」⑰為旨趣。

智者大師非常重視日常生活中三業清淨的修行，然而要如何才能修得三業清淨？即在日常中，不被妄心驅使，而且必須以修觀作為斷除妄想的妙法！《法華三昧懺》說：「言語道斷，一切皆如幻化，一切妄想顛倒，所作罪福諸法，皆從妄心所現！」絕不允許剎那頃刻間，雜生思慮世間五欲俗事的邪念等，而重視斷妄念以趣入真心，為天台教學奠定實踐門的基礎。

智者大師之理論、實踐雙美的教學，得宋代知禮大師之忠實繼承，故知禮的一生當中，除弘揚佛法外，就是重視修懺，即精修《法華懺》⑱等，他並勉勵徒眾，必須依照修觀實踐為學佛的根本旨趣。

二、湛然大師之真妄心分析論

中國佛教的傳承，乃從印度龍樹、提婆等菩薩的中觀派（空宗・實相），無著、世親等菩薩的瑜伽派（有宗・緣起法）之二大系統的思想展開而成立。所謂空與緣起（有）是同義，依現代學者坂本幸男（一八九九～一九七三）博士說⑲：空與緣起乃同一內容，即針對空之本義，以否定為表面，肯定為背面；或以緣起為肯定的表面，而以空為否定之背面的對蹠關係。這是依表現性之主觀輕重為焦點，即由學派之傳承的根本立場而論。如依「第一義諦」之中觀派而論，則是重視以「空」為主觀。如以

「俗諦」爲說明目標的瑜伽行派而論，則是喜用緣起思想而顯明。但天台教學，既尊龍樹爲高祖，當然屬中觀系，但在《法華玄義》中的論述，卻不單是中觀系而已，還有瑜伽系之思想交流，處處可見。誠是天台教學具極致圓融的特色！

降之唐代，天台六祖湛然（七一一～七八二）大師，還受華嚴宗法藏（六四三～七一二）大師的思想影響，但法藏也承受智者大師的影響不少！即於華嚴緣起思想的事事無礙論當中，冥含天台思想的色彩是有趣的。

湛然大師，雖然繼承智者大師的思想，還重視針對利那的一念妄心，但另一面也重視眞心理體的發揮；也許是受到初唐以來，隆盛的禪宗思想之薰陶，而強調以一念心具賅攝一切因果的觀念，作爲輔成智者大師之「性具」圓融的妙論！即湛然大師爲積極追究「理」的觀念化，依據《法華玄義》說：

> 「心如幻焰，但有名字，名之爲心。適言其有，不見色質；適言其無，復起慮想，不可以有無思度故，故名心爲妙！妙心可軌，稱之爲法。心法非因非果，能如理觀，………心本無名，亦無無名，心名不生，亦復不滅，心即實相。」❷⓪

對之湛然大師著《法華玄籤》的解釋，即：

> 「心性觀之，但有名字，言有即一念都無，況有十界質像也。言無則復起三千慮想，況一界念慮耶？不可以此有無思故，即一念心中道冷然！故知心是妙也。妙即三千，三

千即法，法故三軌，故云可軌。此心法非因非果，此舉因果所依之體，能如理觀，此語，能取因果之觀故。」❷

上舉可知，智者大師主張，即以現前的知覺，不必思慮爲妙心，故湛然大師，乃依其爲根源，或爲心之本體。再說，智者大師是以「心如幻焰」觀之，湛然大師則以「心性」爲主體觀，並且追尋至一念心之本體的「心性」，更強調：妙心之「妙」是三千，三千即法，乃從三千而法，由法而移至三軌，而歸結於可軌爲旨趣。換言之，智者大師是以現實經驗的主體觀爲心，並以現實觀念爲始，運轉於認識的變遷，即以事事無礙的現實爲心，故說「心即實相」。在《法華玄義》說❷：妙有、畢竟空、如如、虛空佛性、如來藏、第一義諦等，都是實相的異名。對之，湛然大師，即以「心法非因非果」，認爲心法是因果所依之體，即尋求觀念而透過事相之趣向於心法的妙論！再說，智者大師是以現實對象的實際現狀爲心，湛然乃將實際的現實，必歸依還元於心體，然後再以如法如理的「能取因果之觀」主張理事無礙。由此，湛然大師之重視理體的眞心觀念，卻遺留至後世，遂造成宋代天台宗之同門論諍的理由在於斯。

註：

❶　卍續精一三〇～三八一 **A**（中國佛教會版）。

❷　會昌五年（西元八四五年，但《舊唐書》卷一八上，卻說是會昌四年）。

❸　吳越王錢氏，係西元九〇七年，錢鏐於浙江一帶稱王，至第五代懿王弘俶（九四八？～九七八），承德韶國師之奏，於西元九六〇年備厚禮，遣使於韓國，九六一年十月，得諦觀大師奉還教典至螺溪

（天台山）。

❹ 自從唐末以來的佛教，唯禪宗一枝獨秀之繁榮，也許是禪宗主張不立文字，而免棄文字研究之煩澀的緣故？

❺ 依《華嚴經》之法界緣起，明萬物同體而事事無礙，相即相入之無盡無礙等。

❻ 大正四六～六三六Ｂ。

❼ 大正一〇五～六Ｂ。

❽ 大正九～五六〇Ａ。

❾ 大正四六～四六五Ｂ。

❿ 大正三三～六八五Ｃ。

⓫ 大正一九～一〇六Ｂ。

⓬ 大正一九～一〇八Ｂ。

⓭ 大正四六～五二Ａ。

⓮ 大正五〇～五六四Ａ。

⓯ 大正四六～九四五Ｃ。

⓰ 大正四六～九五四ＡＢ。

⓱ 大正五〇～一九二Ａ。

⓲ 大正四九～一九三Ｃ。

⓳ 參照《華嚴教學之研究》頁五七三，一九五六年出版，日本京都平樂寺書店。

⓴ 大正三三～六八五Ｃ。

㉑ 大正三三～八二九Ｂ。

㉒ 大正三三～七八二Ｃ。

第一章　知禮顯揚傳統理論之特色

　　宋代之天台學，自從義寂（九一九～九八七）大師，重獲天台教典後，天台學即以一日千里之勢而進展！但和義寂同門的志因（生寂？）大師之弟子──晤恩（九一二～九八六）大師，著《金光明經玄義發揮記》（失傳）認爲《玄義》釋名段的十重觀心釋文，是後人僞撰附加而成爲「廣本」，且堅持「略本」才是智者大師所撰。然因該書的廣略、眞僞問題，遂惹起山家、山外兩派論諍的導火線，曾前後對抗達四十年之久。茲略述論諍始末於次：

一、教相形式上論諍

　　由晤恩大師《發揮記》問世後，義通大師亦著《金光明玄義贊釋》及《金明文句備急鈔》與之抗辯；繼之，知禮大師也著《釋難扶宗記》，強調「廣本眞撰說」的主張而輔助義通之說。對之，源清（西元？～九九七）大師門下的慶昭（九三六～一〇一七）、智圓（九七六～一〇二二）大師，遂合著《辯訛》以反擊。知禮大師再寫《問難書》以辯正。之後，慶昭更撰《答疑書》反駁，知禮復寫《詰難書》再加之反難。前後歷經七載，往

返責難不息，最後（西元一〇〇七年六月）幸得智圓法師請當地
縣長出面調解，這場論戰始暫閉幕。以圖示如下❶：

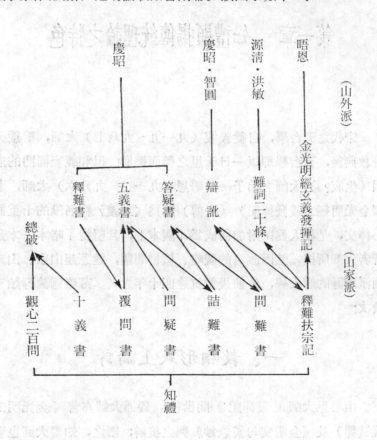

經過十餘年後，智圓大師又著《金光明玄義表微記》，徵述詞
鄙、義劣、理乖、事誤等四難而否認「廣本」（失傳）。繼之，
知禮大師亦著《金光明玄義拾遺記》，再強調「廣本」真撰說而
推翻《表微記》，以致形成極複雜的論諍史。

　　為何會有如上的論諍？原因是：晤恩、源清等大師一脈的傳

承者，既先接受華嚴澄觀大師的思想，以「眞心觀」等解釋天台學，致使雖屬同門，而思想上卻有極致的差異。因而產生持續四十餘年方得終止的論爭。但也因此而造成宋代天台宗之登峰造極的興盛局面。

澄觀（七三八～八三九）大師的思想是：首先接受荷澤（六六八～七六〇）禪師及其本師法藏（六四三～七一二）大師的華嚴思想，並受《大乘起信論》之影響，擬就華嚴與禪融合，在其著《華嚴演義鈔》卷五八，對眞妄的觀念說：

> 「分別即是妄念，心體相即，分別所起事相，取捨即依分
> 別取捨，順境貪求故顧取，違境厭背故顧捨。……一者無
> 明業相，以依不覺故心動，說明爲業，覺則不動；動則有
> 苦，果不離因故。……但空、妄執，自見眞源，分別不
> 亡，皆成妄惑！」❷

即由心生起分別念爲妄念，且依心之分別而分貪厭取捨。再說心被不覺而受妄念的推動造業，然既有業即就要受苦，故必須擯去妄執，始能自見眞如之本體，是以強調：分別心若不亡，即演變成爲妄惑。

又在同書卷五十八說：

> 「迷眞妄念生，悟眞妄則止。能迷非所迷，安得全相似，
> 從來未會悟故，況妄無始，知妄本自眞，方是常恆理，分
> 別心未亡，何由出生死？！」❸

因為迷於眞如才會生妄念，如果能悟眞如，則妄念即時就能止滅！所謂迷乃針對未悟前的心態，豈可說是眞妄相似？如能自知已被妄念之業惑妄心所利用，即就能將妄心歸納於眞如體性，故強調分別心未亡，即就無法逃出生死網的覆蓋，故那裡得來安身立命可談！由此可知，澄觀大師之眞妄觀念很明顯，如不斷妄心，那就談不上安身立命的了！如是論調，乃同知禮大師傳承智者大師教學的主張，即必由修觀而得斷妄心，即屬共同觀念而得符合。但晤恩大師門下的諸師，卻偏依禪宗之「靈知不昧」等一心觀，及華嚴思想之「眞如緣起」等主張，而堅執眞心觀為主體論，遂造成兩派分立，竟達四十年的論諍。據牟宗三（一九〇九～一九九五）教授說：

「所謂辯破山外諸家之謬誤者，蓋因天台久經衰微，章疏不備，雖由高麗取還中國，而久生難熟，故讀者一時不能明也。因此，當時天台宗方面，其鑽研弘揚自家教義者，多不自覺襲取華嚴之思路，尤其圭峯宗密之思路，以釋天台。此在當時被斥為山外，蓋示非天台之正宗也。此輩人文獻不熟，義理不精，不能簡別同異，知禮力辯破之！斥之為『墜陷本宗』。因此，遂有山家山外之爭辯。而因此爭辯，天台教義得以重明，而知禮亦遂得而成為正宗焉！」❹

牟教授的評論最為中肯，天台宗衰微既久，雖由韓國請回教典，但當時的山外學者，對文獻不熟、義理不精，且熏襲華嚴及禪思想於先，故迷於實際日常的須要，竟固執於眞心觀為主體論的高調，因而破壞天台「止觀法門」的實踐修持，幸得知禮大師及時

力辯而獲天台正義的重明，誠對後代天台宗徒裨益不少。

　　源清大師著《十不二門示珠指》，強調真心觀，知禮大師著《十不二門指要鈔》，主張「妄心觀、兩重能所、理具事造、別理隨緣」以之反駁。慶昭之弟子繼齊大師，著《指濫》以反對。知禮又撰《二十問》以伸述正義。又天台山元穎大師著《徵決》代替繼齊而答覆。還有嘉禾子玄大師著《隨緣撲》輔助繼齊、元穎之說。然後，四明門下之淨覺仁岳大師著《十門折難》針對前三師而樹立正義。所謂「別理隨緣」論諍始告終止。以圖示，即：

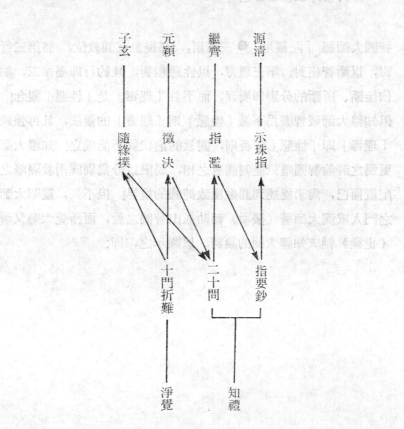

　　孤山智圓大師著《闡義鈔》，論述「理毒性惡」，曾引智者
大師著《請觀音經疏》爲證，即：

> 「法有二義：一用二體，消伏毒害，明其用力，『陀羅
> 尼』明其正體。體有二義，此間名爲能持、能遮，持於三
> 義，遮於二邊，用即爲三：一、事。二、行。三、理。事
> 者虎狼刀劍等也。行者五住煩惱也。理者法界無礙無染，
> 而染即理性之毒也。」❺

　　智圓大師將「陀羅尼」❻三種用，都提上至圓教位，將第二行
毒，以斷智相對。第三理毒，以性惡相對，且約行即屬第二，如
依能斷、所斷的分別即屬理，而不許「理毒」是「性惡」觀念！
但知禮大師破智圓爲不識「性惡」則「理毒」的觀法，且再強調
「理毒」即「性惡」，否則，圓教的消伏就不能成立！知禮大師
更爲之評論智圓唯只能判圓教之相，局限以分爲別圓兩教隔離之
配置而已，尙未能達到圓融極致純圓的境界！但不久，慶昭大師
之門人咸潤大師著《籤疑》輔助孤山智圓之說，而淨覺大師又著
《止疑》輔成知禮大師的論調。以圖示之，即：

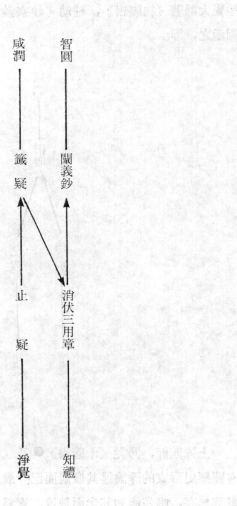

　　有關知禮大師著《觀經疏妙宗鈔》之色心雙具說，主張「心法具三千」而「色法也具三千」的論調，遂再惹起山外派之咸潤大師著《指瑕》說：「獨頭（色）色法不具三千，唯心法中之色法具三千，而單獨色法，絕不具三千」而反對知禮大師。然後，

淨覺大師著《抉膜書》，輔助《妙宗鈔》之色心不二的特色。以圖示之，即：

      上述四節，乃從《十義書》❼及《觀心二百問》❽中，僅將有關歷史形成的諍論述其概觀而已！最遺憾的是有利山外派之文獻都無存，唯僅能知其半面敍述，實爲可惜！

二、教理內容之論諍

      至於教理上之論諍，更是複雜無比，其根本論點可以說是：

「色心相對論」與「事理相對論」，換言之，即「唯心論」與
「實相論」的論諍。

A. 心具論

　　所謂「心具」是主張一念心性，具十界三千的諸法森羅萬
象，此爲山外派之源清、慶昭、智圓大師等共認，但對於「色心
雙具論」，卻是知禮大師的主張，在《觀音玄義記》卷二說：

> 「應知生佛依正，及己色心皆是法界，無不具足三千三
> 諦，故內外自地皆是妙境！但爲觀境近而復要，莫若內
> 心，故諸經論，多明心法徧攝一切，須知徧由乎不二，故
> 《四念處》云：唯是一識，唯是一色，萬象之色，旣許心
> 具，千差之心何妨色具？眾生成佛是依報成，國土廢興豈
> 是他事。有不達者，但執唯心，不許色具，而立難云：色
> 具三千應自成佛，何處曾見草木受記？是何言歟！是何言
> 歟！以說心具義則易明，於色示具，相則難顯，故使教文
> 多明心具！欲稟教者因易解難，以心例色，乃顯諸法一一
> 圓具，故云唯色、唯聲、唯香、唯味、唯觸。況唯心之說
> 有實有權，唯色之言非權唯實，是故大師爲立圓宗，特宣
> 唯色，乃是吾祖獨拔之談！」❾

又在《十義書》卷上說：

> 「必須於事解理，以理攝事，故了萬法唯心，亦了萬法唯
> 色，萬法唯聲、唯香、唯味、唯觸等。……若色不具三千

者，『妙經文句』何故十二入，各具千如，為萬二千法門
耶？且十二入中，唯有一分半屬心；十分半屬色。若如上
人說，只合有一千五百法門，則大師剩說一萬五百也。又
《金錍》云：生佛依正，一念具足，一塵不虧。
若心若色，趣觀一境，皆具三千，以互具互收故也。令着
外色者，專觀內心，外旣歸內，外着則亡。着內心者，令
專觀外色，內旣趣外，內着方袪。外觀本治內着，若還攝
外歸內，則彌增內着，重添他病，良可痛哉！」❿

上舉限於篇幅不能多引。

B. 三法能所論

　　此乃針對《華嚴經》之「心佛及眾生，是三無差別」❶的解
釋不同所引起的諍論。山外派是主張「心法能造，生佛所造」，
即心如工畫師，能造出一切像，所謂眾生及佛都是之所造，即由
心之所造出。但知禮大師，卻主張心、佛、眾生的三法，都具「
能造能具，所造所具」，雖細分為三法，但都不出一心，因心迷
才墮為眾生，悟了即是佛，而符合《華嚴經》「心佛眾生，三無
差別」的本旨。但山外派的思想，乃從晤恩大師，就認為華嚴的
三法無差，解釋為心法能造，生佛為所造而且師資相承，至於宗
昱、源清大師等，還是一貫都依此說。但智圓大師著《金剛錍顯
性錄》說：

　　「五陰不出色心，色從心造，全體是心，此之能造，具足
　　諸法，所以唯指剎那妄心即是佛性，妙理遍攝一切，不隔

無情。……

若了唯心，即見一切，何若依正？皆由心造，全體是心，
此能造心性具諸法，生佛互徧，理事相融……塵由心造，
全塵是心，即心具法，即攝一切，是以生佛無量，一一三
千具足，各各依正唯心。……」⑫

如是，通觀四卷《顯性錄》中，由其表面看，可以說是處處強調
心法能造能具，即心具一切法，生佛互徧，生佛無量等，三法是
一心，心性體量，徧於法界，故三法是能造能具，所造所具。但
詳細觀其命脈，智圓大師，還是依能造能具爲極致，而不離其根
本義爲旨趣。

相對之，知禮大師在《十不二門指要鈔》說：

「心如工畫師，造種種五陰，一切世間中，無法而不造，
如心佛亦爾，如佛眾生然！心佛及眾生是三無差別。《輔
行》釋云：心造有二種：一者約理、造即是具，二者約事
即三世。變造等心法，既有二造，經以心例於佛，復以佛
例於生，故云如心佛亦爾，如佛眾生然！是則三法各具二
造，方無差別。故荆溪云：不解今文如何銷偈，心造一
切，三無差別，何忽獨云心，造諸法得名因耶？
據他所釋：心法是理，唯論能具能造，生佛是事，唯有所
具所造，則心造之義尚虧，無差之文永失矣。」⑬

知禮大師，強調色心實相的相即，則心佛眾生之無差別，並引出
《華嚴》的解釋爲助證。而對智圓之說評爲：智圓上座，雖說巧

妙，但卻尚是不離「唯心」之心法爲本的緣起論而已!

C. 非情佛性論

有關非情的草木成佛思想，在我國即第六世紀頃，由曼陀羅（西元五〇三年入華）三藏譯《寶積經》爲始，即說：「一切樹林草木無心，可作如來身相具足，悉能說法❶。」即草木無思慮心，既無有思慮分別即實相，所以說由菩薩的加持力，可以向無心的草木說法，俾其成佛。又依淨影寺慧遠（五二三～五九二）大師說：佛性分爲能知性、所知性，即：

> 「能知性者，謂眞識心，以此眞心覺知性故，與無明合，
> 便起妄知，遠離無明，便爲正智。如似世人以有報心覺知
> 性故，與昏氣合，便起夢知，遠離昏氣，便起正智，若無
> 眞心覺知性者，終無妄知，亦無正知。……此能知性，局
> 在眾生，不通非情。
> 所知性者，謂如法性，實際實相、法界法、經第一義空、
> 一實諦等。……此所知性，該通內外，故經說言：佛性如
> 空，遍一切處。」❶

慧遠大師認爲「所知性」中之「佛性」，含具有情、非情而通內外，如是的「佛性論」，影響後來「佛性說」之研究不少! 至於日本佛教所謂的「非情佛性論」，即草木成佛思想，在十四、五世紀頃就很盛行，即草木能發芽，開花結實爲草木的發心，且能順時節氣候而不變爲實際眞心的成佛。故所謂非情草木的成佛，乃針對迷者而強調眞理之訓諭而已!

　　天台智者大師，雖無明言「無情佛性」，但對於佛性，分爲正因（理）、了因（智）、緣因（行）三種，此三佛性是圓融相即，乃含性具之隱語可知。唐代湛然大師，承智者大師思想而論證一色一香，無非中道、依正不二、萬法唯心，故對非情還具佛性之展開，依據《法華經》之「諸法實相」❶，《涅槃經》「眾生、佛性不一不二，諸佛平等」❷，而強調草木的本性，本來就純眞不染，乃超越差別之不可思議的本性。然在佛學中所謂「草木成佛論」，乃針對人人必須以純眞無染的直心，而重加熏習止觀才能證道爲要徑。

　　有關非情佛性問題，降之宋代，因爲祖文有異，故各執一詞，而智圓大師主張：「色」不具三千，唯心中之「識」才具三千，而不許無心（色）的草木成佛。智圓的如是主張乃依《涅槃經》迦葉品：「非佛性者，所謂一切牆壁瓦石無情之物，離如是等無情之物，是名佛性。」❸ 及《金剛錍》所謂：「非佛性者，謂牆壁瓦礫。」❹ 故智圓大師強調不許無心的草木成佛。但知禮大師也是依《金剛錍》之說，主張色心平等，「有心無心，同圓種智」的盡具佛性，悉皆成佛，而引《金剛錍》：「若頓教實說，本有『三理元徧』，達性成修，修三亦徧。」❺ 所謂非佛性的瓦石之說，屬「方便門之契機」爲對象之說而已！其實「三理元徧」三種三因，全迷事之三道，成理性三因的本有，乃靠性之徧一切，依正實修而成就。又引《金剛錍》：

　　　　「體遍、傍遮，偏指清淨眞如，尚失小眞，佛性安在？他
　　　　不見之空，論無情性之有無，不曉一家立義大旨。故達唯
　　　　心了體具者焉有異同？若不立唯心一切大教全無爲用，若

不許心具圓頓之理，乃成徒施，信唯心俱，復疑有無，則疑己心之有無也。故知一塵一心，即一切生佛之心性，何獨自心之有無耶？」㉑

由此可知，湛然大師乃力斥「唯偏指清淨眞如」之說，而論「無情性之有無」，即不曉「一家立義之大旨」。更說：若不許心具圓頓之理，乃成爲空施而無益！更強調一塵一心，亦即一切眾生及佛之心性！　知禮大師承此論點，遂以斥智圓大師乃是強詞奪理，而否認草木的非情無佛性？更引《金剛錍》：

「以共造故，以共變故，同化境故，同化事故，故世不知教之權實，以子不思佛性之名，從何教立，無情之稱，局在何文，已如前說。余患世迷，恆思點示，是故寱（夢話）言：無情有性。

何謂點示：一者示迷元從性變，二者示性令其改迷，是故且云無情有性。若分大小，則隨緣不變之說，出自大教，木石無心之語，生於小宗。子欲執小道而抗大達者，其猶螳螂乎？何殊井蛙乎？故子應知，萬法是眞如，由不變故；眞如是萬法，由隨緣故。子信無情無佛性者，豈非萬法無眞如耶？故萬法之稱寧隔於纖塵，眞如之體，何專於彼我？……雖有清有濁，而一性無殊，縱造正造依，依理終無異轍，若許隨緣不變，復云無情有無，豈非自語相違耶？」㉒

湛公對上述的闡釋是：共造、共變、同化境、同化事，乃是一性

實相之具體演變，但世間的一般人，卻不知教法具有權實之分，而拘泥於佛性之名！所謂「迷元」乃從本性變化而來，即由性之本體而能改「迷」，誠是一性無殊，故無情還具有性之體徧的圓融無礙！如舉其大小偏圓，乃是其隨緣不變的現象而已！故云萬法是真如的演變；真如是萬法之本體，因此，禪者常說：山川草木，無非是清淨法身！是以其終結，仍從一性之流露，而具三千萬象的變化為旨趣。

上舉所引祖文（智者、湛然之言），乃知禮大師依師承為證，而推翻智圓的固執。知禮並將智者大師的「具」加以發揚光大，並繼承湛然大師以鞏固天台宗之正統思想，故知禮大師被稱為宋代天台的中興祖師，誠是當之無愧！至於知禮大師的思想，容後之專章再加以敍述。

D. 三千三諦論

宋代天台的山家、山外兩派，雖屬同門，但對於有關三千三諦論的異同，乃由智者、湛然兩位大師對於「三千」究竟屬假（俗）諦？還是其三諦看法不同而惹起的爭論，如神智從義（一○四二～一○九一）大師主張「三千唯假」，他認為「三千」僅是詮釋森羅萬象的雜目而已，即屬事之有相，而空、中二諦，是以無相泯滅為理體，故「三千」是「三諦」中的假諦而已！但知禮大師卻主張，所謂「三千」則詮備：界、如、三世間之相成法數，其理即自圓三諦，則三千即三諦；三諦即三千的互具圓融，乃事理正、反兩面之論調不同的演變而已。

所謂天台學中的三諦思想，其淵源是智者大師從《瓔珞經》及《仁王經》的思想而來，即《仁王經》說：

「若菩薩！見眾生、見一見二，即不見一、不見二，一二
者第一義諦也。大王！若有若無者即世諦也。以三諦攝一
切法，空諦色諦心諦，故我說一切法不出三諦。」㉓

又《瓔珞經》說三諦是：

「爾時敬首菩薩，白佛言：佛及菩薩二，初照智從何而生
寂照？寂照之義復云何？二諦法性為一為二；為有為無。
第一義諦復當云何？佛言：佛子所謂有諦、無諦、中道第
一義諦，是一切諸佛菩薩智母，乃至一切法，亦是諸佛菩
薩智母。」㉔

智者大師，得上述兩經的啟示，故在南京瓦官寺，講說《次第禪
門修證》、《六妙法門》時，就對三諦三觀思想的心得加以發揮，
而於天台山的隱棲時代更成熟，下山後在講《法華玄義》的境妙七
科中，詳述五種三諦，於《維摩玄疏》即對三諦的組織，更明顯的
論述圓融三諦、一心三觀等，成為天台教學之教觀雙美的特色！

降之唐代的湛然大師，在其著述裡，處處可見，對三諦思想
的論及，茲舉《止觀輔行》卷五：「但云空中者，且以法性空中，
對幻假說，其實須云幻假即是不思議假，何者？今但以此假即空
中，此假任運，成不思議，故不別說。」㉕即以空、中為法性，而
強調空、中理體性，獲得「任運成不思議」的境界，此依《摩訶
止觀》卷第六下：「因緣所生法，即空即假即中，不思議三諦。」
㉖的思想而來，故在《止觀義例》，針對三諦思想而引申為：

「觀此一運，即具十界百界千如，即空即中，故知雖觀十界四運㉗，亡界亡運，唯觀三千即空即中，無三名字能所溜（音・晦，深遠）合，是故不同賴緣之假，無自性空，空假不二，名之為中。」㉘

由此明顯的可知湛然大師，乃承繼智者大師之思想，並將其發揚至極致，而百界千如，即空假中的三諦，雖無此三名字，但卻能巧妙的結合，而斷然不同於依賴因緣之假合，即其本質乃「無自性空」，是「空假不二」的圓融三諦妙論。

此三諦妙論，降之宋代，更受知禮大師的發揮，在其著《金光明文句記》說：

「以空遍三諦，此宗不狹。假遍三諦，此用彌廣。仍須三諦各揀，假中顯宗是智，亦須三諦各揀空中顯用是斷。各對二明不即不離，故皆稱為不思議也。」㉙

「著於假名者，不達三諦而妄起我見。……迷故不達色心即空假中。」㉚

「本性清淨即中，以一切種智，知照三諦，則冥深契廣，事理周極。」㉛

但至知禮大師之四代弟子 —— 從義（一〇四二～一〇九一）大師，卻不服湛公所述，而在其著《止觀義例纂要》說：

「即空即中者，即是乃達理具即空即中也。無三名字者，上明三千妙假即空即中，乃是非三而三假立之耳。今云無

三名字，乃是三而不三，三無形相俱不可見也。」❸

對於三千妙假，顯揚理具即空即中，且繼以問答方式而論之：

> 「問：諸文皆云：三千世間即空假中，此文何故但云三千
> 即空即中？
> 答：此文單明三觀之義，是故但云三千空中，何者？理具
> 三千，全是妙假，是故謂之即具十界、百界千如，然必約
> 假以立空中，是故謂之即空即中！《不二門》云：『照故
> 三千恒具，遮故法爾』，空中即此意也。」❸

針對何故不云三千即「空假中」，而云三千「即空即中」？其答
是：因爲理具「即空即中」，是以謂三千是妙假，乃觀三千即空
即中，於絕妙假時，即空即中，乃以圓具三觀之義爲旨趣。又說：

> 「問：《輔行》云：『三千即空性，了因也。三千即假
> 性，緣因也。三千即中性，正因也。』四明（知禮）據此
> 乃謂三諦皆有三千，今何故云理具三千，但是妙假？答：
> 只爲四明不曉一家所談，理具三千妙假，致使訛說三諦三
> 觀，皆有三千，以至諸文所談：三身四土等義，悉皆謬作
> 有相而說：不許空中亡泯寂滅，如解實相云：三千皆實，
> 相相宛然！及理體有差別等。」❸

上述，乃針對知禮大師所謂「三諦皆具三千」作爲批評，而主張
「三千唯具假」爲焦點。

　　至於空、中有無相而論述三諦中之空、中二諦，究竟是有相或無相？山外派主張無相，因理是平等無差別，且現實的萬象所現，終歸於差別泯滅，故空、中是無相。但知禮大師主張：萬象礙於染相，而空中二諦之體，本末自爾，故現象界中的三千，空和中都是法界中之理中，稱爲「理別三千」，在現象界，即爲「事別三千」的特色。

　　又有關理具「有相無相」的爭論，所謂「理具」之語，本來是智者、湛然兩祖師的共倡，是以山外、山家兩派的學者都加以運用。可是山外派，卻主張理中之所具的無相，即只認空理的唯心爲主體，但山家派是以現實事象的實相爲旨趣。

三、知禮強調斷妄心爲修觀之要旨

　　有關眞心、妄心的問題，山外派依據「華嚴思想」的眞如緣起觀，強調本體界之性起唯淨，以無惡獨善的眞心順流爲旨趣。但知禮大師主張：以現象界的一切，礙於染妄不實，或必須轉凡心而趨入於眞心，始能悟證得到安身立命，故重視利那所現的種種妄心，特以還滅法的斷除無明，始能深證如來之妙眞如性而獲得安然自在！

A. 山外派諸師之觀心論

（1）晤恩之眞心思想

　　被稱爲山外派始祖的晤恩（九一八～九八六）大師，其所著《金光明玄義發揮記》可惜失傳，致無法知道其內容，幸得南宋

時代之可度（生寂？）大師著《十不二門指要鈔詳解》❸，俾能
由其中的片段，得知晤恩乃依唐代華嚴宗的澄觀（七三八～八三
九）大師著《華嚴大疏》之「由心變於境，非是境能變心……離
心無體」❸發揮「一念不離真心」的主張，至其門下，更顯著而
濃厚地強調「離心無體」的忠實繼承，成為對抗知禮大師的資料
淵源。但知禮大師之《四明十義書》，也引出《發揮記》的一小
段，即：

> 「且《發揮記》立廢觀心，所以云：此玄十種三法，蓋大
> 師扶順經文，法性圓談，始自性德三道，終至果人三德，
> 一一三法，悉是妙性；一一妙性，悉是真源！豈此純談法
> 性之外，更須立觀心耶？」❸

知禮大師針對晤恩大師，既認為是主張一念為真心，那就無須更
立觀心的必要了。

（2）宗昱之真心思想

宗昱（生寂？）大師主張：心之靈知、覺性的偉大，即重視
性智之作用，在其著《註法華本迹十不二門》說：

> 「釋氏之道，直示眾生心性，而開乎權實。……心性者非
> 有為、非無為，不亦有無為，非自然、非不自然，不亦自
> 然非自然，非有性非無性，不亦有情無情。」❸

又在同書「內外不二門」中說：「九法界中，即外境也。佛法界
即內境，內外合明一念，方具三千之妙境矣。」❸又同書第五

「染淨不二門」說：

> 「一念常住之性，念念生、念念滅，良由靈知常住，鑒物
> 不間，任運流注，法爾不停，宣（旦）古宣今，未曾間
> 歇！故曰刹那性常，緣起理一矣。」❹

由上所舉，宗昱大師的所謂「真心」、「心源」，乃符合湛然大師
《十不二門》所說「外法全爲心性」❹，而強調「唯心之性，無
外可對」，即外境是粗，三千妙境乃具內體的一念爲旨趣。宗昱
雖承湛然大師的唯心論，但仍可說宗昱師，唯認識天台教學中之
真諦空理而已，尚未達到俗諦、中諦的圓融論理，因此遭到知禮
大師於《指要鈔》中，「更有人全不許立陰界入等爲所觀境，唯
云不思議境，此之二師（源清、宗昱）灼然違教」❹ 的力斥。

（3）源清之真心思想

　　源清（九九六～？）大師的著作雖多，唯有關與知禮之論諍
的卻是以《十不二門示珠指》爲重要關鍵，茲對該書來探究，始
能了解其對真心思想的輪廓。

　　所謂《示珠指》，乃《法華十妙不二門示珠指》的略稱，其
劈頭說：

> 「法王髻珠靈山解賜，智者得已，轉示餘人，人有不見
> 者，荆溪師（湛然）指之令見，猶有不能隨指而觀者，故
> 余今復指其指焉。」❹

即佛陀於印度王舍城的東北方耆闍崛山上，宣說法華妙法（髻

珠），由中國隋代智者（五三八～五九七）大師，得其奧旨而向大眾宣示。但聞者仍然不能了解其義，故唐代荊溪（七一一～七八二）大師，不得不以所指而再指示，但還有不能了達，是以宋代的源清大師，更復以「指而再指」，俾使聞者得到其奧理為止，故標題為「示珠指」。

內容分為廣、略兩門，展開「心」、「一念」為能造、能具，即心之一念不離真心的心性，乃是清淨靈知、真如妙體、法界萬象的根源性，可以說是將天台學滲有華嚴思想的另一見解。但現在無法詳述，唯能將其大要述於次，即其上卷之初：「示不二唯心實相」強調一切眾生，悉具自心清淨，即：

> 「夫十法界者，全即一念，非謂前後相生，非謂色含內外，一一諸法，當體真如，豈是能知所知，知性即體，一切法趣色是趣，不過色即法界，法界唯心，一切法趣香乃至『相、性、體、力、作、因、緣、果報、本末究竟等』皆即法界，一一法界法，即一念真如妙體。」❹

明示十界不離心中的一念，其一念的當體即真如。換言之，一切法趣及十如是相，悉皆是一念真如的妙體，繼之再說：

> 「十門之法，皆名不二，一一諸法，當體通入，名之曰門。若一法入，此一法外，更乎九門之法為異，並我一念清淨靈知。譬一圓珠，具有十竅，無非一珠，若一竅入盡一圓珠，無非此竅所入珠體，余竅雖珠，珠體一也。是故十門，門門通入色心，乃至受潤咸然，使十妙始終理一。」❺

即強調一念之當體是眞如，特以寶珠爲喩而說明，其門門盡通在
於色心，故十法界皆是清淨自心之智體，是以十妙爲始終，乃屬
理一的境界。

其次，關於「六即」❹ 的配置，還是以凡聖的不二，即一念
清淨，在一念之外，即無有成佛的可能，故顯明極聖之自心，還
不能逾越凡夫的一念爲旨趣。

其次對於「 迷悟法界緣起 」， 乃針對聖人與凡夫的心理差
別，即一切眾生，從無始以來，就是一念本具之十界清淨，但迷
亦由無始以來就具迷。 所謂： 雖云法性具一切法， 即由緣而能
生，乃從染緣能生染法，由淨緣能生淨法，譬喩水火珠，向日生
火，向月生水，只是一圓珠即具水火性。乃依日月之緣而能生，
一念心性亦復如是！ 即顯明諸眾生，從無始以來，一向不覺，乃
隨染緣而造諸惡業，故恒受苦報不盡，且流轉於六道輪廻不休！
故若諸眾生， 從無始以來， 遇淨緣即得成佛， 即知佛種乃從緣
起， 故說一乘常無性， 即無住之本具眞佛性種。 又源淸大師在
《示珠指》卷上更說：

> 「無住本眞佛性種❹，此有三因佛性即種也。一、正因性
> 即眾生如當體清淨，是毗盧（清淨）性，名法身種（即前
> 苦報）。二、了因性 即貪恚癡性本，明了是般若性，名
> 報身種（即前癡惑）。 三、緣因性 即六趣業性不可得，
> 能離是解脫性，名應身種（即前業相）。譬如摩尼珠，唯
> 一圓體（喩法身），金珠瑩徹（喩般若），其一切寶（喩
> 解脫），是三一相，非同非異。

從緣起者，謂此三因性種，俱從教行緣起，經云：若有聞法者❹，無一不成佛，即教緣起。若善男子！能於此經，一念隨喜乃至深心信解，受持讀誦解說書寫，為令眾生開示悟入佛之知見，究竟一切種智，是名智慧莊嚴般若種（翻前痴惑）。經云：『低頭舉手，畫地聚沙，皆成佛道』，即行緣起。經云：『若善男子！住忍辱地，柔和善順而不卒暴，心亦不驚，佛子住是地』，即是佛受用。行此諸道已，來世得作佛，是名福德莊嚴顯解脫（翻前業相）。經云：『一切眾生，皆是吾子』，凡有心者，皆得作佛！我心自空，罪福無主，應觀法界，一切唯心，破心微塵出大千經卷，如其所得法，定慧力莊嚴等，即正因種，是所莊嚴真法身也（翻前苦報）。此乃一乘教行，起三因性德佛種，故云佛種從緣起，是故說一乘。」

上述乃強調無住性之本真佛的性種，以三因佛性而解釋。所謂眾生的當體，本是清淨性體，因一念迷而墮落作眾生，但其本體同為真如法身的性體，即未迷之前，同是清淨法身的性體。又眾生由貪瞋痴的迷惑所致，而不知自有清淨本性，故在痴惑中，過着受苦的生活，但依經典的啟示得智慧，就能將愚痴迷性，轉變成智為般若性而得證道。

　　又警告一切眾生，千萬不可造六趣業，所謂六趣報相，就是應身業種相，若欲脫離六趣苦報，必須實踐修行，始能脫離六道的痛苦。更為顯示三因性，舉喻：明珠之體，是三一圓融相。更引經明示，由教行緣起，而得入佛之知見，證入佛智，即轉識成為智慧莊嚴的智慧種！再由定慧力而莊嚴，成就佛道的妙受用，

且來世必能成佛！總之，強調實踐修持力行是三因佛性之性種，而顯示眞如一佛乘的特色。

綜合源淸大師的思想，可知他是受禪宗和華嚴宗之影響，而其思想更被其後輩所繼承！其強調「心」之一念爲淸淨眞如妙體，乃屬傾向於唯一眞心的主張，即以法界事象爲根源的理論，在其著《示珠指》中皆有表露！

（4）慶昭之眞心思想

慶昭（九六三～一〇一七）大師，可以說是宋代天台思想史上的論諍驍將。他在《金光明經玄義》廣略爲對象的七年諍論中，是知禮大師最好的論辯對手，可惜的是慶昭之著述都失傳！現僅能從知禮之著述中得知其輪廓而已。如知禮在《十義書》初，曾引慶昭《辯訛》文：「辯化本立：此玄十種三法，純明理觀，不須附事而觀云。」云 ❹ 慶昭大師的三法觀，乃強調觀有理、事兩種。所謂不必針對於事觀，而十種三法是理觀。他認爲內心是理，外境是事❺，因內心的理具三千，受外境的事造三千而轉變，成爲理具事造的本義。但，慶昭又堅執心具三千，而色不具三千，即偏向唯心論的觀念濃厚，且對於「緣理斷九」❺ 的思想，仍然是始終不變的堅持。

（5）智圓之眞心思想

智圓（九七六～一〇二二）大師，將山外派諸師的唯心論之性具說，加以融會發揚，且不離天台之傳統思想，更能善攝於教學體系中，而展開對山家派的論辯，誠是值得注目。

智圓大師，對山家所主張的「色具」、「妄心觀」，認爲是屬固執妄心的色具偏見，在其著《顯性錄》說：

> 「當知！一家所立，有情心具三千，該收依正者，深窮佛
> 旨也。學斯教者，既昧厥旨，但見唯色、唯香，及色外無
> 法等言，不了色心體一，便謂草木國土，自具三千，殊不
> 求文，始末之意。」❷

智圓強調一念三千的妙旨，是心具三千，即色心體一，但對山家
派，唯色唯香的論調，認為係尚未達到「色心體一」的色具，則
等於不知「具」的妙旨。故智圓大師主張以「心」為中心，而純
然統攝一切法，故必以「心色體一」為宗旨。如若唯色唯香，即
與心是毫無關係，若與心無關的色、香及草木、國土能具三千，
則恐有本末倒置之慮！

又，智圓大師，對於山家派之「妄心觀」的見解，在《顯性
錄》說：

> 「今家所立，離真無妄；離妄無真，指無明心，即三諦
> 理，故『止觀』觀乎陰心、煩惱心、病心等，皆成不可思
> 議也。」❸

對於「真心觀」說：「偏指清淨真如者，如下文云：世人云：
眾生唯有清淨性等，所以他宗若解若觀，皆偏指於真。」❹針對
「妄心觀」的主張者說：

> 「親見學斯宗者，不了此旨，乃云：今家偏指妄心為境，
> 未得言真，遂論立妄心為解行、事理之要，不知即妄而
> 真，方為要也。」❺

更對於上述兩者批評說：「當知！偏指於眞，似偏指於水；偏指
於妄，如偏指於波，即波是水，方爲要的。」⑯由上述可以明顯
的了解智圓大師之理論，乃是介於兩者之間的新論點。對於「離
眞無妄，離妄無眞」即是天台實相論的本旨，但是由追求實相的
觀點來看，「止觀」的要旨在「觀陰心、煩惱心、病心」而成不
思議，故所謂「眞心觀、妄心觀」，智圓大師都認爲是偏執一方
的極端之執見而已！

　　又對於「煩惱即菩提」的主張者，他的批評是：

　　「問：他宗亦云：煩惱即菩提等，豈唯偏指於眞斷惑方契
　　耶？
　　答：他言：即者，有言無旨，何者？旣但立淨性，不云理
　　具三千，別無性惡之義，理旣不具惡性，雖云體即，終成
　　斷煩惱耳。其猶雖了波即是水，旣不了冰具波性，終成斷
　　波歸水，若知性本具惡，則惡何所斷？其猶了達水元具
　　波，則波何所斷，須論體具即義方成，修惡雖除，性惡不
　　斷，普現色身，從此而立，他未曉此，但云：眾生本有清
　　淨之性，爲煩惱覆等，所以漫指眞如以爲觀境，有言無
　　旨，其斯謂歟。」⑰

智圓大師的解釋，乃以煩惱即菩提的「即」，只有外表而缺其實
質罷了。然此今後對於「煩惱即菩提」、「生死即涅槃」的「即」
之理論，就必需重新研究是熱門的課題。

（6）咸潤之眞心思想

咸潤（生寂？）大師乃慶昭門下最傑出的弟子。且是最支持智圓大師心具說的有力者。咸潤對於心具說，由淨覺大師著《抉膜書》引出《指瑕》而得知其主張，即：「若言心外無情之色，獨頭自具三千者，既色心各具三千，豈非一念六千耶？」❺❽咸潤大師強調心外無情之色，絕不許具三千，如若許單獨的色，能具三千，則必須云：「一念具六千」才對；更主張「約性即平等，離性則不相即」，絕不同意知禮大師之苦域、泥沙爲寂光的論調❺❾。

B. 知禮對山外諸師之總評論

上節所述，宗昱、源清大師的眞心思想，乃奠基於「一念靈知」上，但知禮大師是認爲宗昱、源清大師的一念，乃屬理中之一念而已。而知禮則是「事中之一念」，他在《十不二門指要鈔》說：「以眾生在事未悟理故，以依陰心顯妙理故。」❻⓪知禮大師批評「理中一念」之錯誤，可分爲兩方面：第一是「違文」（依《法華玄義》、《華嚴經》、《止觀大意》、《金剛錍》之之說）。第二是「違義」。

關於「違文」，依《法華玄義》說：

> 「若廣眾生法，一往通論諸因果及一切法（通因果）。若
> 廣佛法，此則據果（果）。若廣心法，此則據因（因）。」❻❶

在《玄義釋籤》說：

> 「眾生法，一往通論諸因果，及一切法等者，然眾生義
> 通，故云通論。若其通論義非究竟，故云一往。一往雖

通，二往則局，不通於佛，及唯在因，佛法及心不云一往
者，佛法定在於果，心法定在於因，故此三法，得名各
別。」⑫

知禮舉出上段，極為明顯，乃祖述智者、湛然兩祖師的思想。故
知禮大師主張三法各具理造變造、俱理俱事。但宗昱、源清等大
師卻認為「心法為眞性」，強調心法非因果，心唯能造諸法故謂
因，佛由實踐研修，而能證究盡成為果。此論調被知禮大師認為
違背《華嚴經》所謂的心造義⑬，若獨主張心法造一切，則華嚴
之「心、佛、眾生，三無差別」如何解釋?

又源清強調「生、佛是因果法，心非因果」⑭這很明顯的指
「心法」為理即事，非單獨以「心法」為理。又生、佛二事會歸
於理，即其當處（心）具三千，雖云色也具，但非眞心無法成就
一切，而會歸眞心論為焦點。此種論調，被知禮大師為之力斥，
在《指要鈔》說：

「心性二字不異而異，既言不變隨緣名心，即理之事也。
隨緣不變名性，即事之理也。今欲於事顯理，故雙舉之!
例此合云：不變隨緣名佛，隨緣不變名性，生性亦然! 應
知三法俱為俱理，不同他解，心則約理為通，生、佛約事
為別。此乃他家解心佛眾生之義，不深本教，濫用他宗，
妨害既多，旨趣安在! 」⑮

知禮大師對源清等山外派諸師以心為理觀，佛、眾生為事觀，而
「理心、眞心」為眞實佛法的想法，即犯了偏於執理而缺現實事

象觀念的錯誤。

至於「違義」的論調，乃指源清大師等立「眞心」，則屬杜絕初發心者的菩提道，近於空談而犯「緣理斷九」❻❻之小乘思想而已！故知禮大師強調學道的捷徑，必須由不離日常生活之「根塵一刹那心」❻❼爲對象而實踐觀想，冀以至速深入「本具三千即空假中」的妙境爲要徑！

又有關「心、佛、眾生」的問題，在《指要鈔》、《十義書》、《觀心二百問》等，都有論述。知禮大師之心佛眾生三法的見解，乃忠承湛然大師之《止觀輔行》三法觀的思想而來，即：「內心具三千法，不知我心遍彼三千，彼彼三千互遍亦爾。」❻❽故知禮大師主張：三法各具三千，且相互融攝，在《指要鈔》說：「三法體性各具三千，本來相攝，前雖解了心攝一切，今觀稱性包攝灼然！」❻❾其主張三法之體性，絕非唯一性，而是能具足三千性，即佛亦具三千而攝心、眾生；眾生亦具三千而攝心、佛；心亦同稱具三千而攝眾生、佛爲旨趣。但山外派，卻以心爲理而能具、能造，以眾生、佛是事、所具、所造而解釋。又知禮大師對於源清著《示珠指》之三法觀，在《十義書》評說：

> 「《示珠指》解於三法，只得心法生佛之義，全不得彼彼眾生生佛，彼彼諸佛生佛，所以釋云：『佛名眞覺，生名不覺，心即生、佛之心，非離生、佛，外別有心，但心爲生、佛之本，經示本末因果不二，故云三無差別耳。』」❼⓪

知禮批評源淸大師的三法觀，爲尚未深入眾生之生佛義，及諸佛生佛義。知禮大師之主張，是由內心對外境的生佛，即心與眾生、佛是內外關係，而且是具獨自的存在性，絕非是心法單獨，即同時是眾生自體的生佛，更是諸佛自體的生佛。更說：

> 「豈非謂心是非迷非悟之眞心（心唯屬理），此心迷則爲
> 生，悟者名佛，此則只得一人心法生佛少分（以唯知事造
> 生佛，不知理具生佛，二造雙明，方名全分）。殊不識法
> 界有情，十方諸佛，生佛之全分。」**❼**

因爲源淸對心法，認爲非迷非悟爲眞心，迷則眾生，悟就是佛。但知禮大師認爲一人的心法是一人的成佛而已，尚未了達理具生佛的原理，即指源淸尚不知法界有情及十方諸佛之生佛的全分。故評源淸的思想，是屬放棄大海而唯取一漚的小根器而已！應當知道心法之主觀與生佛的客觀，雙方冥合而得圓融，始能顯現平等，故所謂事造生佛是從心法自覺爲主觀的生佛；理具生佛是從心法而未向自覺，故必依客觀之修持，才能成就生佛爲殊勝義。

對於三法觀，知禮大師再評說：「非染非淨之心，方能造於如來，全不許妄染之心造如來也。」**❼** 知禮大師並引述「唯准非染非淨之眞心，能造如來，不許妄染之心能造如來」的論調，此乃全然是乖違陰識理具佛性之義，即只知「類種」而不知「敵對種」的觀念，故評源淸是純然以唯心獨立的客觀，只認眾生心與佛心的二法觀而已，而不容許有心法之存在，這也許是認爲以生、佛二法；就能攝持心法（靈知、知性）的觀念！故知禮大師才批評他爲只知「類種」而不知「敵對種」，成爲空談徒勞的戲

論，無法了知「煩惱即菩提，生死即涅槃」的圓教妙論。

　　知禮大師對慶昭大師的理總，即非染非淨的心性爲眞心，而主張心法能造、生佛所造的論調，知禮大師評爲還是限於「緣理斷九」的別教性格而已！在《十義書》說：「若復指眞心，能造如來，正當『金錍』旁遮偏指清淨眞如爲佛性也。又只知類種，全不識敵對種也。」[73] 對於心造如來，乃爲立證介爾陰妄的一念心，能造一切法；所以，第一：陰妄心也本具如來性（理造）。第二：煩惱之伴侶也是如來種（事造）。

　　但慶昭大師，仍同於源清大師的立場，都以唯心論性，且一向是攝色歸心，只准心具三千而不許色具三千，即內心爲理而外境爲事，如此的理事關係，即內心的理具三千，轉變爲外境之事造三千，認爲是理具事造的本義。對此，知禮大師評爲：有多乖失，「一、違《輔行》的現文故，二、兩觀不分故，三、錯認唯識爲外觀故，四、不識理具三千故」[74]。遂引出《止觀輔行》之：「皆有理具方有事用，今欲修觀，但觀理具，俱破俱立，俱是法界，任運攝得權實所現」[75]。而力斥慶昭的學說，乃屬前後不一貫的主張。故繼忠大師亦在《十義書》序：評爲「五番墮負，四番轉計」等語[76]。由此可知，慶昭大師的論點是相當易變的性格，且對於「唯心論」之「緣理斷九」，卻仍是始終不變。

　　又智圓大師的觀識陰、煩惱心、病心、業心爲圓修，並且三法中，特別以自己、己心爲主體，而約心性即具三千的論調。但知禮大師的主張是：能攝持刹那妄心爲近要之心，即可依自己現前刹那陰等之心而顯性，更認爲是凡夫一念陰識之性，且必以妄心而顯眞如心性，即必由事而得見理爲妙觀，故對智圓大師之約心性而具三千的眞心觀，認爲是違背天台觀心的正義，故在《十

不二門指要鈔》強調止觀實踐的直接對境，乃根塵奏合的一剎那心──妄心❼，其性具三千的不思議，故可直接依觀境而實踐修持止觀，可由獨異的不思議境，即能證大悟，成就「煩惱即菩提，生死即涅槃」之大乘圓教爲本旨。

由上可知山外派的眞心觀，明顯的是停住於初重觀法，而失去妙觀的實踐觀力，是以知禮大師才批評山外諸師的立論，成爲「菩提即菩提，涅槃即涅槃」❼❽之有教無觀的缺陷。

如是山家、山外兩派，雖歷經四十餘年不斷的爭論，卻都是爲維護自己之思想體系的確立！然也由此，還可證明，宋代天台學的發展，及對學術研究的熱忱，並深入法藏之上求證悟的精神，誠是令人欽佩不已！

註：

❶ 參照《現代佛教名著全集》卷九，頁三○六，日本東京隆文館一九六四年出版。

❷ 大正三六～四六四Ａ。

❸ 大正三六～四六四Ｃ。

❹ 《佛性與般若》下冊。頁一一○一，臺灣學生書局，一九七九出版。

❺ 大正三九～九六八Ａ。

❻ 參照大正三九～九七八。

❼ 參照大正四六～八三二一八五五。

❽ 參照大正四六～八二四一八三○。

❾ 大正三四～九○七Ｃ。

❿ 大正四六～八三六Ｃ。

⓫ 大正九～四六五Ｃ。

⓬ 卍續精一○○～五○○ＡＢ（新文豐版）。

⓭ 大正四六～七○八Ｃ。

⑭ 大正一一～一五〇A。

⑮ 大正四四～四七二C。

⑯ 大正九～五C。

⑰ 大正一二～七八四A。

⑱ 大正一二～五八一A。

⑲ 大正四六～七八一B。

⑳ 大正四六～七八二A。

㉑ 大正四六～七八二C。

㉒ 同上。

㉓ 大正八～八二九B。

㉔ 大正二四～一〇一八B。

㉕ 大正四六～三一一C。

㉖ 大正四六～八四B。

㉗ 十界四運: 所謂四運乃心識之運轉，與進展的四種過程。在《摩訶止觀》卷二上說: 「夫心識無形不可見，約四相分別: 謂未念、欲念、念、念已。未念，名心未起，欲念，名心欲起，念，名正緣境住，念已，名緣境謝。若能了達此四，即入一相無相。」十界配置四運，即: 「依意則有眼識，眼識能見，見已生貪，貪染於色，毀所受戒，此是地獄四運。意實愛色，覆諱言不，此鬼之四運。於色生着而計我、我所，畜生四運。我色他色，我勝他劣，阿修羅四運。……起仁讓貞信明等五戒十善，人天四運。……心心不自在，心心屬因緣，二乘四運。……即起慈悲而行六度，……一切法趣檀成摩訶衍，是菩薩四運。…… 不爲四運起業即我，四運不能染即淨，是佛法四運。……不得空有，雙照空有，三諦宛然! 」（參照大正四六～一五B～一六A）。

㉘ 大正四六～四五一BC。

㉙ 大正三九～九三C。

㉚ 大正三九～一三五C。

㉛ 大正三九～一五六C。

㉜ 卍續精九九～六八四A。

㉝ 同上。

㉞ 同上。

㉟ 參照卍續精一〇〇～三〇一，新文豐出版公司版。

㊱ 大正三五～六五八B。

㊲ 大正四六～八三二C。

㊳ 卍續精一〇〇～一四一B。

㊴ 卍續精一〇〇～一五〇B。

㊵ 卍續精一〇〇～一五九B。

㊶ 卍續精一〇〇～一五二A。

㊷ 大正四六～七〇六C。

㊸ 卍續精一〇〇～一〇八A。

㊹ 卍續精一〇〇～一〇八B。

㊺ 同上。

㊻ 六即：謂眞理相即，成爲一體之階位，有六：一理即、二名字即、三觀行即、四相似即、五分證即、六究竟即。一理即：謂一切眾生的一念，悉具佛性如來藏理，性相常住，一色一香，無非中道！但迷的眾生，雖是具眞如佛性，卻因缺乏解行證的運用，故無法證得。二名字即：雖然於日常中，不離一切理，卻迷於理，雖由經論而了解菩提理，乃屬知識分上的言教了解而已，即由口耳所聞的學問，如刻字者，或校對文章不知其理似的，即尚未證入實踐修觀的理體，但已發菩提心。三觀行即：或云觀行五品位，乃依教法實踐修行，證悟心觀，獲得理與慧相應，明了其所言、所行的所證位。上述的理即、名字即，尚未入外凡位，至觀行即，始稱外凡位（弟子五品位）。四相似即：明靜止觀，得六根清淨，斷除見思、塵沙惑，但唯能降伏無明惑，乃相似於眞證——圓教內凡十信位（六根清淨位）。五分證即：斷一份無明，證一份法身，乃能顯自家寶，而呈現眞如，且於普門示現，實行利他濟度的事業。六究竟即：是智斷的圓滿位，永別無明煩惱，妙證涅槃，顯現清淨法身，居常寂光淨土。

㊼ 卍續精一〇〇～一一〇A。

㊽ 大正九～九B。

㊾ 大正四六～八三二B。

㊿ 大正四六～八四一。

(51) 緣理斷九：乃唯觀十界中的頂上佛界爲眞理之極致，而不承認其他

的九界法。乃因理隨緣而始生妄法，稱爲「緣理斷九」，是別教的方便法。

(52) 卍續精一〇〇～五一一B。

(53) 卍續精一〇〇～五三二B。

(54) 卍續精一〇〇～五三二A。

(55) 卍續精一〇〇～五三二B。

(56) 卍續精一〇〇～五三二B。

(57) 卍續精一〇〇～五三二B。

(58) 卍續精九五～八五二B。

(59) 卍續精九五～八五五B。

(60) 大正四六～七〇八C。

(61) 大正三三～六九三B。

(62) 大正三三～八三九B。

(63) 大正九～四六五C。

(64) 卍續精一〇〇～一一一B。

(65) 大正四六～七〇九C。

(66) 參照⑰。

(67) 大正四六～七〇九C。

(68) 大正四六～二九〇A。

(69) 大正四六～七一二C。

(70) 大正四六～八四六A。

(71) 同上。

(72) 大正四六～八四六C。

(73) 大正四六～八三五B。

(74) 大正四六～八四一B。

(75) 同上。

(76) 大正四六～八三一C。

(77) 參照大正四六～七〇六C以下。

(78) 大正四六～七〇七A。

第二章 知禮傳承妄心觀之特色

一、《十不二門指要鈔》之研究序論

天台學之本迹兩門論，乃基依《法華經》而來，在智者大師著《法華玄義》卷七上❶：以理事、理教、教行、體用、權實、今已的六義解釋，且在《法華經》二十八品中，將前半之十四品稱爲迹門，後半十四品爲本門的說法。

所謂迹門，乃佛陀成道於菩提伽耶的金剛寶座後，在四十餘年中，從華嚴、阿含、方等、般若等四時的說法，即先爲調熟眾生之根機，爲說本懷而作舖路，故在法華會上的二乘，盡導歸於一佛乘爲歸宿。至於本門的說法，是針對成道於金剛座上的佛陀，乃爲度眾生而示現，其實，佛是無邊塵點刦前之久遠實成的古佛❷。又迹門是開三權、顯一實；本門是以拂盡近執而顯久成爲焦點。兩門的開顯，乃取喻於蓮華，在智者大師著《法華玄義》的劈頭，絞述本迹各具三義，以圖示之即（參照大正三三～六八一ＡＢ）：

```
 (蓮華三喻)    (迹門三義)    (本門三義)

┌─爲蓮故華 ── 爲實施權 ── 從本垂迹
├─華開蓮現 ── 開權顯實 ── 開迹顯本
└─華落蓮成 ── 廢權立實 ── 廢迹立本
```

如此圓妙的舉喻，可知迹門是開方便而導歸一實的圓理，本門是顯現化佛的久遠淵源，故本迹具是一實相，即畢竟一而無二，只爲施化教舉用上的方便分別而已！智者大師的妙論，在《法華玄義》中，唯經題之「妙」字竟發揮迹門十妙、本門十妙而講三個月，成爲「九旬談妙」的美稱！降之唐代湛然大師忠實地繼承，且趙宋天台的諸師，亦尊爲天台家正統而大加弘揚！傳至日本更爲興盛發展，即承傳中國天台的日蓮宗❸，即以本門爲正義，依本門思想的事圓爲主觀，而重視事觀唯唱經題（南無《妙法蓮華經》）爲佛教殊勝法門之一。

A. 法華玄義本迹兩十妙與十不二門之關係

（1）迹門的十妙，即：境妙、智妙、行妙、位妙、三法妙、感應妙、神通妙、說法妙、眷屬妙、功德利益妙等。

①境妙：所謂境是以智之所緣、所照、所觀爲對象，即觀境絕妙不思議，即以智爲主體，而境乃是對象。換言之：即一切諸法，皆是以智之所照爲境。智者大師將佛陀的一代時教，綜括而強調，藏、通、別的三教❹，乃隔歷而不融；即諸境不相即，唯獨《法華》則是圓實之教，圓攝諸境，成爲三諦相即的妙境❺，得法法融妙，趨入圓實之理，即依《法華》開顯的圓理，樹立法界森羅的諸法一味，成爲法法宛然的妙境。

②智妙：智能照境的功用，智之重要，廣說於佛陀一代時教中。然境與智的冥合是一非二，即主觀與客觀的絕待圓融，故以智能照境；境亦能輔智，二者互爲相顧，即智境相即而不相離，爲境智不思議的智妙。

③行妙：行即實踐，由智能啟導實踐正行而到達實所，故智妙之後，強調行妙。有關實踐行，廣說於諸經中。但前三教（藏、通、別）皆粗，唯圓教是妙行。又稱如來行、實相行，即一行之中具十法界，一運一切運，一心中具萬行，則一行一切行的圓融成就爲行妙。

④位妙：位即指實踐修持當中，所創立的階位，分爲四教不同，藏教立聲聞七賢七聖位。通教爲三乘共十地。別教爲十信、……四十二位等。圓教爲五品弟子位（外凡位）、六根清淨位（內凡位）、……等覺、妙覺等。然圓教勝於別教是：在圓教的初發心位，即就能滅無明證中道，以示現八相成道，得自由自在的教化於十方世界，這就是智者大師所云，顯明圓教的初住，就能成佛的圓滿義；但對於設立第二住的諸位，乃屬實踐修持，就能展開證中道的實用，故位位融通相即無礙而自在！且其證是實法，即妙契實行而能直趣實所，故稱位妙。

⑤三法妙：是指三軌，即眞性軌、觀照軌、資成軌：眞性軌是法體不妄不異的眞如性德。觀照軌是破妄性、顯眞理的智用眞如理德。資成軌是理、性萬行之相輔相助的妙用性德。故三法軌同時是一體，乃是法界中一切法的根本理體，智者大師在三軌中，爲求方便於區別顯示體與用，而規定眞性軌爲體，其他兩軌爲用。但體用乃是相即而不隔別，即用即體、即體即用而圓融無礙！

　　智者大師又特別強調理與事、體與用的殊勝，並依四教判釋，即藏教於二乘之斷惑，以證入「偏眞空」爲眞性軌，以能證的「智慧」爲觀照軌，諸助道「事行」爲資成軌。但菩薩雖是同

以偏眞空爲眞性軌，可是未曾有斷惑證無爲的過程，故以「無常觀」爲觀照軌，而以「事行六度」爲資成軌。通教是以「即空理」爲眞性軌，以「智用」爲觀照軌。能助顯智於「諸行」爲資成軌。別教是雖迷理性而能顯本有的「性德」爲眞性軌，由地前的修成破惑，能相應「理智」爲觀照軌，輔助其智的諸行爲資成軌。圓教即以因果不二的「中道實相」爲眞性軌，眞性雖相寂而「常照修用」爲觀照軌，修用的事行，悉是眞性的「性德」爲資成軌。

又智者大師，對於三軌更強調說：凡夫的一念心，就具三軌，且不動而成「聖人三軌」爲縱的通義。諸經論所說之「三法應機」赴緣，其名雖異，而其法體無差別爲橫的通義。如此，可由三法發揮三妙（境、智、行），但因位的三法，是果上三妙的妙契相符，故可稱一大乘法，即《法華經》所謂高廣的大車（大白牛車），即一乘就是至寶所的佛國。有關三法類，智者大師在《金光明玄義》❻、《法華玄義》❼中具有詳說。茲將其十種類通，以圖示之，即：

三軌——眞性軌	觀照軌	資成軌	所通所類
三道——苦道	惑道	業道	
三識——菴摩羅識	阿梨耶識	阿陀那識	
三佛性—正因佛性	了因佛性	緣因佛性	
三菩提—實相菩提	實智菩提	方便菩提	
三大乘—理乘	隨乘	得乘	能通能類
三身——法身	報身	應身	
三涅槃—性淨涅槃	圓淨涅槃	方便淨涅槃	

三寶——法寶　　佛寶　　僧寶

三德——法身德　　般若德　　解脫德

⑥感應妙：前之三法妙，屬明圓果智。所謂感應乃由果智
　　所發揮妙用，即佛陀應機感而針對眾生之應用。藏通兩
　　教，必依是力才能起作意之用，因此兩教雖將身肉焚
　　燒，即能以身心悉歸於空寂無爲的涅槃界，但尚未能達
　　到色心法的本有理體，故無法得到隨眞的應本力用，屬
　　粗。別教的登地以上菩薩，就能顯現本有常住之理，
　　脫離污染得清淨湛然的境界，故能無思無念的適應於法
　　界，稱爲妙應。又別教的證道，雖同如圓教，但其教
　　道，還帶有方便色彩，唯圓教才能稱爲超然無住着，以
　　純眞獨妙的境界爲妙應。

⑦神通妙：乃顯明佛陀身輪之不思議化他妙用，即由機緣
　　之所轉變，若遠、若近、若成熟、若解脫等，皆是一實
　　乘法，故云神通妙。智者大師強調說：藏教之二乘，以
　　「析空慈悲」而現比丘像，以護持律儀爲事業。通教乃
　　以「即空慈悲」而觀「無生」，以了達萬法不可得爲旨
　　趣。別教是以「空、假、中」之慈悲，而修無量恆沙的
　　佛法。另一面是以「次第漸修」的方便，得深入圓融之
　　理，以爲其妙應的事業。圓教是以「圓融三諦」的慈
　　悲，專修中道實相之任運無作行爲，以妙應不思議之妙
　　用爲其事業。

⑧說法妙：是稱揚佛陀之圓音無礙，妙宣十二部經的口輪
　　利生不思議妙用，和前項神通妙，同是以化他妙用爲旨

趣。然藏教的二乘，是以正思議的眞詮、旁思議的俗詮，爲其斷證之焦點，而尙未至注重於利生的事業。但至菩薩位（藏教），始能以正思議而詮俗諦，旁思議以詮眞諦爲旨趣。通教的二乘及初心菩薩❽與藏教二乘同詮，唯其不同處是藏教屬「析空」，通教是注重「體空」。別教的初心行者，在正詮界內的眞俗；旁詮界外的眞俗，但至後心菩薩❾，即能詮界內外的眞俗。圓教的初、中、後，即具詮界內外不思議的眞俗諦。智者大師強調說：藏、通二教，雖能詮其巧拙之異，但還是以偏眞空理爲所詮，故屬粗義。別教的初、中，尙未證中道妙理，故亦是屬粗，雖然後心菩薩之所詮雖妙，卻還有方便作用，故其能詮尙屬於粗。唯圓教之能詮、所詮兩者俱妙，依《法華經》譬喩品說：「聞佛柔軟音，深遠甚微妙」❿，就是顯明佛陀之最上乘絕待的說法妙趣。

❾眷屬妙：是針對親近佛陀的眷屬，即以承受佛陀身口兩輪之化他作用爲對象。所謂眷屬有五種：即理性眷屬、業生眷屬、願生眷屬、神通生眷屬、應生眷屬。（a）理性眷屬，乃是指眾生與佛陀的理性平等，即眾生本來就是佛子。（b）業生眷屬是雖在過去世，曾與佛結有夙緣，但尙未斷惑，故必依業力而再來轉生之類。（c）願生眷屬是最初遇佛而結緣之時，虔誠地對佛座下發願，現在得依本願，出生於有佛在教化區裡之眾生。（d）神通生眷屬是從發心以來，精勤地實踐修持，既證眞諦理的無漏，但現在是依願力，或神通力而再來之類。（e）

應本生眷屬，是既證中道的大士，乘願再來之類。

⑩功德利益妙：是針對被教化眾生的利益爲對象，有遠益、近益、法華經益等。所謂遠益是從大通智勝佛已來，就有所謂十種利益，即：(a) 離二十五有苦果益。(b) 能破二十五有的因益。(c) 聲聞益。(d) 緣覺益。(e) 六度菩薩益。(f) 通教三乘益。(g) 別教菩薩益。(h) 圓教菩薩益。(i) 變易益（方便有餘土人益）。(j) 實報土益。

所謂近益是指：從寂滅道場，成正等覺以至於宣說《法華經》上的利益。依四教之別，即藏教是析空智益，通教是體空智益，別教是一切空智益、道種智益、一切種智益，圓教是破無明顯現佛性的究竟實益。又《法華經》利益是：將諸經所述之利益，盡攝於一佛乘之《法華經》爲旨歸，故《法華經》利益是無差別的究竟益，即如三草二木，其形雖異，但生於同地，且同受同一雨露之所潤滋，故爲無差別的境界爲妙益。

上舉迹門十妙，乃係概括自行、化他的始終，而境、智、行、位的四妙，是屬自行因。三法妙是屬自行果。感應、神通、說法的三妙，乃是屬化他的能化妙用。眷屬、利益之二妙是化導他的妙化用！智者大師更強調說：佛陀自成道至七十歲的四十年間，其所說法，都是爲宣說《法華經》之舖路所先施的權教，唯至法華時，才是難思議而絕待究竟的境界。

(2) 本門十妙，即針對《法華經》之後十四品，尤其是「如來壽量品」所說的開迹顯本爲依據，即「我成佛已來，甚大久遠，壽命無量阿僧祇刼，常住不滅」⓫，而闡明久遠本佛之因果，妙契於《法華經》的眞實義爲旨趣。本門的十妙是：本因

妙、本果妙、本國土妙、本感應妙、本神通妙、本說法妙、本眷
屬妙、本涅槃妙、本壽命妙、本利益妙等。

①本因妙: 是針對因地「自行」不可思議，即以其久遠已
來，就發菩薩心，且不斷的行菩薩道，以所修之因爲主
觀，如在其因地中，若有所停滯，即就難以取證，故必
須以「拂迹除疑」而顯現權法。在《法華經》卷五「如來
壽量品」說: 「我本行菩薩道，所成壽命，今猶未盡，
復倍上數。」⓬ 又關於上舉的壽命，原本就含具慧命，
故屬本質的「智妙」。又本行是本時的「行妙」。菩薩
道是本時的「位妙」，故強調久遠的本佛，在於本時自
行爲妙因。 更說: 諸經所說的佛因，都屬「迹因」，
以伽耶始成爲主觀的屬「近因」。雖有四教不同而分淺
深，但都不能稱妙，唯「本因」才是「實因」，絕無前
後之差別，故稱爲純妙的極致。

②本果妙: 是指究竟圓因所證的極果。在《法華經》「如
來壽量品」說: 「我成佛已來，甚大久遠。」所謂「我」
是「眞性軌」; 「佛」是覺義，屬「觀照軌」; 「已
來」是乘本有之道而來，屬「資成軌」。如是乃顯彰
本地的佛果，即從久遠刼來的既成圓滿，故本果是一果
一切果，前後無有差別的境界。再說: 伽耶成道是迹中
的一相而已，乃由本果的流露，雖有唱生唱滅，皆是本
地之無作三身的現迹，故則是從本垂迹，如一月現於萬
水中之影，故本成以後的百千萬億之唱因唱果，皆盡是
本化長遠的大用，且能彌漫於盡法界中，故本果妙，是
迹門之法爾久遠的妙體妙用，且含具深遠的妙義，故湛

然、知禮等大師，對於三身的強調，即以《法華文句》卷第九「報身智慧，上冥下契，三身宛足」❸爲依據，而鞏固宗義是值得歌頌的妙談!

③本國土妙：　是顯明本地果佛，　即正報所住處的不可思議境。乃以本時成道的三身所居土爲本國土，而迹佛所住爲迹國土。國土有四處，即凡聖同居、方便有餘、實報莊嚴、常寂光土等。在「如來壽量品」說：「自從是來，我常住在此娑婆（堪忍）世界，說法教化，亦於餘處，百千萬億那由他（千億）阿僧祇（無數）國，導利眾生。」❹所謂娑婆是「本時」的同居土，餘處是「本時」的方便土、實報土及寂光土。諸經所指的一佛之說法區域爲三千世界，但娑婆界內的三千世界，就是同居之穢土，如能住於西方的殊勝世界，即屬同居淨土。若住華嚴的琉璃世界，即屬實報土。而所謂寂光淨土乃佛陀的永久住處，故凡是爲教化而暫住的地方，都是屬迹土而已，唯本佛之寂光土，乃一土一切土的天然殊勝！由此，本地化源之長遠爲本國土妙的殊勝。

④本感應妙：是顯彰本地果佛的感應不可思議。即本成以後的化用，悉是迹佛的感應，但所謂迹的感應，盡是從本垂迹的感應，乃拂迹顯本，俾使迹佛的感應無量，即眾生的受化度是機感，以佛眼的觀察是佛應，故由迹佛的顯現度眾生，乃本佛的佛應，以八相化度爲殊勝。

⑤本神通妙：是指佛陀教化的神通示現爲主觀。在「壽量品」：「如來秘密神通力，……或說己身，或說他身……或示己事，或示他事。」❺上舉秘密是不顯露——

妙。己身、己事乃圓滿神通。他身、他事，皆是迹化的
方便權現，唯本時所顯之神通，才是極妙的顯露。

⑥本說法妙：是針對本佛開示的說法殊勝。在《法華》之
「從地踴出品」說：由地踴出的大菩薩，「悉是我所
化，令發大道心」⑯。上舉「所化」乃表說法教化的眞
實，「發大道心」是授受大法，才能發大道心。因在伽
耶成道之說法，都屬迹化的示現，不能稱妙，唯「本地
本時」的說法，則是具眞實性，才堪稱妙法。

⑦本眷屬妙：是指本佛所化的眷屬。在迹門所化無數的眷
屬，都屬迹化，上由觀音、文殊大菩薩等；下至舍利
弗、目犍連、須菩提尊者等大弟子，而示現師友或弟子
間的關係，都是大化的顯揚，亦即是本地本佛之內法眷
屬的殊勝妙。

⑧本涅槃妙：是指本佛所現涅槃（不生不滅），乃常住本
寂的本時之涅槃，因在雙樹間所現的涅槃像，乃爲調伏
眾生懈怠之迹化的方便而已，唯本寂之不生不滅的永久
常住，才堪稱爲涅槃妙。

⑨本壽命妙：是針對以本時果報的壽命長短爲主體觀。因
諸經所說的壽命長短不同，如藏、通二教佛，乃屬轉惑
業、機緣，故不依中道理，即無法顯現壽命的長短。別
教的登地，及圓教的初住，雖破無明，得證中道，獲到
一身湛然，能現無量身於百千世界中，但這都是屬由果
滿垂露的迹化，即本因壽、本果壽的壽命而已！唯本時
果報的不生不滅之常住壽命才是殊勝妙。

⑩本利益妙：是針對本佛所作的利益，乃至佛滅度後的正

法、像法中等的利益。即佛陀以方便法門，說微妙法，能使眾生歡喜發菩提心，雖是顯示迹化中，還能得遍圓種種的利益，也因此而可藉迹望本的機會而發揮，是以住在下方虛空的本眷屬大菩薩，皆是妙住於寂光淨土中，而獲到本利益的殊勝妙。

　　然上述本迹兩十妙，雖有名同或異，但其實的兩種十妙，即是盡然的相同，唯本與迹的論述法差異而已！茲依《指要鈔詳解》❼以圖示之，即：

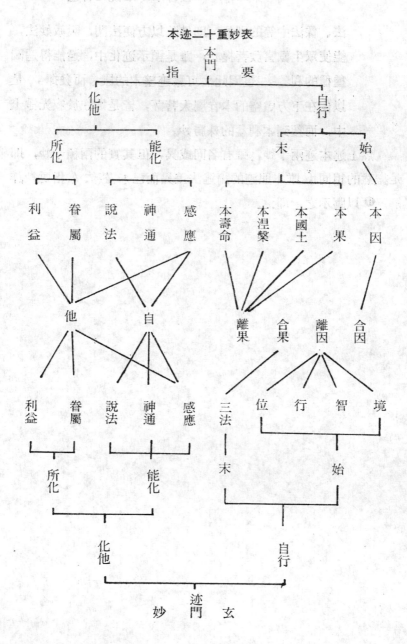

本迹二十重妙表

　　依據智者大師的妙論，所謂佛教哲學之尊貴，在自行與化他的兩門而已！自行是從因地而精進向上，以證妙覺的佛位果地之妙本為旨歸；化他是隨機應緣，以化益無盡為本，而《法華經》之所說亦不出其外！再說，迹門是以斷妄證中道，即能拂去無始以來的迷妄，證中道理為本，故明自行因果中，特以離開其因而細分精說為焦點。本門是依本地久證而開顯奧妙，得增道益為主眼，更依因的合略而廣開果用，故以自行、因果二法的離合得宜，而獲得依之化他的能所妙契為旨趣。

　　然在《法華玄義》的本迹兩十妙中，湛然大師在《釋籤》中，竟以如何的配合而廣開闡明，創說「十不二門」的思想是值得注意！所謂「十不二門」，乃台宗六祖　湛然（西元七一一～七八二年）大師，註釋《法華玄義》之《釋籤》中的一段文，內容是特以「迹門十妙」、「本門十妙」而樹立「十不二門」，門門為顯揚本迹不二、教觀不二、解行雙修，而結歸於三千三諦之殊勝，成為天台宗教義的綱要，即：（a）為成妙解——以略顯廣，（b）為成妙行——以難通易。更分為：（a）為令與止觀同成，從行修證。（b）為決諸文，特舉事法觀道為旨趣。

　　再說天台一家的資糧，乃教觀兩門，即教觀相資、解行相即而符合佛陀本懷之特色！換言之，若有教無觀、有解無行，即如有目無足；有觀無教、有行無解，即如有足無目的缺失，故理論必具實踐的相資，始能達成斷惑證果之安身立命的境界！所謂「十不二門」的內容，即：色心、內外、修性、因果、染淨、依正、自他、三業、權實、受潤等不二門。首先的「色心不二門」，即概括境妙中廣說之七科境，乃以法相不同而為之分別，即物質（色）與精神（心）二法，能融即無礙而為不二，且擴展

至一切諸法的平等不二爲原則論。是以湛然大師爲境妙的廣含妙契而遂立色心不二門爲旨趣。其次的內外、修性兩門，乃依智、行兩妙而樹立，即智、行乃以實踐修證爲主旨，如不能和內外二境相即而無礙，乃就無法成就圓妙的智行，故能在修性的體用相即無礙，始得運用圓妙的智行，才能速至寶所爲要件，故內外二境與修性二德的融即無礙，在實踐修證上是不可缺的重要，故必依智行二妙而建立內外、修性兩門。其次之因果不二門，乃依位、三法二妙，即位妙是屬多份因；三法妙是屬多份果，故以因果的融即無礙，才能始終理一爲旨趣。

其次之染淨、依正、自他的三門，乃依感應、神通之二妙，即證佛果後的化用，是能化者的佛陀，對被所化的萬億眾生，得感應無量！換言之：即自與他的妙契不二爲原則。又能得神通，乃從依正不二的原理，或現淨土，或現穢土，或現佛身菩薩身，及修羅、畜生等自在的妙運，即得感應神通的化用，可以說是佛陀的化他淨妙用。又凡夫的濁惡，還能一時發心向上而得解脫，即凡夫的染心得頓變成淨心，則妄心與淨心是染淨不二，依此原理而述感應、神通妙的奧理，而立染淨、依正、自他不二等之三門。其次之三業、權實二門，乃依「說法妙」，即「說法」是佛陀化他的妙用，則口依心而身動的配合，即由身口的外化，依意識之內證不二，而成就三業不二門的特色。又權實不二門，乃針對一切教法雖無量，但爲眾生的機宜，而說權、說實之所施的說法，然究尋其終結，都是爲俾使一切眾生之成就證道，故權實二法，終歸於一極致的不二，即權即實而闡說無礙，同是醍醐的妙味爲權實不二門。由此，三業、權實之二門，乃成立說法妙的妙成就可知！最後的受潤不二門，乃依眷屬、利益二妙，所謂眷屬

是三草二木⑱，同是一地的所生，同受一雨之所潤，所得利益廣潤，即同一佛法之所得利益，且亦皆得欣喜的境界爲旨趣。

　　上舉十不二門，乃依十妙爲基本原理的妙契而成。換言之：本迹二十妙的廣說，所依不出此十門的原理，故十不二門與本迹二十妙，則是始終不二的圓妙融即。還可以說：十不二門中的前四門是十乘觀論之性體；後六門是教觀妙論之理性，故《十不二門》雖是短册子，但含具天台學的綱骨，堪稱爲天台要典之一。茲爲易解，再以圖示之，即：

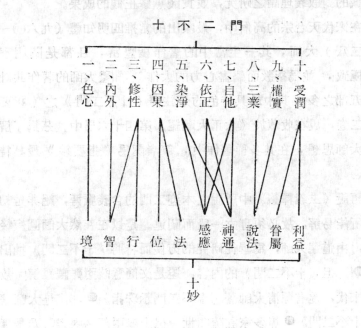

二、《指要鈔》在天台教學中之地位

天台宗之根本教義，乃理論與實踐之教觀雙美，即教是理論闡解，觀是以實踐而立行。所謂天台三大部中的《法華玄義》是以教理門而樹立；《摩訶止觀》是實踐觀行門，即禪學奧秘之妙典。天台宗能在宋代，達到登峯造極的興盛，乃因於宋代的台宗中，出了不少的高僧，且都依《法華玄義》、《摩訶止觀》而各盡精誠的對教義理論之研究，並實踐薰修止觀的成果。

在宋代天台宗的高僧中，最傑出的當推四明知禮（九六○～一○二八）大師，其一生當中的著作極豐富，且都是闡明理論的極致，並為衛教而磬盡心力的大作。知禮大師的著作共計有十五部之多，其中最具特色的是註釋《十不二門》之《指要鈔》二卷，現在收藏於《大正大藏經》第四十六冊中。茲為了解知禮大師思想，在其多種著作中，筆者認為《指要鈔》最具特色！

再說《玄義釋籤》中所說之本迹二門的含義廣博，絕非是初學者所能易解，故必須專立一段而闡述。是以在湛然大師圓寂後不久，由道邃大師，為學徒研究的方便而特將《十不二門》抽出刊行⑲。但《十不二門》的內容，還是文簡意賅而難讀難解！故降之宋代，遂有源清大師著《十不二門示珠指》⑳，宗昱大師著《註十不二門》㉑等多家註疏問世。但上舉兩部之內容，乃是專以山外派的主張，即依華嚴、禪宗的「真心思想」為主體論，甚多不符合智者大師的本懷，故知禮大師為維護傳統的正理，依據智者大師的思想原則，而著《十不二門指要鈔》，專為針對源

清、宗昱大師等謬誤，發揮「妄心觀」、「兩重能所」、「理具事造」、「別理隨緣」等而據理力爭，且其論點精簡而圓妙，故成爲樹立台宗正統思想的極致！因此，專志於研究《指要鈔》的學者不少，且爲之再註，在中國就有八家，日本有十餘家之多。在我國的八種註釋中，以南宋之可度大師著《指要鈔詳解》最爲被重視而流通。由此，《指要鈔》在天台教學中的地位，係是極具價值的論典之一可知。

三、《指要鈔》之要釋

A. 序論略談

　　湛然大師之《法華玄義釋籤》中的「十不二門」段（大正三三～九一八），文簡而難讀難解，故在宋代初期，特爲之註釋者不少。其中有源清（西元九九六～？年）大師著《法華十妙不二門示珠指》二卷，宗昱（生寂？）大師著《註法華本迹十不二門》一卷。觀其內容，卻發現違反傳統教觀之大義，因爲源清、宗昱兩位大師是承山外派之思想濃厚，且滲有華嚴及禪宗之眞心觀念爲依據。故知禮大師檢尋之後，慨嘆不已！故在《指要鈔》的劈頭：「或示（珠指）、或註（宗昱著）著述云云，而事理未明，解行無託，荊溪（湛然大師）妙解，翻隱於時，天台圓宗罔益於物，爰因講次對彼釋之，命爲《指要鈔》焉。」❷知禮大師認爲源、昱二師的著作，如果被流傳於世，則會失去智者大師爲利益眾生的本懷，故不得不爲闡明天台宗義的發揚；另更爲後代勿陷於誤謬而著《指要鈔》的理由在於斯。

天台宗的理論，強調凡夫如欲證道的實踐功夫，必由修觀為入道要門，即首先必須由日常生活中的語言、動作、思想中下工夫。因為凡夫在日常生活中，都用不到眞心，而盡被妄心的驅使中過生活，故無法脫離六道的輪迴；然欲解脫生死，必依修觀斷妄心而始得。但宋代山外派諸師，卻忽略這一點，僅以眞心為主體論，而認為人人皆佛，知禮大師斥之，既然人人皆佛，那就不必實踐修行的了！當知，佛是佛，凡夫是凡夫，由凡夫至佛的路程遙遠，必須依修觀而斷煩惱始能達成，因為妄心不滅，煩惱永存！凡夫雖有眞心佛性的存在，卻被妄心的遮蔽而無法顯現，正如金銀被埋沒於地中不得用。故知禮大師強調以實踐修行為要，不得唱高調而虛度光陰，必須由觀而除妄心顯證歸眞心。是以知禮大師，極重視日常中的一念妄想，必須斷除而導歸於正念，否則六根對六塵所發生的一切不適宜，如何抗制？換言之：即妄念不得任其放縱，必須時時攝持妄念之不生為修行對象，始能達成安身立命的境界。

但源清大師著《示珠指》在〈不二唯心實相〉段主張說：「十法界者，全即一念，非謂前後相生；非謂色含內外，一一諸法當體眞如，……即一念眞如妙體。」❷上舉，也許是源清大師承禪、華嚴的思想而解釋天台？認為所謂「一念」還是「心」，如水波還是水之變相而已的說法。然在清淨心中，既生起「一念」，即「清淨心」已受染汙，就不能稱是清淨性體，故欲恢復原來的清淨性體，必須消除被染的一念妄念，始能恢復性體。故知禮大師在《指要鈔》說：「有人解今『一念』云是眞性，恐未稱文旨，何者？若論眞性，諸法皆然是，何獨一念？」❷知禮大師認為源清師的觀眞棄妄，唯知「心」之元性本體而已，尚未明

達至心既被染後，為恢復而必須修觀實踐為要法！不錯，「一念」是真心之部分的流露，但既生起「一念」就是迷，那就無法稱謂完整的「真如心」，故必須依實踐修觀的力量，始能彌補得完整，否則為什麼，凡夫不能與佛比？因為既生一念，即墮染汚，就不能稱為是完整的真性，只能說其體性是真性的部分而已！若強調直指真性，既人人本來是佛，那就不必修觀！故知禮大師斥之為恐尚未達不二門的文旨。

　　知禮大師繼之再說：「更有人：全不許立『陰界入』等為所觀境，唯云不思議境。」此乃針對宗昱師的誤謬，但查宗昱師著《註十不二門》「色心不二門」段，卻無此語，唯有「介爾起心，三千性相，即非縱橫，並別之旨，故云總在一念。」❷⑤ 知禮大師慨嘆地說：二師明顯的是違教。對此，可度大師在其註《指要鈔詳解》也說：「有關『心』之真妄，即同源於眾生，雖然於無始在迷，但未曾離念！茲約修行門說：必須了達妄即真，若專指真心，則犯隨意捏造，即妨礙初學道者之入門途徑。」❷⑥

　　知禮大師，所強調要定立所觀之境，乃針對妄心為對象，因為眾生時時都是迷真逐妄，即六根對六塵之現前一切境界，都是虛妄不實，故如欲返本還源，必須以取近境，即從現實的環境着手為要門，才能至速達成了知虛妄而得顯真諦的妙旨！但山外諸師，對境觀不明而專指真心，乃錯誤的想法。當知「真心」豈是凡夫隨便所能獲證？！所謂「真心」乃證悟後之本體性的妙真如性，即佛之妙境界。眾生雖具有真如性，卻被埋沒於無明惑裡而無法顯現，故知禮大師才強調必依實踐修觀的力量，始能恢復整然的性體，進而得到妙受用！

　　知禮大師，引智者大師的著作，以證明源、昱二師的違教，

即：

「且《摩訶止觀》先於六章，廣示妙解，豈不論諸法本眞
皆不思議❷！然欲立行造修，須揀入理之門，起觀之處。
故於三科，揀卻界入，復於五陰，又除前四，的取識陰。
《輔行》又揀『能招報心』❷，及以『發得』屬於下境。
此是去丈就尺；去尺就寸，如灸得穴也❷。乃依此心觀不
思議，顯三千法，乃至貪瞋等心，及諸根塵，皆云：觀陰
入界，及下九境，文中揀判毫末不差，豈是直云眞性，及
不思議。」

上舉旨在依解力行的實踐修觀，即認爲靠近眼前的觀妄爲眞實修
道，勿只唱高調的觀眞心，而不立觀陰境爲焦點。知禮大師所引
述《摩訶止觀》的前六章，都是論諸法本眞皆不思議，但爲實踐
必須選擇入門之理路，始能趨於識陰滅惑。又引湛然大師著《止
觀輔行》的能招報心❸，及以發得爲屬下境，而取喻去丈就尺；
去尺就寸，如灸得穴。以此心爲觀不思議，顯示三千法等，盡是
觀陰妄爲對象，即以實際的現象爲修持方便！豈可獨言眞性而棄
近望遠，成爲不實際的高調？

所謂「能招報心」有二❸：一見行，二發得。因爲見行能招
報，即受想行的三心，必由五陰中揀去。又發得亦能招報，即由
修觀中生起之煩惱心，亦須棄除。

知禮大師爲使更易了解，遂設問答，即❸：

「問：常坐中云：以法界、對法界、起法界。安心中云：
但信法性，不信其諸，及節節云不思議境，今何不許？

答：此等諸文，皆是能觀之觀法，復是所顯法門，豈不讀
《輔行》中，分科之文，先重明境，即去尺就寸文也。次
明修觀，即觀不思議境等十乘文也。況《輔行》委示二境
之相，非不分明，豈得直以一念，名眞理及不思議耶？」

所謂佛法界對法界、起法界，無非佛法，乃《止觀》原文㉝。依
湛然大師的解釋：「佛法界是根也，對法界塵也，起法界識也。
仍本迷說故曰根等，得名法界，更無差別。」㉞又「安心中」的
但信法性，是《止觀》卷第五上：「唯信此心，但是法性，起是
法性起，滅是法性滅。」㉟故知禮大師引出約義，法界、法性文
意相似，既如是爲何不許觀妄耶？此說即暗示山外諸師，當多讀
《止觀》及《輔行》爲妥。

又答文中，都是顯示能觀所觀，即一念法界是觀，因爲法界
是能觀所顯，繫緣法界是止；若未聞時，處處馳求，既得聞已，
即追求心必停，名爲止；但信法性不信其他，名之爲觀，即法性
是能觀所顯的本質爲特色！豈可獨以一念爲眞理及不思議而已。

知禮大師繼之再說：

「應知不思議境，對觀智邊，不分而分，名所觀境。若對
所陰等諸境故，不思議境之與觀，皆名能觀。故《止觀》
云：『譬……，智者以喻得解，幸可詳之！』皆爲不辨兩
重所觀，故迷斯旨。」㊱

知禮大師針對山外之偏執，詳述闡明觀不思議境，即實踐修觀，
不得顛倒錯亂，當依不思議觀；觀不思議境爲能所雙得的妙論。

又南宋可度大師，更爲之補述說：

「須知圓頓行者，用觀時，的觀現前一念妄心，具三千法，三千即一念；一念即三千，不縱不橫，不前不後，觀之不已，則陰境轉成不思議境矣。」㊲

由此，不思議境，境即是觀，兩重能所，歷歷分明可知。換言之，唯依觀心是不可思議境，即諦境與觀智合一，則兩重能所妙在其中，此義蘊藏之於《止觀》、《輔行》，有心者自可尋得其中之奧妙。且因山外諸師，對於境與觀的分析不明，而不許立陰入爲境，唯觀不思議，故知禮大師明示：不思議境是能觀，觀法是所顯法門，更引《止觀》之明文爲證，復自立槌砧朴之喻，爲顯明圓教不思議的勝義！

知禮大師再說：

「又若不立陰等為境，妙觀就何處用？妙境於何處顯？故知若離三道㊳，即無三德㊴，如煩惱即菩提，生死即涅槃，《玄文》略列十乘，皆約此立。又《止觀大意》以此二句，為發心立行之體格，豈有圓頓更過於此！若如二師所立，合云菩提即菩提，涅槃即涅槃也。」

知禮大師再強調：觀妄心的重要，如唯以眞心而論，即妙觀就可免談，且妙境也無處可顯露。故當知三道與三德是圓融的妙具，乃煩惱即菩提；生死即涅槃，否則如二師所立的菩提是菩提；涅槃是涅槃，即就無妙論可談了。知禮大師且引《法華玄義》的十

乘⓾，《止觀大意》⓭中，亦以此而發心立行爲旨趣。因爲山外諸師，以「一念」爲眞性而偏指「眞常心」，故不許立陰界入等爲所觀境，唯云不思議境而已。源清師所謂不思議境，非《摩訶止觀》所說之不思議境，乃以「一念眞性」爲不思議境。故知禮大師斥之爲菩提即菩提；涅槃即涅槃，仍屬劣級教中的說法而已！《法華玄義》卷第九上說⓯：

> 「體生死即涅槃，名爲定；達煩惱即菩提，名爲慧。……若生死即涅槃者，分段、變易苦諦皆破。若煩惱即菩提者，四住⓰、五住集諦皆破⓱。……觀生死即涅槃，治報障也；觀煩惱即菩提，治業障也。……生死之法，本即涅槃。……若觀生死即涅槃，不爲陰入境病患、業魔禪、二乘菩薩等境所動壞也；若觀煩惱即菩提，不爲諸見增上慢境所動壞也。……觀生死即涅槃，故諸禪三昧功德生；觀煩惱即菩提，故諸陀羅尼、無畏、不共、般若生等。」

上舉即依智者大師的妙談而說，離三道即無三德，如以煩惱即菩提；生死即涅槃，始能得圓觀妙理的顯現，故一念三千之不思議境，本來就是「三道即三德」，且還可相應《法華》之開權顯實爲旨歸。又引出：

> 「『常坐』中，起對俱法界者，今問法界因何有起對耶？
> 須知約根塵識，故方云起對法界，故《義例》釋此文云：
> 體達（修觀），若起若對（陰入），不出法界成不思議）。
> 彼有約理、約觀、約果三義，此文正約觀行辨也。」

知禮大師在前問答中，強調能觀所顯，繼而詳述其意，故云因何有起對等語。《義例》釋的本文是：

> 「弘誓中云：對法界起法界，如何法界有起有對？答：如前分別其義已顯！若欲更論，各有所以，一者約理，心佛無殊，雖對雖起奚嘗非理？二者，夫念起依理體達，若起若對，不出法界。三者稱理，理即法界，起對稱理，無非法界。」⑮

上述雖有三義釋，但爲顯法界的眞義，故云唯引以觀行，特顯其義爲焦點。所謂「對法界」，即根塵相對，若根若塵並是法界。「起法界」即一念心起，即空即假即中，則一念心具十法界的妙談！但眾生執迷，離不了我執，即就脫離不了一切苦，故必須在一念心起，即根塵相對時，一切法、趣一念；一切法、趣根趣塵，乃至趣空趣假趣中，故一切法皆是佛法，從未離根塵，是以不得固執於唯「一念」，而限於「靈知眞性」爲妥！但山外諸師，尚未了達智者大師所說的法界，即「一念無明法性心，即具十法界」的法界，亦非是華嚴宗所說之「法界緣起」之法界，能爲十界互攝之法界，且絕不是單獨的佛法界而已！故不能將「一念」解爲眞性，否則法界、法性，在天台文獻中，處處皆是，豈可獨舉「一念」爲眞性而已！知禮大師，繼上解「對法界、起法界」之後，再說：

「又安心文云：唯信法性者，未審信何為法性耶？而不知
此文，正是於陰修乎止觀，故《起信論》云：『一切眾
生，從本已來，未曾離念。』又下文云：『濁成本有』，
若不觀三道即妙，便同偏觀清淨眞如。荊溪還許否？故
《輔行》解「安住世諦」云：『以止觀安故，世諦方成不
思議。』又云：『安即觀也。』故談圓妙，不違現文，方
為正說。」❻

上舉唯信法性，乃依《摩訶止觀》卷第五上，論正修止觀章，以
十法成乘觀心中，其第三法門，即「善巧安心」❼文為依據。

　　所謂「安心」是以止觀安於法性。法性乃是無明之根依體，
即在痴迷中，法性就變作無明，而生起種種諸顛倒等不如意的現
象。故實踐修行以安心第一，由安心始能精進於道，亦即了知一
切無明痴惑本是法性，故不怕顛倒起滅，是以知禮大師，強調唯
信此心的善、不善等一切念皆是法性，且指出必以陰識為對象而
嚴修止觀為上策。

　　所謂陰乃指「一念無明法性心，即具十法界」之陰，亦「無
明即法性；法性即無明」之陰，即根塵相對之一念心為四萬八千
法藏，故云佛法界、對法界、起法界，無非法界的心不思議妙觀
也。但既知三千妙境始終不變，豈可不信起滅一切是法性，而獨
解一念為「靈知眞性」，不立陰界入的三千妙境為對象，唯以眞
性的孤獨成為偏觀「清淨眞如」的本體妙而已，故以「一念」解
為「靈知眞性」，也許是承宗密（七八〇～八四一）大師的思想
而來？故知禮大師，斥為是違本宗的根本教理。因為天台學的特
色，必須「由妄觀眞」，而以實踐為旨歸。且引出《大乘起信

論》的「一切眾生，不名為覺，以從本來，念念相續，未曾離念」為證㊽。知禮大師繼而再說：

> 「今釋一念，乃是趣舉根塵和合一剎那心，若陰、若惑、若善、若惡，皆具三千，皆即三諦，乃十妙之大體，故云咸爾！斯之一念為成觀，故今文專約明乎不二，不可不曉，故茲委辨。」㊾

所謂一念，乃以意根為因，法塵為緣，即因緣和合而生起一念心，但當知此一念心即屬陰妄。陰是苦道，惑是煩惱，善惡是業，但此三道，皆具三千亦即三諦。更明顯的說，三道皆具三千、三諦，即必須以一念為對象而修觀。知禮大師繼之再說：

> 「問：相傳云：達摩門下，三人得法而有深淺，尼總持云：斷煩惱證菩提，師云：得吾皮。道育云：迷即煩惱，悟即菩提，師云：得吾肉。慧可云：本無煩惱，元是菩提，師云：得吾髓。今煩惱即菩提等，稍同皮肉之見，那云圓頓無過？
> 答：當宗學者，因此語故，迷名失旨，用彼格此，陷墮本宗。良由不窮『即』字之義故也。」

知禮大師，引《玄義》文闡釋生死即涅槃；煩惱即菩提，為本宗的極談。又恐他人以禪宗的同異文而惑亂正說，故特為之說明：台宗學者不能了悟本旨，因見迷即煩惱等說，便認為和台宗所指之煩惱即菩提的同義，而斥為迷名。當知雖云「迷即煩惱；悟即

菩提」，乃唯依演變始成，故含背面相翻而始現，非是台宗「當體即是」的妙義，故斥之爲失旨。知禮大師繼之說：

「應知今家明『即』永異諸師，以非二物相合，及非背面相翻，直須當體全是，方名爲『即』。何者？煩惱生死旣是『修惡』，全體即是『性惡』法門故，不須斷除及翻轉也。諸家不明『性惡』，遂須翻惡爲善，斷惡證善。故極頓者仍云：『本無惡，元是善。』旣不能全惡是惡，故皆『即』義不成。故『第七記』云：『忽都未聞性惡之名，安能信有性德之行？』若爾，何不云煩惱即煩惱等，而云菩提涅槃耶？

答：實非別指，只由性惡通融寂滅，自受菩提涅槃之名，蓋從勝立也。此則豈同皮肉之見乎？又旣煩惱等，全是性惡，豈可一向云『本無』耶？」

知禮大師，強調天台宗之本旨，異於他宗，故對總持尼等三師的斷惑證理，認爲尙未達「即」義的奧理，應當是性善、性惡「當體全是」才對。更闡明智者大師的創立法華絕待二妙、止觀之圓頓十乘，乃以生死即涅槃；煩惱即菩提的性體，認爲其當體「即是」性體的本質，絕不是二物的相合，更不是以斷證爲終結，亦不能以一法轉變而成，故不可以迷悟而分別爲煩惱本無、菩提本有的獨斷！當知煩惱即菩提，生死即涅槃的本性，僅乃言詞的闡釋，並非寂然之思慮，應以天然眞性爲本旨。

闡釋「即具」的奧義，爲顯明「性惡法門」之極致！所謂修惡、性惡❻，對修善、性善的本體❺，都含十界互具，故性之善

惡，乃歷三世而不能毀滅的寂然常性，若視之爲「本無惡，元是善」的偏頗見解，就不能求得「即」的本義，故引《法華文句記》第七云：「若不爾者，徒開浪會，虛設漫行」❺❷等爲之證實。

知禮大師繼之再說：

> 「然汝所引，達摩印於可師，本無煩惱，元是菩提等，斯乃圭峯異說，致令後人以此爲極，便棄三道唯觀眞心。若據《祖堂》自云❺❸：二祖禮三拜依位立。豈言煩惱、菩提，一無一有耶？故不可以圭峯異說，而格今家妙談爾。」

然汝的「汝」字，乃指前人的傳述。因唐宋以來的禪學者，都認爲天台宗徒眾，對達摩大師之印證慧可師之見解，尚未徹底，故知禮大師爲救時蔽，不得不以此關之以爲樹立正義！更因爲山外諸師承華嚴宗密大師的思想，以「一念」爲「靈知眞性」，是以知禮大師才斥爲異說。又：

> 「今旣約『即』論斷，故無可滅；約『即』論悟，故無可翻。煩惱生死乃九界法，旣十界互具方名圓，佛豈壞九轉九耶？如是方名，達於非道，魔界即佛。故圓家斷、證、迷、悟，但約染淨論之，不約善惡淨穢說也。諸宗旣不明性具十界，則無圓斷圓悟之義，故但得『即』名而無『即』義也。此乃一家教觀大途。能知此巳，或取、或捨，自在用之。故《止觀》亦云：『唯信法性，不信其諸。』語似棄妄觀眞（原註：『元云：豈異可師之說？』）。而

《義例》判云：『破昔計故，約對治說』，故知的示圓觀，
須指三道即是三德，故於陰等觀不思議也。若不精簡，何
稱圓修？此義難得的當，至因果不二門，更為甄之。」

知禮大師，針對前說之斷證、迷悟，樹立正義而強調修惡即性，
只論斷與不斷，皆不妥當，即必依台宗的特色，在於「即」為主
體論。當知煩惱生死法，乃九界修惡之法，既主張十界互具，即
界界具十，則九界的當處即佛界，豈可云斷九界始證佛果？又豈
可云轉九界之迷，始為證佛界之悟？故通達九界之眞諦為非道即
是佛道，正所謂「魔界如」、「佛界如」的性體，乃以「即」為
旨趣。又天台家論斷證迷悟，乃以「情、理」為焦點，如情着迷
即十界俱染，故知禮大師主張觀妄歸眞，乃依實踐的修持力始悉
知妄，如能了解迷理，則十界俱淨，即不斷而證，所謂了解迷理
即悟，不必以善惡為對象而論斷證，亦不是「棄妄觀眞」，乃以
「即妄觀眞」，為「即具」之天台教觀的本旨。更強調如「教
理」不明，則無法了達圓觀的妙示；如「行持」不專，即易起妄
念，則無法了知圓行妙觀之特色！如能圓融通達「即」之奧義，
就能取捨自在得安身立命！

　　知禮大師更依《止觀》，證明「唯信法性，不信其諸」，乃
指起滅都是法性，即「體其實不起滅，妄謂起滅，只是妄想悉是
法性，以法性擊法性，以法性念法性，常是法性無不法性時，體
達既成不得妄想；亦不得法性，還源反本法界俱寂」❺❹。湛然大
師的《義例》亦云：「以眾生久刼，但着諸法，不信法性，破昔
計故，約對治說，令於諸法純見法性，若見法性，即見法性純是
諸法，是諸法性，本無名字，約破立說，名性名法。」❺❺上舉，

明顯的已含當信法性，不信其他的善用止觀，始能觀心發悟，得到自由自在的大受用。

　　上述至序文段的終結，乃知禮大師以懇切的慈悲心，反覆的闡述「一期縱橫，不出一念」之一念。且以精簡的顯明配置於止觀「十乘」，更強調「六即」淺深之妙義，顯揚天台學的特色！最後祈願勿信山外諸師所云：「唯認一念爲靈知眞性」而撥棄觀妄的實踐行持爲妥！否則易患未證爲證；未悟爲悟之增上慢病，此正爲修行者的大忌！

B. 本文要釋

　　湛然大師之《十不二門》（大正藏第三三～九一八 B），乃極精簡而難讀難懂！且爲之註解的《指要鈔》，還是不易理解，故茲將《十不二門》的本文，安置列於《指要鈔》之前，便於對照並讀，也許能資助初學者之研究方便！

（1）色心不二門

　　《十不二門》的劈頭，第一門「色心不二門」。對宇宙中的森羅萬像，分爲物質與精神，在佛教學術語上，則以「色心」二法而賅括。所謂色心二法，在天台圓教，乃主張本末的融妙不二，即宇宙中的一切，無非中道之圓融相即而不二爲焦點。

　　但降至宋代的天台學者，卻在解釋上，對於色心的觀念，竟然分別採納「唯心論」的立場，和「實相論」爲主觀，因而形成兩派的對立。前者主張色心的森羅萬有，不出一心，故將差別的諸法，歸納於一心性，此爲畢竟不二之源淸大師的主張，稱爲山外派。後者是以一切諸法，不待歸攝於一心，即以諸法色心的當

體，便是實相的三千三諦，圓融相即而不二，乃知禮大師的主張，稱爲山家派。

知禮大師，對「色心不二門」的解釋是：

> 「一切諸法，無非妙境，本文七科，亦且從要，七科尚廣，妙旨難彰？今以色心二法收盡，故《大論》云：『一切世間中，唯有名與色，若欲如實說，但當觀名色。』此二不二，諸法皆妙，故今攝別入總，特指心法明乎不二，以此爲門，則解行易入也。」

知禮大師對於萬像一切法，即依智者大師的「法華開顯，三千諸法，無非妙境」七科，而涉及至廣汎且眩博，故攝廣從略，而唯以「色心」闡明，比較「解、行」得容易明瞭。知禮大師所引《論》中之「一切世間中，唯有名與色，若欲如實說，但當觀名色」，係是從《大智度論》卷第二十七的思想而來，即：「若欲求眞觀，但有名與色，雖痴心多想，分別於諸法，更無有異事，出於名色者。」❺❻所謂名色，乃心但有名，即借假名而顯眞實，故假名之中，含具實體的存在，成就不二妙法門，而攝持所謂色心之分別，但歸結色心入於一念，顯揚色心不二，乃一切法皆歸于一心，即凡所有法皆趣入於心。換言之，即心成觀；觀無不通的解行雙美爲旨趣。又湛公之《十不二門》的本文是：「且十如境，乃至無諦，一一皆有總別二意，總在一念，別分色心」。知禮大師的解釋是：

> 「總在一念者，若論諸法互攝，隨擧一法皆得爲總，即三

無差別也。今為易成觀故，故指一念心法為總。然此總別
不可分，對理事應知，理具三千，事用三千，各有總別，
此兩「相即」方成妙境。」

對於本節，可度大師在其著《詳解》說：「別則分色分心，總乃
的指一念，今且通分總別，下方別開事理，諸師不得此意，便就
此分事理，將理為總，以事為別，致與一家文義相違。」❺ 即雖
分開為色心，但追尋其源，乃專指一念而已！故山外諸師之以理
為總、以事為別的觀念，是違文背義而不達台宗的本旨。故知禮
大師解釋「總在一念」為諸法互攝，強調隨舉一法，即盡皆攝為
總而三無差別。且依修觀而得容易成就，故特別針對一念心法為
總，而強調絕不分別，故對「理三千」與「事三千」的「相即」
不離為妙觀。

　　所謂「相即」乃理中即事、事中即理的圓融，故能圓見事
理，乃一念具足的事理不二，即舉一法咸具事理，故云性具三
千。又對於緣起諸法，亦是隨舉一法，即諸法咸趣而宛然，為事
別的變造三千。故三千諸法，乃法法即性、法法起修、法法終日
不失自體，法法終日同趣剎那的事理圓融！但如欲修觀，知禮大
師說：必須以簡擇法門，而卻遠選近就易為目標，即以對靈穴的
直指一念心為焦點，而絕對不必分別色心，此為台家實踐的本
旨。湛公之原文又說：

　　「何者？初十如中，相唯在色，性唯在心；體、力、作、
　　緣，義兼色心；因、果唯心，報唯約色。十二因緣，苦、
　　業兩兼，惑唯在心。四諦則三兼色心，滅唯在心。二諦、

三諦皆俗具色心，眞、中唯心。一實及無，準此可見。

　　旣知別已，攝別入總，一切諸法無非心性，一性無性，三千宛然。」

知禮大師的解釋是：

「十如中，相可別故屬色，性據內故屬心。《觀音玄義》指心爲體。而諸文中，雙取色心，力、作單不能運。緣或指愛，或指具度，旣存兩說，義必雙兼。若云業爲因者，則似兼色，今從習邊故因果皆心。五陰皆報，則須兼心，今從受身約色，義強本末究竟。文雖不對，旣論三等，同後三諦因緣中，現未七支皆須雙具，識名雖獨，必合中陰，故亦兩兼。行、有是業，不可偏屬。無明、愛、取，唯心可知。諸諦中，若同七支。集旣兼業，道亦合戒，皆具色心。俗論諸法兼二可知。滅及眞中，一實無諦，體唯是理，無相可表，並心證故，故不兼色。然上所對不可永殊，欲成別義，故且從強。

前約諸法，不失自體爲別，今明諸法同趣刹那爲總，終日不失終日同趣！性具諸法，總別相收，緣起諸法，總別亦爾！非謂約事論別，以理爲總。

又復應知，若事若理，皆以事中一念爲總，以眾生在事，未悟理故，以依陰心顯妙理故。」

所謂「相性」二法，乃「相」由外觀而得別；「性」即含藏於內心，故依心爲根本之體。是以所現前的一切境，不出心之受授的

苦與樂爲常態。在《觀音玄義》云：「以心爲體，心覺苦樂，故以當體。」❺⁹

又雙取色心：雙取即地獄界之以摧折色心爲體，人、天乃以安樂色心爲體。力、作的含義是：得功用的妙受爲力，能創造的妙智爲作，但其一切動作，必依色心的相應配合，否則無法成就，故云不能單獨的演變轉運爲焦點。

緣或指愛：在十二因緣中，無明與愛，能潤於業，即依心爲主體緣。因爲無明能妄生一切執着，故對順境生起貪愛的慾念；如遇逆境即生憎惡。此即依緣而造出一切善惡；雖由緣而造業，但其根本不離心爲主體。又緣是助緣，所謂諸惡及我執並所對境的一切，具有能度之助緣，而成習業的不離心爲旨趣。

業因兼色，乃指善惡業，皆以意識爲主體，而身之三，口、四的七支，乃都隨意識（七識末那）的指使造一切業，即色心雙運而成，故極怕惡習的相續不斷，否則既成惡因而累及後世的造惡不斷。再說：因含多世的慾念習氣，故雖身墮地獄，所見諸種的苦刑具，即眼花而誤認爲慾樂之境，遂起染愛惡念，而更受極苦不盡。故「習因報果」，皆屬心之所作的理由在於斯。

又五陰皆報，乃初之色陰屬色，餘之四陰屬心，合之色心兼具。但以身受爲報，即受雖是屬心，但由身表露於外，故以約色而論身受。又本末的初相爲本，後報爲末，故其所歸悉爲究竟。所謂既論「三等」，同後三諦因緣中，即初後皆空爲「等」❺⁹，若作性相，即初後相在爲「等」。若作中義解，初後皆實相爲「等」。又現未七支皆爲苦道，即由身口七支所造，但不離心，故云兩兼色心。又「識」之本是心，但「取」含中陰之色❻⁰，故亦兩兼。再說：識之投胎乃乘於中陰，但陰義屬色，故身口屬色；

意識屬心，是以無明、愛、取等惑，皆由心造可知。

　　諸諦中的「苦」同七支（身三、口四）⑥。「集」兼業，即四諦法的相合而成惑業，皆被「集諦」收攝，當知「集」是煩惱，煩惱乃由心造，故云通色心。「道」詮三學的莊嚴體⑥，因爲持戒堅固，始能發揮定慧的妙用，故道含戒體，即色心兼具。又「滅」證是心，故⑥眞、中、一實、無諦⑥等，但體屬理而無形像，故不兼色，即由內心所證，是以謂「唯在心」。

　　上舉分而別成，但論諸法，即相攝而不可分，故強調攝別入總，僅以心性而統諸法，即所謂終日不失；終日同趣的應用無盡！故在日常當中，對於事、對於理，皆屬事中的一念爲總攝持，但眾生在事中，卻終日妄用陰心而未能悟理徹性，故知禮大師強調，須從陰心轉而顯妙理，始能法法宛然，而不相濫、不失自體，故緣起三千，乃全性起而盡以心爲總，即就迷中而辨別爲事念。但眾生仍然是全性在迷，故絕不能以妄心成眞心，因此必依陰心而修觀顯不思議，成就證悟的境界爲旨趣。繼之，知禮大師再以問答方式：

　　「問：他云一念即一性也。一念靈知，性體常寂。又云性
　　　即一念，謂心性靈寂，性即法身，靈即般若，寂即解脫。
　　　又云：一念眞如妙體。又云：並我一念清淨靈知。據此等
　　　文，乃直指文中，一念名眞淨靈知，是約理解。今云屬事
　　　是陰入法，與他所指賖（渺茫）切如何？」

所謂他云的「他」是指源清大師著《示珠指》⑥所說。知禮大師針對一念屬事爲焦點，對總在一念，即一性爲一念，一念靈知、

性體常寂、次釋修性、界如一念等觀點予以反駁，而強調事是陰入法，對源清大師之異見，作相差的辯明。

> 「答：此師只因將此一念，約理釋之，致與一家文義相
> 違！且違文者：一違『玄』（《法華玄義》）文，彼判『
> 心法定在因，佛法定在果，眾生法一往通因果，二往局在
> 因』。他執心法是眞性，故乃自立云：『心非因果』。又
> 硬『定在因』句，復自立云：『約能造諸法，故判爲因。
> 佛定在果者，乃由研修覺了，究盡爲果。』
> 今問：旣將因果分判法相，何得因果？卻不相對。果若從
> 覺；因須指迷，何得自立理能造事而爲因耶？旣不相對，
> 何名爲判？」

知禮大師針對源清大師之對「心法定在因……」等謬見，引出：「一切唯心造，心造諸如來」的《華嚴經》之解釋，由此，豈不是十法界皆由心造的原則。故駁之違反《法華玄義》文很明顯❻❻。

又再設問，乃更徵斥因果相對的錯誤，既對迷而說覺，以研修所得爲果，則當判迷爲因才對，爲何云心法是理，能造生佛判爲因？如是豈不又是錯認天台學的基本原則，當知天台學的基本論理，乃以「一念心即具十法界，更發揮至具三千」的妙談！

知禮大師又云，山外諸師，將一念解爲靈知眞性，乃是明顯地將圓教降爲別教，此非天台之圓宗義，是以斥之爲違文、違義，而且是誣陷本宗之極！故特引《華嚴》「心造」之義爲證，即：

　　「又違《華嚴》心造之義。彼經如來林菩薩說偈云：『心
如工畫師，造種種五陰，一切世間中，無法而不造。如
心、佛亦爾；如佛、眾生然！心佛及眾生，是三無差
別。』《輔行》釋云：『心造有二種，一者約理，造即是
具。二者約事，即三世變造等。』心法旣有二造，經以『
心例於佛』，復以『佛例於生（眾生）』，故云：『如
心、佛亦爾；如佛、眾生然。』是則三法，各具二造方無
差別，故荊溪（湛然大師）云：『不解今文，如何銷偈，
心造一切，三無差別？』何忽獨云：『心造諸法得名因
耶？』據他所釋，心法是理，唯論能具能造。生佛是事，
唯有所具所造，則『心造』之義尚虧，『無差』之文永失
矣。又若約『能造』釋因，則三法皆定在因，以皆有二造
故，此文應今家立義綱格，若迷此者一家教旨皆翻倒矣！
焉將此解定教文之欠剩耶？」

知禮大師引出《華嚴》之「心造一切，三無差別」[87]，乃為證明
「心、佛、眾生，三皆能造」，豈可獨云心能造而已！即指責源
清大師，為何棄大海水而獨取一漚？其所得者如爪上土；所失者
如大地。故知禮大師，才強調心造之義，必互具互攝，始能明顯
三無差別之旨趣。

　　又對心造義，源清大師所云：「心是非迷非悟之真心，此心
迷則為生；悟則為佛，心能作生、作佛。」知禮大師認為既如是
豈不是事造！又源清大師更云：「真心遍一切處，名之為具。」知
禮大師駁之：雖有具名，而無具義。又源清師若云心能造法，而

釋心在因，即應須以「生、佛」亦定在因才對！當知三法（心、佛、眾生法）皆具理造、事造的三無差別，為天台家所立的不思議境，且以觀心具造等義為特色之綱格！若以非造、非悟之理，以釋心法乃成「緣理斷九」的偏指真如 ⓰，則源清師等山外派諸師，都未精研天台宗教義，故知禮大師才駁云翻倒，而斥為錯認台宗的本旨。

以上是針對違反《法華玄義》之說。然後再針對違反湛然大師之《止觀大意》及《金剛錍》。

知禮大師自引（《大意》）云：「隨緣不變名性；不變隨緣名心。」引畢乃云：「今言心即真如不變性也。」今恐他不許荆溪立義，何者？既云「不變隨緣名心」，顯是即理之事，那得直作理釋？若云雖隨緣邊屬事，事即理故，故指心為不變性者，佛法、生法豈不即耶？若皆即理，何獨指心名不變性？故《金剛錍》云：「真如是萬法，由隨緣故；萬法是真如，由不變故。」故知若約萬法即理，則生、佛、依、正俱理，皆不變故，何獨心是理耶？他云：「生、佛是因果，心法非因果。」驗他直指心法名理，非指事即理，生佛二事會歸心故，方云即理，亦非當處即具三千！是知他師，雖引唯色之言，亦祇曲成唯真心爾！」知禮大師針對源清師等山外派之思想，乃違反湛然大師之《止觀大意》及《金剛錍》的原則，即源清師所引：「隨緣不變名性；不變隨緣名心。」⓰ 而遂說「今言心即真如不變性也」，知禮大師認為源師的如是論調，對於湛然大師的立義不符，因為既云「不變隨緣名心」乃是即理之「事」，隨緣不變即事之「理」，故源清師云「心即不變之性」而直作理釋，故知禮大師，才斥源師是不懂湛然大師的立義。又若云下，乃以三法無差破之。既知三法

無差，豈可獨指「心名不變性」，遂引出《金剛錍》⑲：「萬法是
眞如，由不變故；眞如是萬法，由隨緣故。」而顯明「事」則具
理，「理」則具事，故萬法是眞如，則心與佛及眾生，皆具隨緣之
「事」，不得獨斷地說「生、佛」是事，而「心」非事！當知天
台家的主張是色心依正，眾生與佛的法界塵刹，即舉一法，當處
具三千的妙境，如舉色則諸法趣色，色外無法，聲香味等亦然！
故知禮大師斥山外諸師，「雖引唯色之言，亦祇曲成唯眞心爾」！
當知「唯眞心」並非是錯，只是屬權教義而已！是以知禮大師才
斥山外派的主張乃非圓教之談也。

　　知禮大師，繼上述而再說：

> 「況復觀心自具二種，即唯識觀及實相觀。因何纔見言
> 心，便云是理？又實相觀，雖觀理具，非清淨理，乃即事
> 之理也，以依陰等顯故。
> 問：若爾，二觀皆依事，如何分耶？
> 答：實相觀者，即於識心，體其本寂，三千宛然，即空假
> 中。唯識觀者，照於起心變造十界，即空假中，故《義
> 例》云『夫觀心法有理有事』，從『理』則唯達法性，更無
> 餘途，從『事』則專照起心，四性叵得，亦名本末相映，
> 事理不二。
> 又應知觀於內心，二觀既爾，觀於外境，二觀亦然！此皆
> 《止觀》及《輔行》文意，非從臆說。他云：眞心具三千
> 法，乃指眞如名不思議境，非指陰入也。《金錍》云：『
> 傍遮偏指清淨眞如』，那得特偏指耶？又云：『夫唯心之
> 心，豈唯眞如心耶？須知煩惱心徧』。第一記（《法華文

句記》）云：『專緣理性，而破九界』，是別教義，那得
句句唯於眞心？又此標『一念』，乃作一性眞如釋之！後
文多就刹那明具三千，亦作眞如釋耶？」

知禮大師從事理二觀的原則，用以破源清師之唯直接指心爲理而
已。所謂觀心必具事理才對，如單指心作眞理，即人人是佛，
那就不必要有止觀門之修持！但放眼觀之宇宙世界中，卻是凡
夫佔滿，故天台教學，才強調必須從觀妄心起，而樹立歸納於
眞心，如此才能證道！也因爲觀理，必藉依事相演變，才能得
明其理的內含，故明心必具二觀（唯識、實相）的齊備，始
能顯現其奧旨，絕不是如源清師所謂❼唯以單獨之眞如心即就謂
明心。

知禮大師再強調：當知識心是境，心之本體乃必從依觀力而
顯，所謂修觀得本寂，始能顯三千之殊勝。又照是針對觀照力，
但心起始能顯境，即變十界的生成，且更演變成三千，即「空、
假、中」❼的現實原則。知禮大師更引出《止觀義例》❼：「夫
觀心法，有理有事，從理則唯達法性，更無餘途；從事則專照起
心，『四性』❼叵得，亦名本末相映，其本即理觀，其末謂事
觀，既能觀皆是一心所緣，故云相映。」因此唯修一觀，必含具
二義，如修理觀即具全修，在性則善修實相，在事觀即能造十界
之全性成修，而針對以識修觀爲旨趣。

知禮大師，又強調對內外境皆具二觀，即心對境，必實踐修
持事理二觀。所謂內心二觀，即依據實踐坐禪爲理觀；隨緣修持
爲事觀。外境二觀：乃觀色等諸法本具三千爲理觀；觀色等變造
十界即事觀。知禮大師的如是立義，比孤山智圓師（九七六～一

〇二二）之單獨唯觀色爲外，及只限以眞如爲內的狹義分別，誠是殊勝良多的了。知禮大師的上述論調，乃承智者大師及湛然大師之思想爲依據，絕非是自臆之說。

知禮大師，又針對山外派的主張評說：所謂唯以眞心具三千法，乃只是權教上之說而已。若以天台圓教，乃「一念無明法性心，即具十法界」之互具互融，此係從開權顯實而趣入純一無雜的圓教，故主張低頭舉手之間無非佛道，即一一皆具十法界，是以三千性相；不但一切法趣一念心，而煩惱心等，亦是趣六塵的演變而已，如若唯以眞心，即無法趣入一切法趣的實際平實，故知禮大師，評其唯在別教之權說而已，仍屬緣理斷九的偏執之談，尚未了達現前的根塵相對之一念妄心，亦無不是佛性流露的境界。

知禮大師，爲之再引出《金錍論》❼❺證明：即湛然大師主張：「無情遍具佛性」，故不得固執偏論，如以「傍遮偏指眞如」，乃屬不通現實性的論理。當知「妄染皆具佛性」是顯圓教之極致，豈可唯單獨偏指清淨眞如而已！小乘尚論，必依心性的全體而顯理爲原則，故若單獨偏指清淨眞如，則墮而失去眞如性之整體，並普遍性的含具。故斥爲不通性具而空論有無，乃係不曉天台家立義之大旨。

又云：「夫唯心之言，豈唯眞心耶？須知煩惱心遍。」❼❻知禮大師，認爲山外之說，則是偏執而遮世人，故以唯約眞心之說而論唯心。應當了知煩惱心等，亦不離眞心，才能符合湛然大師所示：「無情有佛性」，即無情色與煩惱心二法具約隨緣義，即煩惱心爲能造，生死色爲所造，故云：所造即理既遍，能造即理豈不遍耶？

又《第一記》（《法華文句記》卷第一下）云：「專緣理性，而破九界，是別教義」，那得句句唯於眞心？又，此標『一念』，乃作一性眞如釋之，後文多就刹那明具三千，亦作眞如釋耶？」知禮大師，所引出《法華文句記》的專緣理性爲說明，乃針對唯緣佛界之清淨眞如，而棄九界，是極不妥的偏指眞心，即斷論菩薩下的九界，乃屬別教義而已，絕非是圓教的極致，故云豈可句句唯於眞心？當知，所謂眞心，即於一切時一切處，隨身、口、意三業所作而變質，故思惟心性，時時會被色境而演變，故有一念具三千之說。是以後文，多主張從刹那生起的妄心，爲修觀的對象，而對治除棄妄識心，才能反本還源。故知禮大師不主張唯修理觀爲滿足，而強調必兼修事觀的力行，始能得安身立命而證道爲旨趣。知禮大師爲更闡明而以問答式說：

「問：《永嘉集》旣用今家觀彼奢摩他云：『一念即靈知自性。』他立正合於彼，何謂不然？

答：彼文先於根塵體其空寂，作功不已，『知』滅『對』遣，靈知一念方得現前。故知彼之一念，全由妙止所顯。不爾，何故五念息已，一念現前？祇如五念何由得息？那得將彼相應一念，類今刹那念耶？況奢摩他（止）別用妙止安心，毘鉢舍那（觀）別用妙觀安心，優畢叉（止觀）方乃總用止觀。故出觀體中一念，正是今之陰識一念也。何者？彼文序中，先會定慧，同宗法爾中乃云：『故即心爲道，可謂尋流得源矣。』故立觀體云：『祇知一念，即空不空，非空非不空。』言『祇知』者，乃即體（止也）了（觀也）理。現今刹那是三諦理，不須專亡根境顯其靈

知，亦不須深推緣生求其空寂，故云『祇知』。此乃『即心為道』也。若奢摩他觀成，顯出自性一念，何用更修三觀？」

知禮大師，為恐山外派諸師，謬據彼文的所謂「靈知自性」，遂引出《永嘉集》⑱而示明，以解釋一念的看法不同。因《永嘉集》所云，乃屬真諦理中的真如性之顯明而已，而知禮大師所主張的一念，乃含具陰妄為對象，與山外派的觀念不同，即現前的一念中，就已具有三諦理，不須待滅盡根塵境後才能顯現，此種觀門的實踐，就是傳統天台學的特色，也是使修持觀門，顯得有功能的殊勝！換言之，絕不是要等待根塵相寂滅之五念停息⑲，才始能顯現相應，這才是天台學的本旨。

又定慧同宗，乃針對心念起時，動亂分歧，而因患愚慧的動靜不明，如有些不小心，即就障礙證道的功能，雖云動之本源無差，但在修觀實踐上，卻是定慧必須平等，始能防備得定慧合一的殊勝，即「定」是止，「慧」是觀，同宗即運用止觀平等的功能。又「法爾」是古今常恆不變為法爾，即真如之法，隨緣於萬法，成為萬法俱興的現象，能如是的法爾，即不離本性為歸宿。又「心為道可謂尋流得源」，乃針對山外派，既認為一心深廣難思議，為何又要強調一念只限於真心？當知一念就具心之總體，故云「尋流得源」。是以知禮大師，主張妙觀之本體，了達一念具三諦理，故觀體具妙知一念即空、不空、非空非不空，而樹立三觀之妙體。所謂「祇（只）知」乃用於止觀，能了達現前的一念是三諦理，且通達其妙含義蘊，即能觀察到利那的一念是所觀，三諦是其所顯，乃具含兩重的能所，此異於山外派，所主張

的等待根塵妄境俱忘，始能顯現靈知之性。故知禮大師強調不必等待根境俱忘，當知因緣所生，皆無自性，一法如是即萬法皆然！故由修一心三觀的實踐力，得境知相從，豈怕不證道？若如山外派的主張，必須待修止的觀行成時，始能顯出自性一念，那就更不必說修三觀的了❸。知禮大師繼之再以問答方式說：

「問：彼云若於相應一念起五陰者，仍以二空破之，那云不更修觀？

答：於眞知起陰，以觀破之，不起陰者，何用觀之？彼二空觀乃是觀陰，非觀眞知，『故知解一千，從迷一萬惑』。若欲廣引教文，驗其相違，不可令盡書倦，且止。」

山外諸師，既云相應一念起五陰，仍須修二觀破之，這豈不是指必要修觀的明證！故既針對由眞如起陰，仍必以修觀破之，如若不起陰，那就不必修觀的了。而且山外派所云之二空觀乃是觀陰，非是觀眞如。由此，山外派對眞妄之認識程度可知。故知禮大師對之評謂「知解一千，從迷萬惑」爲結語。

以上是知禮大師，針對山外派諸師之解釋屬違文，此下是復進而斥違義：

「違義者：問：據上所引諸教，雖見相違，且如立此十門（十不二門），欲通妙理，亡於名相。若『一念』屬事，豈但通事？將不違作者意乎？

答：立門近要，則妙理可通。若夐指眞如，初心如何造趣？依何起觀耶？今立根塵，一刹那心，本具三千，即空

假中。稱此觀之，即能成就十種妙法❸，豈但解知而已？
如此方稱作者之意。若也偏指清淨真如，偏為真心，則杜
初心入路，但滋名相之境，故第一記（《法華文句記》卷
第一中）云：『本雖久遠，圓頓雖實，第一義雖理，觀望
屬事。』❸他謂圓談法性便是觀心，為害非少。

今問：一念真知為已顯悟？為現在迷？若已顯悟，不須修
觀。十乘觀法將何用耶？若現在迷，全體是陰，故《金
錍》云：『諸佛悟理，諸生在事。』❸既其在事，何名真
淨？然誰不知全體是清？其奈『濁成本有』。應知觀心，
大似澄水。若水已清，何須更清？若水未清，須澄濁水。
故《輔行》釋『以識心為妙境』云：『今文妙觀觀之，令
成妙境，境方稱理。』

又解『安於世諦』云：『以止觀安故，世諦方成不思議
境。』故知心雖本妙，觀未成時，且名陰入。為成妙故，
用觀體之。若撥棄陰心，自觀真性，正當『偏指清淨真
如』之責，復招『緣理斷九』之譏。

且如今欲觀心，為今剎那便具三千，為須真如體顯方具三
千？若即剎那，何不便名陰心為於妙境，而須立真心耶？

又大師親令觀於陰等諸境，及觀一念無明之心，何違教
耶？應是宗師立名詮法未的，故自別立耶？

又若謂此中（十不二門中）『一念』不同《止觀》所觀陰
等諸心者，此之十門（十不二門）因何重述？『觀法大
體』，『觀行可識』，斯言謾設耶？又中諦一實別判屬
心，與總真心如何揀耶？」

知禮大師再以問答方式，更爲之顯示天台學的正義，即意在俾使學者，從實踐門入理，而不滯名言爲旨趣。即初顯觀妄之修得，必以一念爲對象，即親近而易修得，乃含具陰妄互通於妙理。再述觀眞之失，若如遠指佛界眞如，即初心者依何法而實修，既遠便成爲修觀無所託，故強調觀妄之近得，遂舉出「根塵和合」的「一刹那心」，可當處具足三千三諦的稱性妙觀，即能成就因果自他的十妙法相，更可誠實的以易通難之妙得，即明示捨妄顯眞之天台學的正意。如唯以眞心爲對象的遠觀，乃同偏指眞如則杜絕初學入理之門爲可惜。若以一念爲眞，那就不必修觀，故立「根塵一念」，以「境」爲對象的妙觀而觀之，即可顯明十妙的極致，故強調觀心的重要性。是以知禮大師說，若依山外派諸師之說，唯以圓談法性而不必觀心的話，則杜絕初學入理之門，乃無法趨入證果之路！所謂迷於天台學之解行雙美的特色，故云爲害非輕而痛斥。且引湛然大師的《金錍》證明眾生在事，既然在事，則一念就屬妄，爲什麼要強詞奪理的說爲眞？故遂再以清濁而論證。下更強調，心雖本妙，但修觀尚未成時就是迷，故要用妙觀而觀妄成就妙法，否則成爲「緣理斷九」之譏是免不了的。

　　至於中諦一實別判屬心，與總眞心如何揀耶？所謂眞、中、一實的屬心與總眞心，乃比對的偏重，若以眞心爲總，則眾生、佛屬事爲別，此乃以別教爲對象的眞心系統之說法，若依圓教，則總在一念，別教則分色心，故於佛、心、眾生乃皆然。則對法即言「心」，對人即說「佛」與「眾生」。故對山外派謂理總事別，若分別色、心，即中諦之體唯是理，別屬於心，故問此眞心與總眞心的揀異？可以說，若云是異，卻皆是眞心，若云是同則總別不分。如是論調乃圓教與別教的不同說法而已。知禮大師，

又繼之說：

> 「心性二字不異而異，既言『不變隨緣名心』，即理之事
> 也。『隨緣不變名性』即事之理也。今欲於事顯理，故雙
> 舉之。例此合云：不變隨緣名佛，隨緣不變名性，生、性
> 亦然。應知三法（心、佛、眾生）俱事俱理，不同他解。
> 心則約理為通，生佛約事為別，此乃他家解『心佛眾生』
> 之義。不深本教，濫用他宗，妨害既多，旨趣安在？」

心性乃通迷通悟，知禮大師解釋謂：凡夫的一念陰識之性為迷，
但現在云「心性」不異而異，乃事理相即故不異性，屬不變之
理，心是隨緣之事而異也。即不變隨緣名心，乃「即理之事」，
隨緣不變名性，乃「即事之理」。又真心中之理，隨緣現起一切
法，乃一念中即具十法界三千宛然，即空假中，而且是一切法
趣、有趣、空趣、不有不空，此屬隨緣不變，亦即法性之性無
明，或無明無住，無明即法性，謂「即事之理」也。又心佛眾生
俱是，即不變之隨緣，皆「即理之事」。所謂雙舉乃欲就事顯理
為焦點而已。

然山外派，承華嚴家之說，以心性為「理」為能造，眾生及
佛是「事」是所造。因山外諸師之不深諳台宗教義，且承華嚴學
說而堅執以理能造，事為所造，故停滯於別教，此乃尚未及至圓
教之心、佛、眾生，各具事理二造的妙談之境界。知禮大師，繼
之解釋「一性無性，三千宛然」。即：

> 「一性等者，性雖是一，而無定一之性，故使三千色心相

相宛爾。此則『從無住本立一切法』。應知若理若事皆有
此義。故第七記（《法華文句記》卷第七下）釋此文云：
『理則性德緣了，事則修德三因，迷則三道流轉，悟則果
中勝用。如此四重並由迷中實相而立。』今釋曰：『迷中
實相』旣無住本，乃今文『一性無性』也。上之四重即『
立一切法』，乃今文『三千宛然』也。第一重旣以『性德
緣了』爲一切法，須以正因爲無住本，餘之三重，旣將逆
順二修爲一切法，必以性德三因爲無住本，此即理事兩重
總別也。」

所謂一性無性，一性乃是性體。當知心賅一切法，故一切法中含
具無明煩惱心之存在，　可知其性無定住，能於萬象中之理、事
中，演變無礙的融妙，而得「不變隨緣」於化現，故具色心的各
具三千。但其體即是法性，無明亦是法性之一，雖能於萬象中，
隨緣演變其形，但其體質即不變，如金隨於形溶鑄成爲一切象，
然其體是金，而不變本質，故云「隨緣不變名性」。

　　但當知「一性」即是中道實相，或云「一相」，若依「從無
住本立一切法」，還可云「從迷中實相立一切法」。又針對「迷
中實相」，知禮大師遂引《法華文句記》卷第七下所說之四重爲
之證明❸❹：

　　第一重「理則性德緣了」，性德以正因爲本。「理」即迷中
的「中道實相」，所云「緣因」、「了因」乃依「正因」爲主
體，應當是性德三因。所謂性德三因即是性德三軌。正因佛性是
中道第一義空——眞性軌；緣因佛性是解脫德——資成軌；了因
佛性是般若德——觀照軌。此之三軌，皆是迷中之中道實相的法

性理，即本具之性德。知禮大師唯云緣了，乃行文的簡略而已。

又要知道所謂「德」，不單是指空性、斷性、智性，則以一切法爲德，故正因佛性中道之第一義空，即是法身德，緣因佛性即解脫德，了因佛性即般若德，故性德三因即賅一切法。是以迷中之中道實相法性理，乃由一念三千即空、假、中爲旨趣。又「理則性德緣了」，是針對以下三句之事爲對象，即對事爲修德，而稱理爲性德的簡別而已。

第二重「事則修德三因」，乃從迷中實相之順修爲對象，即依順修而顯迷中之性德三因，故性德三因成爲順修上之德，所謂順修德不異於迷中之性德，即一切法是性德三因，故具三千色心而不變爲旨趣。

第三重「迷則三道流轉」，此乃由迷中實相而針對於逆修之事，所謂逆修，即順修而不覺悟，乃因被迷執於逆行的錯誤，即雖有實踐行持，但因爲逆修持，致使徒勞無益，唯有身受之苦而無法證理，即眾生只在迷中之事，唯局限在於三道流轉而不休。所謂證理，乃能證迷中之性德三因，而能轉爲悟中之修德三因，得極證顯現於事爲焦點。

第四重「悟則果中勝用」，此乃針對「迷中實相」，得實踐修證之妙用，即修德圓滿，成爲三德秘藏之佛果。當知佛果乃由悟證所得，悟則三千色心，所謂三千色心，亦盡是果中之殊勝妙用爲特色。

總之，四重妙義，都是以「迷中實相」爲主體而顯示法性理無住，故其第一重爲彰顯性德之本具，以一念爲總，三千色心是別，其餘三重雖屬事，但亦不離一念爲總，而三千色心爲總中之別，乃係是同一眞常不變之性德中的流露，故即理事圓具而得雙

顯的妙用。是以知禮大師才說「此即理事兩重總別也」。絕不是如山外派之單以理爲總，以事爲別之隔離式的說法。繼之再以問答式而說：

> 「問：旣以『迷中實相』爲一性，對三千爲別，正當以理爲總，何苦破他？
>
> 答：以三千法同一性故，隨緣爲萬法時，趣擧一法總攝一切也。衆生無始全體在迷，若唯論眞性爲總，何能事事具攝諸法？即專擧『一念』者，別從近要立觀慧之境也。若示『一念』總攝諸法，則顯諸法同一眞性，故《釋籤》云：『俗即百界千如，眞則同居一念。』須知同一性故，方能同居『一念』，故以同居一念，用顯同一眞性。非謂便將『一念』名爲眞諦，豈同居一塵非眞諦耶？今文以『一性』爲總，前後文以『一念』爲總，蓋理事相顯也。此之二句（『一性無性，三千宛然』二句）正出攝別入總之所以也。由『一性無性』立理事三千故，故兩重三千同居『一念』也。豈同他釋直以『一念』名眞性耶？」

知禮大師，肯定的再強調回答說，三千諸法乃同一性，故雖隨緣於萬法，但其性不變，即形變而體不變，故一念統而攝諸法。且引出湛然大師之《法華玄義釋籤》「俗即百界千如，眞則同居一念」。即一念在俗諦理中，乃現百界千如的演變，如在眞諦理中也是同一法性的淵源，絕非唯以一念爲眞諦，而否認一塵爲非眞性的流露？故知禮大師，雖有以一性、一念的主張，但其意在理事相顯，即以事顯理，達妄成眞，以「一念用」而「顯一眞」的

圓融爲旨趣，否則便非圓教，而落於別教而已。

　　知禮大師爲解釋下文，先爲之分科，旨在爲研究者易於明瞭，即分爲明理事諦境分二：初約理事明三諦，二初明理事，次結三諦。《十不二門》的原文是：「當知心之色心即心名變，變名爲造，造爲體用。」知禮大師爲之解釋：

　　　「心之色心者，即事明理具也。初言心者，趣舉刹那也。之者語助也。色心者性德三千也。圓家明性，既非但理乃具三千之性也。此性圓融遍入同居刹那心中，此心之色心乃只心是三千色心，如物之八相，更無前後，即同《止觀》心具之義，亦向心性之義，三千色心一不可改，故名爲性。此一句約理明總別，本具三千爲別，刹那一念爲總，以三千同一性故，故總在一念也。」

　　知禮大師的解釋內容，即事乃是標心，理具是色心。如依天台家之論述性德，即圓教之遍入，乃無一法是偏謂之「圓」；無一法變異謂之「融」，更是法法周遍；法法互入，即由諸法性體的圓融互遍互入，故云同是居於刹那心念中。但心的所具三千色心，如八相遷物[85]。更引且出《止觀》不思議境云：「一念即三千，三千即一念，一念不在前，三千不在後。」即三千如八相，一心如本法，故三千色心，在因在果不可改變爲性，盡歸攝於一念爲旨趣。

　　又不變隨緣既名爲心，則隨緣不變即是性，此即無明無住，無明即法性，此顯「性」義，亦顯「不變」。又性而心，則法性無住，法性即無明，乃顯「一念心」，及顯「性具」，故凡言「

性具」或「理具」，盡是以「迷中實相，一性無性」爲焦點。知
禮大師繼之說：

> 「即心名變等者，即上具三千之心，隨染淨緣，不變而
> 變，非造而造，能成修中三千事相。變雖兼別，造雖通
> 四，今即具心名變，此變名造，則唯屬圓，不通三教。此
> 二句則事中總別。變造三千爲別，刹那一念爲總。亦以三
> 千同一性故，故咸趣一念也。」

知禮大師解釋說： 眞如不變之性， 能隨染淨二緣而變造十界諸
法。所謂不變等者乃全性變造，故云不變而變，非造而造。變乃
兼別教，造通四教（藏通別圓），故能成修中的三千事相。即藏
通是論業惑之構造，造變即俱圓，故三千同一性而咸趣一念爲旨
趣。又

> 「造謂體用者，指上變造， 即全體起用， 故因前心具色
> 心，隨緣變造，修中色心乃以性中三千爲體，修起三千爲
> 用，則全理體起於事用，方是圓教隨緣之義，故《輔行》
> 云：『心造有二種，一者約理造即是具，二者約事，乃明
> 三世凡聖變造。』即結云：皆由理具，方有事用，此文還
> 合彼否？」

解釋造謂體用，是強調起用爲焦點。因爲前心具色心乃指理具，
隨緣變造乃以修中之色心爲事造，顯示全體起用，即不變隨緣而
成圓教，故即心名變，皆由理具「方有事用」，成就體用的妙

契。繼之：

「問：變名本出《楞伽》，彼云『不思議熏，不思議變
故』。造名本出《華嚴》，彼云「造種種五陰」。故《華
嚴》唯有二教，《楞伽》合具四教。何故《金錍》云：
『變義唯二，造通於四？』

答：部中具教多少雖爾，今約字義，通局不同。何者？大
凡云變，多約當體改轉得名，故變名則局。若論造者，乃
有轉變之造，亦有構集之造，故造名則通。別圓皆有中實
之性，是故二教指變爲造。藏通既無中實之體，但明業惑
構造諸法，不云變也。大乘唯心，小乘由心。故云『變則
唯二，造則通四。』」

知禮大師爲變造，引出《楞伽經》《華嚴經》的含意，與《金
錍》的不同？且中肯的答說：變義的變乃轉變，由中道實性妙的
隨意而轉，即因受熏轉而變，此乃別圓二教義。對於造義亦有
二，即轉變、構集，別圓二教同詮中道實性，故當體得改轉。而
藏通二教，唯論灰身而斷見思，仍然不談常住性，且尚未證中實
體，即雖明見思煩惱，但仍要潤落漏業而構造變易生死，此非轉
變造，乃屬構集造而已。又大乘唯心，故能論轉變，而小乘必由
業力支配所造，故造遍於三界，稱爲構集。繼之再說：

「問：他云造謂體同，及改此文二十來字，而云收得舊
本。又云勘契多同，今何違舊？

答：舊本諸文全無錯耶？應是荊溪親書本耶？又多本同

者，止如杭州十藏中台教，頃曾略讀錯字不少，豈非初將一本寫之，一本或錯十處皆訛？又云日本傳來《別行十門》，題云國清止觀和尚錄出，亦云體同等者未審。止觀和尚又是誰耶？此人深諳一家教否？始錄之本，全不錯否？豈以先死之人遵之為古，所立之事皆可依耶？如乾淑所錄，遂和尚《止觀中異義》，乃以三界為無漏總中之三，可盡遵否？況諸異義特遵《輔行》。自立己見故皆云記文易見。和尚云云。此師又稱第七祖。故知止觀和尚多是此師，若其是者則全不可依，旣諳荊溪深旨，必有改易也。又日本教乘脫誤亦多，唯有《別行十不二門》則全同他所定之本，他旣曾附《示珠指》，往於彼國，必是依之勘寫爾？設是舊本須將義勘，莫可專文。」

知禮大師藉問答式以明示，而且為之糾正其錯誤。即山外派所云「造」為體同，及更改二十多字等。當知日本傳來《別行十不二門》，且題云國清止觀和尚錄出[86]，「亦云體同等者未審」等語。

　　據源清（九九六～？）大師之《十不二門示珠指》云：[87]「有《別行本》云：造謂『體用』者近人（指知禮大師）謬故也。惑者意云：『造是體之用』，而不知此文，正示色心全眞如，變色心不異本性，故云體同。」然而知禮大師，認為源清大師所云「色心全眞如……體同」，乃仍停滯於別教義，即偏於眞如性體，尚不知色心的另一門之妙用，否則何必修觀？故評山外之尚未進入中道第一義諦的圓融境界，即未入圓教。

　　至於有關止觀和尚之事，筆者認為知禮大師，對止觀大師有

些誤會，因文中，既云能指疑是否湛公的親書？就不能認為後人
以止觀大師之名，以藉名而取信天下？當知止觀大師（道邃）乃
是湛公之傳法門人，湛公嘉許而將《止觀輔行傳弘決》傳給他。
所謂《止觀記中異義》，也許是另有其人；假借乾淑法師之名為
筆錄？以道邃公之名而發表宣揚。如邃公竟然不通天台學，何能
得湛公嘉許謂「子能嗣吾道」？且能被後世尊崇為天台宗之第七
祖，是值得研究的。

知禮大師，繼之說，即：

「問：文縱難定，義復相違。何者？此文攝別入總，合云
變造體同。若云從體起用，還是開總出別，既失不二之
義，便無開會之功也！

答：若得前之總別意者，則自不執舊訛文也。豈理體唯
總，事用唯別？如常坐中修實相觀，既云唯觀理具文中廣
辯三千，還有總別否？若無者，那云一心具三千耶？『隨
自意』中修唯識觀，觀於起心，即約變造事用而說，還有
總別否？若無那云：一切法趣檀等，那云觀一念善惡心起
十界耶？豈『隨自意』三昧非不二開會觀耶？應知立茲體
用，欲於理體及以事用，皆明三諦事用，若即空假中，還
成不二圓妙否？既於理事兩重總別，皆顯絕妙，那將攝別
入總而為難耶？又夫開顯乃示法法皆妙，若知即具而變，
用豈不妙耶？」

知禮大師，主張法法皆妙，乃體用結成三諦具是妙，即事造諸
法，全具而妙，則理具既妙，事之變亦是妙也。所謂「隨自

意」，乃依隨意之生起，就是修禪定，而不偏執於行、住、坐、
臥的四威儀中。依《大品般若》稱爲覺意三昧，南岳慧思大師稱
爲隨自意三昧。即念起時自覺，意起修三昧，故於一切時中、一
切事上，都不離禪而能隨意修觀爲旨趣。

　　知禮大師又繼之說：

　　　　「問：他云：『之』猶往也。即全眞心，往趣色心，則全
　　　理作事，此義如何？
　　　　答：非唯消文不婉，抑亦立理全乖。何者？心不往時，遂
　　　不具色心耶？又與心變義同，正招從心生法之過。況直云
　　　心是眞理者，即乖《金錍》釋心。既云不變隨緣名心，何
　　　得直云眞理？又造謂體用，方順文勢，如何以同釋造？」

　　知禮大師針對《示珠指》之訓釋謬執的乖理，所謂「之」往也，
非助語詞，乃屬全心「之往趣」，故云「之」色心。其次：斥消
文立理的俱非，若云眞心之「往趣」，即絕非是性德的本具。再
斥義同生法心之「色心」，乃證明理具。若云往趣，仍與即心名
變義同，即屬別教而非圓教。又斥指「心」爲「理」，若依湛然
大師的《金錍》說：「萬法是眞如，由不變故」。依此可知諸法
皆理，豈可獨指心爲理。又「造謂體同」之「同」字乃係自誤。
因爲山外諸師，既以眞常心而釋心，當知「心之色心」之心，即
是一念。又訓之爲往，及認舊本之「體同」等，皆屬錯誤之解。
繼之說，即：

　　　　「問：若眞心往作色心，有『從心生法』之過者，文云：

『即心名變』，亦有此過耶？

　　答：不明剎那具德，唯執真心變作，灼然須招斯過。今先
　　明心具色心，方論隨緣變造，乃是全性起修，作而無作，
　　何過之有？」

若不明一念具一切功德，而單云心變，即難免招過。當知心之色
心，即是理具，心變是隨緣變造而得任運全性起修，那才是合法
而當然的。又：

　　「問：即心名變，此心為理？事耶？若理者，上約隨緣名
　　心。若事者，乃成事作於事，那言全理起事？
　　答：《止觀》指陰入心能造一切，而云全理成事者，蓋由
　　此心本具三千，方能變造，乃是約具名變。既非「但理」
　　變造，自異別教也。」

知禮大師引出《摩訶止觀》之「陰入心能造一切」，所謂「陰入
心」即一念，為「迷中實相」，乃理具或性具，即稱全理成事，
如是之全理具就能成事用，絕非是必依全體的真常心之理（靈知
真性理），才隨緣起現一念的成事用。又此心本具三千，即是隨
意念而能變造，故以通別圓的權實教而論為旨趣。

　　知禮大師繼上述之：「是則非色非心，而色而心，唯色唯
心，良由於此」。知禮大師的解釋：

　　「上之事理三千，皆以剎那心法為總。心空，故理事諸法
　　皆空，即『非色非心』也。心假，故理事諸法皆假，即

『而色而心』也。心中，故理事諸法皆中，即『唯色唯心』
也。故《輔行》云：『並由理具，方有事用。今欲修觀，
但難理具。俱破俱立，俱是法界，任運攝得權實所現。』
言『良由於此』者，即由『心之色心』故理也。即心名
變，故事也。全體起用，故理事合也。方能一空一切空，
一假一切假，一中一切中也。他解此文，分擘對當，大義
全失！仍不許對三諦，而云『此中未論修觀故』。設未修
觀，立諦何妨？況此色心本是諦境。更有人互對三諦，云
得圓意，蓋不足言也。」

上述之「非色非心」為破他，「而色而心」為自立，「唯色唯心」
乃顯法界之絕待也。引《止觀輔行》為證事理三千 **❸**，俱破等即
證結成三諦。其中「心之色心」，所謂色心，乃以一念無明法性
心、煩惱心為色心，即「色之心，心之色」。而煩惱心遍，即生
死色亦遍。此色心之變造，即乃心之本質變而稱為造，以此變
造，便成為事造體用之三千，即為色心不二。又「非色非心」，
則理具事造的色心不二。再說「心之色心」，說它是色，它卻不
是色而是心；說它是心，它卻不是心而是色，故云「非色非心，
而色而心」。但，一切法趣心而唯是心，一切法趣色而唯是色，
故云「唯色唯心」。再說有關理具事造，則重視「實相觀」及「
唯識觀」而觀之，即俱是空假中，且得任運而攝持權實潤用的自
然，妙得全體起用為焦點。

知禮大師又闡釋山外派之《示珠指》所說：「非色非心，而
色而心，唯色唯心」 **❹**，該文上句云「一切諸法，無非心性」，
可知「非色非心」是顯心性，「而色而心」是顯色心，「唯色唯

心」是顯體同的唯心不二是很明顯的。

又所謂「互對者」，乃針對宗昱師的註文，即：

> 「淨光大師點讀云：『非色非心』眞諦也。『而色而心』
> 俗諦也。『唯色唯心』中諦也。予之書曰：非色非心中諦
> 也。而色而心俗諦也。唯色唯心眞諦也。」⑨

知禮大師，認爲昱師如是的隨自意解釋，其大義全失，始終無法得到圓教妙旨，故斥云不足言也。繼之，對《十不二門》的本文：「故知但識一念，遍見己他生佛，他生他佛，尚與心同，況己心生佛，寧乖一念。故彼彼境法，差差而不差。」宗昱解釋說：一念明入于多劫，九法界中是他生他佛，如心佛亦爾！佛法界中爲己心生佛！總在一念！知禮大師的解釋是：

> 「己生佛者，心法三千。他生佛者，佛法、眾生法，並名
> 爲他，各具三千，三千不出生佛也。以理攝事，同趣我
> 心。蓋心之具故，即心變故，全體用故，故識一念即能
> 遍見也。可見他云：此本多一差字，存略無妨，不須苦
> 諍。」

所謂己他生佛者，九界爲生，極果爲佛。心具十界，即爲己生佛。眾生與佛，各具十界，爲他生佛。即以他顯己，眾生與佛各具三千。故知禮大師的解釋：以理攝事，即理具而攝得事造，理既舉一全收，俾使事中得同趣一念，正顯明一念遍見於己他生佛的圓妙。由此可知，三千世界之高廣，尚且與心同，即自心所具

的一念，無不符合於三千！故天台哲學的一念三千論！乃是強調人生當中，如欲脫離生死，得趣入佛國寶所，必須認識一念心的重要！

又知禮大師，對於彼彼境法，差差而不差，解釋爲結上下不二。彼彼等，即己、他生佛之境，雖有迷悟高下之別，然既同一心，故云差而不差。更在對於發現「他本」，多一差字，知禮大師主張不必爲一字而苦諍爲宜。所謂他云：乃指源清大師之《十不二門示珠指》⑨ 云：「別行本」多一差字爲近人所添。但知禮大師認爲多一差字亦無妨。以上是「色心不二門」的基本觀念略說講完。

(2) 內外不二門

湛然大師，依《法華玄義》之「迹門十妙」立「十不二門」，其第二爲「內外不二門」。所謂內外，乃是以「智行」——即智妙、行妙爲焦點。然由智慧所觀照之對象，雖有內外的分別，但都是屬自己內在心的一念，即以自心之外的萬物現象爲主體觀念。知禮大師對「內外不二門」的解釋：

「正約三法，立內外境也。眾生諸佛及以依報，名爲外境。自己心法，名爲內境。故《觀音玄義》立所觀境有二⑨：所謂自他，他者謂眾生、佛，自者即心而具，乃引《華嚴》心如工畫師等爲證。有人立佛界爲內，九界爲外，乃引此經，或說他事證之，而不知彼明果後垂迹，乃以佛界爲己，九界爲他。今論初心，觀所依境，既未成佛，安用佛爲己耶？據《觀音玄》方爲允愜。

問：前引《大部》揀於佛法太高，眾生法太廣，今何取
之？

答：辨其難易，故且揀之，若論機入不同，故須雙列，復
為顯其妙義，必須內外互融，隨觀一境，皆能徧攝，故名
不二。此之不二，悉得稱門。泛論雖爾，一家觀法，多用
內心妙義為門也。」

知禮大師，強調眾生的依報為外境，以自心為內境，如《華嚴
經》所云：心如畫師，由自己的所好而自由畫出種種的山水景
色出來。但宗昱大師，卻云：「九法界即外境也，佛法界即內
境。」❸知禮大師為樹立正義，遂以問答式而明示：下界之眾
生，心粗而散亂，都執着於外色之境，致使生死不休，故宜對境
修觀，即依實踐修觀之力而斷妄念為旨要。上界眾生，多趣依禪
定，故執着於內心的鎮靜不動，即停止上進而抱守真空為樂，故
必須以外色配合修觀，始能斷惑證真。倘若內外不圓融，即不能
修成智行二妙，故天台實踐門，重視觀法，主張正修必由內心；
傍修託外境，是以捨傍取正為觀法的特色。再說：修觀者的心
地，因有趣內、趣外的根機不同，故在修觀前，當先認清自己的
需要而實踐修觀為妥！

又對於二境的修法，知禮大師主張：修內觀時，先用「萬法
唯心」而然後觀心；若宜修外觀時，必先以「萬法唯色」而觀於
色。能如是實踐，乃是天台正統的觀法，亦即符合知禮大師主張
的一念具足，一塵不損的本旨。

又內外不二門的本文，首先是：

> 「凡所觀境，不出內外。外謂託彼依、正色心，即空、
> 假、中，即空假中妙故，色心體絕，唯一實性無空假中，
> 色心宛然！豁同眞淨，無復眾生，七方便異，不見國土淨
> 穢差品，而帝網依正終自炳然。」

知禮大師對之解釋：

> 「大小乘中，所明觀法，二境收盡，故云不出，今非偏小
> 也。言託者依也。彼者既以內心為自，乃指依報及生佛色
> 心為彼。此乃正立外境，即空假中去，即是妙觀及觀成
> 相，於依等四，隨託一境，皆以圓融三觀觀之。此觀既
> 妙，故令陰入染體泯淨。即前依正等全為妙體一實圓理，
> 故云體絕及一實等，所觀陰境既絕，能觀妙觀亦寂，則病
> 去藥亡，能所雙絕，故云無空假中，於雙絕之處融妙，三
> 千一時顯現，豁然同皆眞淨，法法皆實故眞，皆非染礙故
> 淨，故云宛然等。如是則一切眾生，皆『毘盧（遍光照·
> 淨滿）體』，一切國土悉『常寂光』❾，有何定法，名三
> 五七九及淨穢耶？故云無復至差品也。而彼彼三千，圓融
> 互入，猶『因陀羅網』，終自炳然，即是外觀功成之相。
> 觀行已上至於『妙覺』，節節無非，如此顯發。不爾安
> 云：發心畢竟二不別耶？」

知禮大師以修觀，必須先得知依、正、色、心——即空、假、
中、妙，而後才能了知色心之體絕的唯一實性。然其「所觀」得
陰入亦絕，即符合色心體絕，而「能觀」亦寂，即無空、假、

中，所謂病除藥免而得安心！以其所觀能觀的成就，則可色心體絕，而歸納於眞淨的妙境界。

又所謂三五七九，即聲聞、緣覺、菩薩爲三（三乘），加人、天爲五（五乘），兩教二乘及三教菩薩爲七（七方便）❾❺，九爲九法界。更以忉利天主之眾寶珠網——因陀羅網顯示依正莊嚴的光明互映❾❻——能感照現而攝於一珠之內，彼彼不雜，以喻三千之理彰，如此乃顯示圓融的互攝互入，爲外觀功成之相。由此可知，外色還不離內心，即由內心而顯發於外色，唯其中有深淺不同的實踐觀行，故云觀行位已上至於妙覺的最上佛位❾❼。此爲知禮大師以奠立正義而暗斥邪說爲旨趣。

知禮大師繼之再說：

「問：他云舊本無兩『假』字，唯云即空即中，空中妙故，而云以空中亡彼依正之假，此本何得妄加耶？

答：雖欲依於舊本，其如義理殘缺，必是往時讀者，不諳境觀，故妄有改削矣。且文標：所觀境有內外，豈以依正色心陰入之境而爲假觀耶？

徧尋荊溪之意，必不缺此一觀，何者如《止觀》破思假之中云：因緣生法即空即中。《輔行》云：且以法性空中，對幻假說其實，幻假即不思議假，既云且以知非盡理，須即妙假，故云其實，文中不云即假，尚欲據義加之，豈自著述而特略之，況彼云因緣生法，方有幻假之義。今直云依正等，且未成幻假，況妙假乎？

又『第一記』中，釋十二入，各具千如，中云：『境據假邊，「且存其數」（上四字別本無），空中尚無，其數安

在？然必約假以立空中。』此雖將境爲假，然與今文不
同，何者？彼約十二入各具千如爲境，即已成不思議假，
故非此例。恐未解者，以此爲據，故粗引之，仍出其意。
又上若不立假觀，下何亡之，而云無空假中耶？又若更云
空中兼上依正俱亡故，云『無空假中』者，文已自云『色
心體絕』何繁重乎？若以色心體絕，亡所觀陰境，無空假
中，泯能觀妙觀，則無是過也。又準內體三千即空假中，
三千已是妙境，猶尚更立三觀？今但云依正等未結成妙
境，那便略茲假觀耶？」

針對《舊本》，知禮大師指出源清師之《示珠指》的無兩假字
❾❽，而斥爲不諳「境觀」。依等是「境」，即空、假、中是「
觀」，豈可以所觀陰妄，就認爲是能觀妙假，由此細察，可知源
清師尚不諳「定境修觀」演變之所以然也。知禮大師認爲須存「
假觀」的重要，故遂引湛公之《輔行》所示——即《摩訶止觀》
破法遍之「思假」文中的所謂「因緣生法，即空即中，心行處
滅，言語道斷」❾❾。又引湛公之《止觀傳弘決》說：「有漏之
生，即是空中，空中不可言思所得，故不可說。但云空中者，且
以法性空中對幻假說，其實須云：幻假即是不思議假。」❿

又：《指要鈔詳解》的著者可度大師，更爲之強調：

「因緣生法幻假」之義❿，且「依正色心」尚未成幻假，
豈寧是「妙假」，且幻假與賴緣，緣生建立妙假等，諸名
言如何分別？須知「賴緣」、「緣生」義只是一，謂賴緣
而生，隨稱不同幻假之體，是有漏之生亦緣生也。但境隨

觀轉，幻名雖殊，通（教）是「緣生無體幻」，別（教）
名「一理隨緣幻」，圓（教）名「以性奪修幻」，今是圓
（教）無生門，「以性奪修」，名隨德用。「空」彰蕩相，
「中」彰絕待，「假」彰立法，名建立假。若約體一，互
融一假一切假，名妙假也」。

　　知禮大師，乃承智者、湛然大師的思想而顯揚祖說，即於內
必具有「三觀」的顯明，於外亦須有「假觀」的三千妙境之配
合，故若非修觀成就，豈可放棄假觀而只存空、中爲滿足的論
調。繼之，知禮大師，再設問答：

　　「問：前門『心之色心』云：是三千妙體，今云依正色心
　　何非妙境？
　　答：上云『心之色心』，即刹那本具七科色心，此非妙
　　境，更指何耶？今但云依正等，乃是直論外陰入界，故不
　　例上。」

所謂刹那本具雖妙境，但現在所論，唯局限於指外境的陰入而
已，故不可以比擬的理由在於斯。繼之再問，即：

　　「問：既將佛法、眾生法爲外境，佛已離陰何得皆是陰入
　　耶？
　　答：修觀行者，外境未亡已來，見有他佛。故《起信論》
　　云：『以依轉識故說爲境界』。則知過在於我，何關
　　耶？」

當知修觀者，直至等覺菩薩，皆有內外色心之別，但至妙覺的佛陀，要以眞如智（法身）的獨存，方能離陰而無彼此色相。故知禮大師在《十義書》云（大正四六～八四七Ｃ）：「若修外觀，須觀妄色成眞色，若眾生爲外境，則觀眾生陰入色心，成眞淨色心。諸佛雖離陰入，行人所觀，須將應身色心爲境。」由此可知其所觀，雖是佛境亦屬陰攝，知禮大師又引《起信論》（大正三二～五八一Ａ）「依轉識故說爲境界」爲之輔證。繼之再說：

「然且置所定之文，試論能定之義，還合一家教宗否？只如他於喻迷顯正決中，指色心門爲外境者，豈可內境離色心門耶？又解外觀成相，豀同眞淨文，云同者似也。乃似其分眞，即六根淨也。豈外觀功能止劑相似？又解內觀：『先了外色心一念無念』謂外境亡，『唯內體三千即空、假、中』謂內體顯。旣全不約解行分文。先了之言，乃是牒前外觀。內體以下方觀於內，是則六根淨後，方修內觀，則識陰十乘，初心絶分。又若謂外境亡時，內體必顯者，則唯有外觀，不須觀內。又成內觀初心後心皆不修也。此等相違，請當宗匠者觀之！還可將此見解，定教文之是非乎？！或須云：『終日炳然』，有何損益而苦諍之？境觀非失而全不知，況依正本融，迷情疆隔。觀成情遣，且云不見，塵去鑑淨，現像非磨，故云『終自炳然』，此則『自』勝於『日』，他莫知之。」

知禮大師，針對源清師之《示指珠》反駁說：「色心門」乃明諦境
⑩，故必內外兼收才對，不能唯憑外境而已。又對外觀功德，只
齊於「相似位」⑩之錯，所謂「同」者似也，乃似「分眞」⑩，
即「六根淨位」之上。再論「內境觀相」，源清師釋爲「外境亡
與內體顯」，此即屬解行不分。又所謂「先了之言」，乃先開妙
解，然後正修內觀，即指得六根淨後，始能修內觀，而再由內心
的實踐行持，才能明陰境。既然主張唯有外境即足，那「十乘觀
法」之觀不思議境⑩，則可完全不必修持。

　　知禮大師又議論《示珠指》文中「日」與「自」的苦諍⑩。
所謂現像非磨終「自」炳然，即「自」屬天然而長，不限於時
間，如若「日」即有限於一日是二四小時之內，是以知禮大師強
調「自」勝於「日」的理由在於斯。故知禮大師嘆云：何必爲一
字之苦諍，而執着於文字？爲何不將時間多用於修觀？當知行者
若不修觀，即智不顯，會致使境觀乖失，成爲終久無法證道之
憾！繼之再說，即：

　　「問：染淨不二門云：『照故三千常具，遮故法爾空
　　中』。又云『亡淨穢故，以空以中』。又《義例》云：『
　　觀此一運，即具十界、百界、千如，即空即中』，此文何
　　須添『假』字耶？
　　答：因徵彼文驗知，『舊本』是往人改削，何者若不解彼
　　之文意，須據彼文除今『假』字，今人既然，往人亦爾，
　　不足疑也。嗚呼！不解境觀，以至於斯。且如『染淨門』
　　云：『故須初心而遮而照，照故三千常具，遮故法爾空
　　中』。蓋三觀相成也。既云照故三千常具，照是觀否？三

千是妙假否？既不可單修假觀，遂須空中成之，故云『遮
故法爾空中』，因茲遮照妙用現前，故云『遍應無方』。
既以妙假歷於淨穢，復須空中亡之，故云亡淨穢，故『以
空以中』。

《義例》照此一運，即具十界、百界、千如者，即於內心
唯識之境，用不思議假觀照之，方顯百界千如，仍須遮
之，故云即空即中，正是三觀相成，則與『染淨門』中觀
相恰同也。故彼三文有『即』是剩，此文無『即』是欠。

何者？今文標云：『凡所觀境，不出內外』，即云『外謂
託彼依正色心』。既無心具及百界等言，未成妙境。又無
觀照之義，因何便云：是假觀耶？黨（懂曉也）理之者，
見斯曉諭，更何由執」。

知禮大師主張：以妙假照其法體，才能恆具一切而始能應於空、
中，方能制止情執，成爲自然無相的妙現象。而且又須空、中成
妙假，若無妙假照性，乃仍成爲偏空、但中，故知禮大師強調初
心者，必須制止（遮）而還要常照，即照故三千常具，又因制止
（遮）而故能法性自然，由此可知，三觀乃缺一不可。遂引《止
觀義例》云：「觀此一運，即具十界、百界千如。」❿以依內心
唯識之境，用不思議假觀照之，方顯「百界千如」，但仍須遮
之，才能顯得妙用，故云即空、即中。由此可知，諦思修觀實踐
的重要，否則只是成爲文字法師之流而已，終究無法了知天台學
之教觀雙美的特色！

　　繼之，湛公大師的《十不二門》原文是：「所言內者，先了
外色心一念無念，唯內體三千，即空假中。」知禮大師對之解

釋：

> 「先了等者，初心行人，欲依內心修觀，先須妙解，了達
> 外法，唯一念造，此能造念，本無念性，能造既無，所造
> 安有？外法既虛，唯有內體三千實性如是解已，方依內心
> 修乎三觀，故內體二字亦『事理』雙舉，內即內心，隨緣
> 義故對外立也。體即是性，不變義故非內外也。故《義
> 例》云：『修觀次第必先內心』。乃至云：『又亦先了諸
> 法唯心，方可觀心』。又彼文云：『唯於萬境觀一心』。
> 故知，若無此解，如何知心具足諸法，若不知具，但直觀
> 心，何殊藏通？藏通何曾不云觀心？縱知心體是中，若不
> 云具，未異別教教道也。
> 故《止觀》先開六科妙解。然始正修，觀心之義如是。如
> 何釋云：先修外觀至六根淨，方修內觀耶？又此內觀，合
> 於唯識、實相兩觀之義，學者尋之！」

知禮大師，強調初心行者，對於內心修觀，必須先了解，一切外
法乃由一念所造，但此之能造念，卻是本無念性。故知禮大師
才說：「能造既無，所造安有？外法既非有，唯依內心的修三
觀，故內體二字亦『事理』雙舉。」即由理具，方有事用。又
於明理觀的任運攝持事造，始能善修止觀的雙舉妙用。故引出
《義例》：「修觀次第必先於內……又亦先了諸法唯心，方可觀
心。」❶❶ 而《義例》更云：「唯於萬境觀一心」❶❶，乃圓教的唯
圓，非別教之所能談及。知禮大師，再引出《摩訶止觀》之前六
章，乃是依經典所示的妙解，從第七章之「正修章」起，正是智

者大師依經典之妙解，樹立自內證之妙行，而奠定天台實踐門
的特色。但山外派卻云：雖修外觀功成，唯止齊於「相似位」而
已，必待得「六根淨」後，方許修內觀。知禮大師主張內觀就已
具含「理事二觀」，不可云「單修理觀」。故云內體三千即事理
雙舉，內心隨緣乃變造三千之唯識觀也。體性不變即理具三千之
實相觀也。知禮大師繼之又設問答：

　　　「問：外觀何不先明解了而直修三觀耶？

　　　答：據義合有，但是文略，何者，若不了唯色唯香，如何
　　　　觀外依正等耶？但爲外觀攝機類故、爲對內故、顯不二
　　　　故，故且並列，今之文意正明內觀，以十門妙理唯指心
　　　　法，故諸部中，皆云觀心。」

知禮大師，以內例外的徵問外觀爲焦點。對於外觀，則以先了解
萬法唯色爲旨趣。所謂攝機，乃針對得色、無色定之機好，執著
內心重者，必須從易而先觀外色，次對內立外，故有外境，三者
十門皆顯不二。若不雙列出，豈能顯出不二？故內觀必先明妙
解，而十門妙理唯指心法，是以一念等，都指心法妙爲門，故強
調觀心的重要！又《十不二門》的原文繼之說：「是則外法全爲
心性，心性無外，攝無不周，十方諸佛法界有情，性體無殊，一
切咸徧。」知禮大師爲之解說：

　　　「三法體性各具三千，本來相攝，前雖解了心攝一切，今
　　　　觀稱性，包攝灼然，故是則下，先明內心融於外法，旣云
　　　　互攝，生佛亦然！故十方下，次明若生、若佛，各自徧

融。

又此性體，非謂一性，蓋三千性也。以佛具三千方攝心、生，生具三千方融心、佛，心具三千豈隔生、佛？若心無佛性，豈能攝佛？佛無生性，何能攝生？故『性體無殊』之語，有誰不知？『一切咸遍』之言，須思深致！他解唯論融外歸內，名不二者，一何局哉！『一切咸徧』如何銷之，況餘九門，皆歸一邊，全傷大體。」

一切諸法唯心，故一法可融攝三千，是以心、佛、眾生，同一法界而圓融體性，且從本來就互具互攝。故知禮大師強調，以佛具三千，始能攝持心、眾生；眾生具三千，始能圓融於心、佛。即心具三千，故能互融於眾生與佛。因此可知，心若無佛性，豈能成佛；佛若無眾生性，豈能攝持眾生？故云有情性體無殊，一切咸遍。如若山外派所謂：「攝彼三千，即我三千」❿，乃屬只攝色歸心。如是論調，則傷害大體而偏於一邊而已。繼之《十不二門》的原文：「誰云內外色心己他，此即用向色心不二門成」。知禮大師的解釋：

「既各融即，不可定分，故稱理觀，誰云有二？然內外等三雙，但泛舉相對，令皆融泯，亦可云內色心為己，外色心為他，更用己他揀其內外。

十門理一，莫不相由。今從依境修觀，內外二境，皆色心故。此『二』妙故，內外不二也。」

前文既云心、佛、眾生的三法，本來相攝而各具三千。今云內色

心爲己，即心具三千。外色心爲他，即眾生、佛亦各具三千。然今以色心雙對，更用己他圓融泯絕而成不二爲特色。

又門門皆顯三千三諦，故云十門理一。而妙用之趨向，係是前門明所觀境爲對象，而此門乃爲正明觀法，即從境立觀，以內外二境，皆爲修觀的對象，故盡以「色心」皆成妙境爲主體觀念。

(3) 修性不二門

本節所論乃屬智行法門。所謂「修」乃依虔誠的信願實踐力，而獲得顯現佛性之本體。換言之，因爲凡夫在日常生活中，都因用錯了心而生起妄念！ 如能從妄念樹立於正念， 即就能趨近於佛國寶所 。但一切凡夫 ， 卻不能俾使善性之顯現 ， 其實無難，乃可由日常之三業，從薰習的實踐力而得顯現！ 因爲佛性本然，絕不是依修才有佛性， 其差別乃依修而能顯良善， 不修則依境而順流造業， 即順境現時起貪， 逆境現時遂造瞋痴業等而已！

所謂「性」是中道，若能依善薰習的實踐力，可上昇至四聖道，如放縱任由其妄念的導引於不善，即遂墮於三惡道！ 是以當知一切眾生像的演變，乃由依業報之牽引而成爲千差萬別的形像，但形像雖變，而本性卻不變，故無論「在修在性」，皆是性德的流露！ 知禮大師解釋說：

> 「修謂修治造作，即變造三千。性謂本有不改，即理具三千。今示全性起修，則諸行無作。全修在性，則一念圓成。是則修外無性；性外無修，互泯互融，故稱不二，而

就心法妙為門。」

知禮大師強調：性乃本具，修則從凡夫至成佛，全依實踐力的修持所成，即雖被埋沒隱藏於惡業識的佛種子，經由事修而追尋性體之善業識的顯現，遂得恢復本來的天然性體！換言之，本來的性體不變，但由惡念而變質，遂變造成三千的現象。故欲成佛，必依賴實踐力的事修而進趨理修，就是依修持力始能顯現本然！進一步說乃是將天然本具的性體，由隱藏中找尋出來而已，故云「全性起修，諸行無作」之「全修在性，則一念圓成」的圓具事理三千。故在修在性，皆是同一三千中的顯現，但性體在修持當中，或迷或悟，都是任運依善依惡之一念的流露，絕非另有增減，故云「一念圓成」，主張修外無性；性外無修的互泯互融為旨趣。至於如何能「全性起修」，即依下文可明。湛然大師的原文：「性德只是界如一念，此內界如三法具足。」知禮大師，針對上兩句的解釋：

> 「言德者，即本具三千，皆常、樂、我、淨故，『界如一念』即前內境具德剎那心也。界如既即空、假、中，任運成於三德三軌等。即空是『般若』，清淨義故；即假是『解脫』，自在義故；即中是『法身』，究竟義故。諸三例之！然諸法皆可論於修性，亦為成觀，唯指一念，應知前二門，直明依境立觀。此門及『因果不二』乃委示前二，令成圓行始終也。何者？性德豈出『色心不二』，修德莫非一心三觀。今示修性互成，成妙智行，以此智行，從因至果，則位位無作，方名『如夢勤加』等，即自行始終皆

妙也。」

知禮大師解釋湛公所云的「性德」，以「德」爲本具三千，皆常
樂我淨。所謂「常」即不變恆常，離二種生死爲樂，得八自在的
無礙爲我[111]，離一切染法爲淨。但現代學者——牟宗三先生——
對知禮大師之「本具三千，皆常樂我淨」的此解，認爲「不免有
跨越之嫌」[112]。是否有無跨越之論，當待後賢的公論。

「界如一念」[113]，即指三法具足。此乃從內心對境所發生的
一刹那心念，具足三諦成三德三軌的任運妙用。即有般若智，始
能破煩惱而得清淨，有解縛的功能，始得解脫故獲自在。又法法
的圓具，故云究竟，得法身德。

其次之「諸三」，乃指十種三法[114]。據《法華玄義》卷五
下：

> 「諸三法無量，止用十者，舉其大要，明始終耳。三道輪
> 迴，生死本法，故爲初。若欲逆生死流，須解三識，知三
> 佛性，起三智慧，發三菩提心，行三大乘，證三身，成三
> 涅槃，是三寶利益一切，化緣盡入於三德，住秘密藏云
> 云。」[115]

《法華玄義》所指的三法，乃指欲脫離三惡道的輪迴——必須依
十種三法而實踐修持，始得成就自利、利他的安身立命，故知禮
大師依上述而強調修性的重要，且以「的取心法」之一念，對於
諸法，故云依境立觀。

又修性互成，即指今門的修性不二之「智行」爲焦點。然當

知第二內外不二、第三修性不二的兩門，乃從「智行」二妙而成妙智行。換言之，依智行而從因至果，樹立位妙，即依本覺智的圓具故，不必經由修作的歷程，乃因果本然，故云「位位無作」。所謂「無作」乃屬本覺智的圓具故。「如夢勤加」，即如夢中的所作所為，本無事實，乃由日中之所思、所見，在睡眠中的妄心現妄境為夢。故雖在夢中努力的一切作為（勤加），醒來時卻是一切皆空的虛幻，是以所有幻夢，乃患執空惑的所使然。本來，性是本覺智，乃無作的本然，絕非是依勤加所得而來，故性係是本具之性德圓具的顯明，是以云自行因果的始終皆妙為旨趣。

進而湛公的原文：「性雖本爾，藉智起修，由修照性，由性發修。」知禮大師的解釋：

> 「性雖具足，全體在迷。必藉妙智解了，發起圓修。故云：『性雖本爾，藉智起修。』由此智行方能照徹性德，而此智行，復由性德全體而發。若非性發，不能照性；若非徹照，性無由顯！故云：由修照性，由性發修，此二句正辯相成之相。」

知禮大師，所謂性雖具足，乃為顯明一念之理具三千，但眾生迷而不能顯現，故必須依智發修，即眾生心中本有解脫、般若慧種的具備，如草木的種子，受到雨水的潤澤，即能發芽生長。而眾生的本性具備，更加得智慧的配合而實踐，即能逐步而斷見思、塵沙、無明惑，得能徹底的將內心獲得清淨！故云由修照性；由性發修的相成為旨趣。繼之，湛公的原文：「在性則全修成性，

起修則全性成修，性無所移，修常宛爾。」知禮大師，對於上述，恐後人不易理解，故加強解說爲輔助理解如下：

「相成之義雖顯，恐謂修從顯發方有，性德稍異修成，故今全指修成本來已具，如《止觀》廣辯三千之相，雖是逆順二修，全爲顯於性具，則『全修成性』也。

又，一一行業，因果自他，雖假修成，全是性德三千顯現，故云『全性成修』也。

又，雖『全性起修』，而未嘗少虧性德，以常不改故，故云『性無所移』。雖『全修成性』，而未始暫缺修德，以常變造故，故云『修常宛爾』。

然若知修性各論三千，則諸義皆顯！故荆溪云：『諸家不明修性』，蓋不如此明也。」

知禮大師在此門的劈頭，既解釋修外無性，性外無修的全修在性，則一念圓成。即修德三千，仍然在性德已有之三千，換言之，乃指全修成性是本來已具。故全性起修，而性無所移，唯在迷悟的差異而已！所謂三千不改，爲顯明修性不二的妙談。

知禮大師引出《摩訶止觀》❶❻之思議境，心生十界的不思議境，即心具十界，都是顯明性具的原素眞理。又逆順二修，乃十界諸法的變造，即九界之從凡夫進上謂逆修，以佛界眞如一理爲順的主體觀念，無不都是「全修成性」。次句的行業等，乃針對變造十界而修成全性的顯現，則「全性成修」。故知禮大師強調：一切盡是性德三千的顯現而未缺。若知修性的各論三千，則事理、本法不變而隨緣，即心、佛、眾生，三無差別的妙理，得

盡現於眼前。

知禮大師再引出，湛公之《法華文句記》所說證明修性爲本旨的助證⑰。其原文爲：

「此性三德，雖有三相⑱，只是一相。……此性可修，性本無名，具足諸名。故無說而說，說即成教（一味教）⑲。依教修習，方名修三。」

上述的三相，其實即一相。因爲眾生心性，乃「一念無明法性心，即具十法界性德三軌」之心性，此性即性具之性，不能限制於如山外派所云：是「靈知眞性」之性而已。所謂「性本無名」、「具足諸名」，乃爲顯明性具，故不得無說而說，其旨是爲行者們的修持方便而說，故「依教修習」，即依修德中之三相爲焦點。

知禮大師爲更一層的顯明正理，遂以問答式而解釋：

「問：他云（《示珠指》），舊本作『藉知曰修』⑳，而以本性靈知用釋『知』字。若云『藉智起修』者，『蓋寫者書曰遍知，後人認作智字，旣不成句。又見下句有起修之言，逐輒加起字爾（耳）。』此復云何？
答：旣許寫曰遍知，逐成智之一字，何妨往人寫曰，遠知誤成知曰二字，必是因脫起字。復由二字相懸，致使有本（《示珠指》）作藉知曰修也。故知寫字添脫遠近難可定之，魯魚之訛，豈今獨有，須將義定，方見是非。何者？他旣暗於三法妙義，尚將一念因心陰識，直作眞知解之，

況今有此訛文，知字可執，豈不作靈知解耶？ 且靈知之
名，圭峰（宗密）專用，旣非即陰而示，又無修發之相，正
是偏指『淸淨眞如』，唯於眞心及『緣理斷九』之義也。
他云：『因眞教緣，示善惡知即是眞知，乃知諸法唯心，
故云：藉知曰修。』今問：此之『知』字爲解、爲行？ 若
隨缺者則不名修。若單立『知』字，解行足者，乃《玄
文》智行二妙，《止觀》妙解正修，便爲徒設，則天台但
傳《禪詮都序》也。

又言示『善惡知即眞知』者，還須先用妙解即之否？ 次用
妙行即之否？ 若然者正是『藉智起修』，若不然者，智行
二妙全無用也。今云『藉智起修』，直是由於智妙起於行
妙耳。

故後結文云：『如境本來具三，依理生解，故名爲智，智
解導行；行解契理，三法相符，不異而異。』然智行俱
修，今偏在行者，蓋智從解了，發起義強，行就進趣，修
治義強，故從強也。

又此一句，全是《釋籤》行妙中文，彼云：『藉智起行
故』。他又云：『智名未稱全性成修』。若爾何名智妙？
應亦本是知妙，後人改爲智妙乎！ 」

本段中的所謂「他」，都是指源淸師。因爲本書（《指要鈔》）
的問世，亦是以源淸師的《示珠指》爲主要對象。細查本段文，
還可知古人研究用心的可佩！ 在「知、智」一字之差的觀念上，
顯示對佛法的認識高下之明顯。也許山外派的學者們，昧於三法
各具事、理的妙義，以致將一念在陰妄之識，竟作眞理去理解，

且將「知」字，以依宗密大師云：「知之一字，眾妙之門」❿ 爲焦點。故知禮大師評之爲無修發之相，並指出清淨眞如而唯以眞心，及緣理斷九的主張，是不符修持的要徑。再說，若單「知」字就可兼具解行，則《玄義》所謂的「智行二妙」❷、《止觀》的妙解──正修立行等❹，豈不皆成爲無用的徒說？既如山外派的主張，則天台宗唯傳《禪源詮都序》即可，甚至可將天台宗徒，盡改歸爲宗密大師的信奉者，而改名稱爲圭峰宗可也。

　　知禮大師，乃一脈相成並宣揚智者大師的主旨，且繼承湛然大師的教學思想，而引證《十不二門》的結語段文：「如境本來具三，依理生解，故名爲智，智解導行，行解契理，三法相符，不異而異。」❹ 爲證。又駁斥源清師所云「智名未稱全性成修」❺，以爲既然如此，爲何名爲「智妙」，當稱「知妙」才是，所謂「智妙」豈是後人的擅改！知禮大師乃以此爲評語，而鞏固天台教學思想體系的殊勝。

　　湛然大師的不二門繼之說：「修又二種，順修、逆修，順謂了性爲行，逆謂背性成迷。迷了二心，心雖不二，逆順二性，性事恆殊。」知禮大師，對順逆二修解釋說：

　　　　「上之全性起修，一往且論順修，修名旣通，有順有逆。
　　　　今欲雙忘，先須對辨。『了性爲行』者，即『藉智起修』
　　　　也。背性成迷者，始從無間（五無間罪業）❻，至別教道
　　　　❼，皆背性故。逆稱修者，即修惡之類也。『心雖不二』
　　　　等者，隨緣迷了之處，心性不變，故云不二。逆順二性是
　　　　全體隨緣故，即理之事常分，故曰『事殊』。是則以前稱
　　　　圓理修，對今背性，故成二也。」

所謂「順修」，乃是依智起修，即本心具三千法，故能證中道之圓智，以起圓修，且能照了圓性以成圓行，名爲性德行的順修。「逆修」是背性成迷，即眾生迷故，所作都違背正理，故名背性。然人天乘以上，雖有世間之有漏、無漏善的進趣，但未成佛前，還不能證圓理，雖是在別教道，尙有背性（微細惑）之成分的存在。換言之，人天着樂，二乘沉空，菩薩着假等，雖云有修，但尙未達性的圓具，故非依圓教而修，即不能證圓理，稱爲「逆修」。

再說，一般眾生，即心隨緣而染習，雖造出一切惡業，但另一面的善心卻亦不失，乃處在善惡性雙具的立場，雖在造惡當中，還不失其本具的善性。例如在戰場上，絕不殺自己人，又如虎雖兇亦絕不食親子，即善惡性並存的明示。故在天台哲學所強調的三千性具中，心對境而隨緣有所變造，致使有一切事象的演變，但其形雖變而其性體卻不變，故稱爲「不二」。又隨緣而將理中之事變造，故有差殊。當知二性並存中，以全性起修，爲順修的圓理稱性。另一面，因爲背性成迷之逆，致使「性」分染習，成爲二性並存的圓具妙談!

又繼之湛公的原文，是「可由事不移心，則令迷修成了，故須一期迷了，照性成修，見性修心，二心俱泯」。知禮大師的解釋:

> 「可，不可也。由，因也。不可因逆順二事同一心性，便令迷逆之事作了順耶？ 此乃責其不分迷悟也。 故正立理云:『故須一期迷了，照性成修。』言『一期』者，即與『一往』之語同類，乃非終畢之義也。

　　蓋言雖據寂理，二修終泯，且須一期改迷爲了，了心若
發，必『照性成修』。若『見性修心』，自然『二心俱
泯』。此義顯然，如指諸掌，人何惑焉？豈非逆修如病，
順修如藥？雖知藥病終須兩忘，一往且須服藥治病。藥力
若效，其身必康。身若安康，藥病俱泯！法喻如此，智者
思之。」

　　知禮大師之解釋可二句總括：可乃反語，即不可。即不可因爲
「逆」、「順」二事是同一心性，便認爲迷逆不必有迷悟之分，
故須立正理而改「迷」爲了悟。當知心若得了悟，即妙解開發，
就必能明照迷逆性，得同順於一心性，既能照了心性則爲見性，
而全性成修爲修心也。如若不見性，何能成修？對此含義，山外
派的諸士可能尚未深入其中，故知禮大師，遂以藥、病的兩亡爲
喻，即既患病，必須就醫，如藥有效，即得身安，若得身安無
病，便速將藥病捨棄而不可執！即治病譬喻爲改「迷逆」的「了
悟」，而藥效爲「了悟」的心發，身體的康復爲「見性」。是以
知禮大師，強調由菩提心發而得照性「成修」；由修而能見性；
由「見性」即能改迷爲「了悟」。所謂「了悟」，即能徹照本
性，成就「性德自然」的本性，既是本性，即所謂「迷」、「
了」二心，就順自然而恢復大自然的性體，故既是得自然的性
體，即二心應當俱泯，而以不可執爲旨趣。

　　知禮大師，又以問答式而再說：

　　「問：他⓳云『舊本』作此其字，釋意云：『豈可由不移
　　生死涅槃常殊之性事，便任此爲了修乎？是故下句便云：

故須一其迷了照性成修。』此復云何？答：他雖執於『舊
本』而違現文，何者文云：可由事不移心，則令迷修成
了。文意唯責執迷為了，何曾雙責迷了為了耶？豈非彰灼
違文乎？故知『迷了』雙泯，功由了修！何者？迷既背
性，故立了修翻之，遂一期事殊也。『了』既順理，理無
違順，故二心自泯也。是知用此『期』字者，既不違文兼
得順理！若用此『其』字，相違稍多，不能廣破也。」

知禮大師指責源清師執舊違文而迷悟不分，竟以迷執為了悟，如
源清師自說的雙責迷也。當知生死是迷執，涅槃是了悟。能依正
義而述其理，即「迷了」二心，應當雙泯而滅盡，但其功用是依
了悟的順修。因為迷惑乃屬背性而成迷，故須由精勤的實踐薰
習，即依正道而改迷性為了悟性，此乃天台宗之「性具論」所言
的善惡二性並存，則通途的完成修持之程序。又了悟的修持，乃
依「本寂」的正理之修，則正理無違順之錯，既然無迷執了悟之
執，即本性朗然的性體，豈有迷了二心的存在！

又「是知」下乃結示彼此的邪正得失之論，即用「期」字，
則不違現文而兼順義理的顯明，如用「其」字則違文背義，故云
相違稍多。

其次為顯明「逆順雙反」而「二性並存」，及「離合相異」
的妙論。湛公的原文是：

「又了順修對性，有離有合。離謂修性各三，合謂修二性
一。修二各三共發性三，是則修雖具九，九祇是三。為對
性明修，故合修為二。」

知禮大師，對「順修對性，有離有合」的解釋：

> 「復置逆修，但論順修法相離合。蓋此修性，在諸經論不
> 易條流。若得此離合意，則不迷修性多少。如《金光明玄
> 義》⑫十種三法，乃是採取經論修性法相，故具離合兩
> 說。如三德、三寶，雖是修德之極，義必賅性。三身、三
> 智，文雖約悟，理必通迷。三識、三道，既指事即理，必
> 全性起修。此六豈非『修性各三』？三因既以一性對智行
> 二修，三菩提、三大乘、三涅槃，並以一性，對證理起用
> 二修。此四豈非『修二性一』？
> 若各三者，唯屬於圓，以各相主對，全性起修故。修二性
> 一，則兼於別。直以修二顯於一性，則教道所詮。若知合
> 九為三，復是圓義。此文多用各三。如云：『性指三障，
> 是故具三。修從性成，成三法爾。』又云：『一念心因既
> 是三軌，此因成果，名三涅槃。』若後結文，『三法相
> 符』，雖是『修二性一』，乃合九為三也。」

前段，乃明逆順，旨在「改迷啟悟」。今以「修性離合」為焦
點。所謂修性各三之論離合，離即「性德三因」與「修德三
因」；合乃「修二性一」，即「緣因、了因」的二因性為修德，
「正因」的一因性為性德。是故三因的圓滿究竟，即為三德，即
「正因」滿而現為「法身德」；「緣因」滿而現「解脫德」；「
了因」滿而現「般若德」。再說：所謂離合，即「一必具三」為
離；「三即是一」為合。本來的離合之體，乃離而常合；合而常

離，非離非合，即顯法性體的圓融爲妙旨。故知禮大師的主張離合，乃具性德、修德，則同是迷中、本有之性具的妙論。但對於「修性」的論述，古來雖散在諸經論，卻不易得理解，故前已述逆修的概略，現在就針對順修而論法相的離合，若得斯旨，則就不再迷於「修性」，而且容易於趣入聖道的妙旨。故知禮大師，特爲之引出《金光明經玄義》 ❸⓪ 所述爲證。

所謂三德、三寶乃屬修德之極致，即以修顯性。但《玄義》中，特以修性之極的三德、三寶爲首而說，乃是針對三德、三寶即秘密藏，而各具常樂我淨的性德體，即藏而成三德；顯而成三寶的賅因徹果之無二無別爲特質。再說：三德即一法具一切法，一如無二如的性德爲法身；了悟三諦義爲般若；能於諸法中，無染無住爲解脫德。又當知此三德，而在因位時，稱三佛性；在果位時，稱爲三德。然在順三德，即以「正因佛性」之果成就「法身德」；「了因佛性」之果成就「般若德」；「緣因佛性」之果成就「解脫德」。以上稱爲順之三德。反之：若依實踐力而轉「苦」成就「法身德」；由轉「惑」成就「般若德」；由轉「業」而成就「解脫德」。則依實踐修性爲主體，而成就的稱爲逆之三德。

先述三寶：佛寶乃性體靈覺，而照了諸法，非空非有，具覺理之智自然爲「佛寶」；依佛德而軌範一切恆沙的功德爲「法寶」；如佛的整然無諍之和合清淨爲「僧寶」。故知禮大師爲顯明離合兩說，在解釋三德、三寶時，強調雖從實踐中得來之修德，還依圓具之賅因徹果的殊勝性德爲特色。

次論三身、三智：即論佛之智身。所謂身乃聚集義，即集諸法而成身。由理法之聚集稱爲「法身」。由智法之聚集稱爲「報

身」。以功德法聚集稱爲「應身」。又：證顯實相眞如之理體，無二無別，常住湛然，稱爲「法身」。由因行功德而顯現的相好莊嚴之身，稱爲「報身」。得順應一切眾生之機性而顯現爲「應身」。三智乃「一切智」、「道種智」、「一切種智」。一切智乃了知一切諸法總相之智。所謂「總相」乃空相，即聲聞、緣覺之智。道種智，乃了知一切諸法別相之智，「別相」即種種差別之道法，即菩薩之智。一切種智乃通達總相、別相之智，即佛智。其他還有：別相三智、一心三智、俗智、眞智、中道智、清淨智、無礙智、世間智、出世間智等，其解釋還含多義，茲爲不加篇幅而省略。知禮大師對三身三智，意雖約悟而論，但其含義，仍通於迷性，即迷性、修性的相對還是具離義的存在。

再論三識、三道：三識依《金光明玄義》❸說：「識名爲覺了，是智慧之異名耳」。所謂菴摩羅識是第九不動識，若分別之即是佛識、淨識。阿梨耶識即是第八無沒識，猶有隨眠煩惱與無明合，若別而分之，是菩薩識。……阿陀那識是第七分別識，呵惡生死，欣羨涅槃，別而分之，是二乘識。還有眞識、現識、分別事識、轉相識、業相識、智相識等，其解釋省略。

所謂三道，或云三聚：即惑道、業道、苦道。此三道是生死流轉之因果。(1)惑道，又作煩惱道，乃迷惑惱亂諸法事理之妄心。(2)業道，乃由妄心所發，即身、口、意三業所作而成。(3)苦道，以惑業爲因，招感三界六道之報果。所謂道有能通之義，即此三者乃由惑起業，由業感苦，於苦而復更起惑，輾轉於生死相通不絕，故稱三道。天台學，以分段、方便、實報等，配置於三道之說，即以見思惑爲煩惱道；由煩惱而潤業爲業道；能招感界內之生死爲苦道（分段三道）。又以塵沙惑爲煩惱道，無

漏之業，名爲業道，變易生死爲苦道（方便三道）。又以無明惑
爲煩惱道，非漏非無漏之業爲業道，在彼土的變易爲苦道（實報
三道）。還有：聲聞、菩薩道位的見道、修道、無學道等多種，
解釋省略。知禮大師，對於三識三道，雖是迷逆之事，但依《金
光明玄義》⑱：「識名了別，是智慧之異名。」故三識、三道，
皆是同體異名，即同爲三千三諦，而圓具之妙法的融即圓通。再
說：三道雖是「修惡」，但「修惡」即「性惡」，其性體同三德
故。是以知禮大師解釋爲雖是指事即理，乃必依全性起修，故三
識、三道分而成六種，這豈不是屬「修性」中的各三法是什麼？

　　其次論三因。所謂三因，乃指菩薩的修行過程中之三種因
果。即：(1) 異熟因：乃由善、惡業，感樂、苦二果，因苦樂二
果，非善非惡而爲無記法，故稱善惡業爲異熟因。(2) 福因：以
施、戒、忍三波羅密爲因，能感福德之果報。(3) 智因：以慧波
羅密爲因，能感菩提智果。精進、禪定二波羅密，通於福智二
因。又三因的另一含義，即 (1) 應得因：乃依眞如空理而修因
行，應得菩提果。(2) 加行因：依菩提心而加實踐行持，即能證
得法身之果。(3) 圓滿因：由實踐的行持而得圓滿果。此三因
中，「應得因」以「無爲如理」爲體，後二因則以「有爲願行」
爲體。

　　又，三因乃三因佛性之略稱。所謂「三因佛性」乃一切眾生
所具。茲依天台宗之所說：(1) 正因佛性，即中正雙照，離於邊
邪，照空照假，非空非假，三諦具足，乃成佛之「正因」，亦即
是諸法實相之理體。(2) 了因佛性，即由前之「正因」，啟發照
了明因之智，得智與理相應的妙證。(3) 緣因佛性，乃由一切功
德聚的善根，而資助「了因」的覺智成就，得開顯「正因」之佛

性爲旨趣。知禮大師爲顯明佛性的圓滿性具，遂以「正因」的一佛性，及「了因」、「緣因」的智行二修性，爲開顯正性的妙論。

其次述三菩提：又稱三乘菩提。菩提譯爲覺、智、知、道，乃斷絕世間煩惱，而成就涅槃之智慧爲菩提。有（1）聲聞菩提，（2）緣覺菩提，（3）無上正等菩提。（1）聲聞菩提，乃屬自利方面，即自己實踐修持，斷見思惑而自得解脫的菩提。（2）緣覺菩提，又作獨覺菩提，乃依小乘經典而自修；且不爲他人廣說，以此因緣而自心得證的菩提。（3）無上正等菩提，乃自發心，及教他人發心，爲多人利益、安樂，即自利、利他的稱爲無上正等菩提。又就佛三身而分別的有（1）應化佛菩提。（2）報佛菩提。（3）法佛菩提。（1）應化佛菩提，又稱方便菩提。即以自在之善巧化用爲道。（2）報佛菩提，又作實智菩提、清淨菩提，即以稱理之智慧爲道。（3）法佛菩提，又稱眞性菩提、實相菩提、無上菩提，即以實相之理爲道。還有多種菩提，文長省略。

又論三大乘：依《金光明玄義》[⑱]說：即運載荷物爲乘。所謂大乘即含具三義，乃由性智，隨於環境的顯現爲焦點。三乘即：（1）理乘，乃由性理妙遍，得通運載、荷負諸法爲理乘。（2）隨乘，即智隨境而得妙運自然爲隨乘。（3）得乘，由得果、得機爲旨趣，即由得果，故能獲自己解脫；得機故能令他解脫。知禮大師強調，由「性具」故能勝任運載，而荷擔一切法爲三乘。故三乘皆常樂我淨，即與三德無二無別的微妙圓融! 乃與智者大師的論調一致，即《法華玄義》[⑲]卷五下說：「眞性即理乘，觀照即隨乘，資成即得乘。故下文云：佛自住大乘，如其所得法，定慧力莊嚴。住大乘即理乘，定慧力莊嚴即隨乘，所得法

即得乘。佛自住大乘是理乘，於道場知已是隨乘，導師方便說是得乘。」由此，知禮大師的論調，是具法法融妙而自在，誠是智者大師的忠實繼承者可知。

其次談三涅槃，即三種涅槃。即以體、相、用為主旨，而彰顯不生不滅之義。所立的三種：即：(1) 性淨涅槃，乃諸法實相，不可染不可淨，不可染即不生，不可淨即不滅，故不生不滅為性淨涅槃。(2) 圓淨涅槃，以智極為圓，惑盡為淨。智若契理，惑必不生，而智竟永久不滅，故不生不滅即圓淨涅槃。(3) 方便淨涅槃，智能契理，即照羣機。照必垂應，機感即生，此生非生，機緣既盡，應身即滅。此滅非滅，不生不滅，即方便淨涅槃。此外，還有小乘、三乘、一乘等類別。

上述的三識、三道，既是指事即理，故必以全性起修。而現在的三因是針對一性中之智行二修為焦點！所謂三菩提、三大乘、三涅槃，乃以一性，對證理的起用二修，故此四乃明顯的顯示修二性一為旨趣。

若各下的含義，乃針對其所判，究竟是屬圓、或是別？離即修性各三，乃屬圓教；修二性一則兼別教。當知修三性三的主對，正是全性起修，即以「性法身」對「修法身」，以「性」緣了對「修」緣了，但修中必具兼智行。故修上之二，各有三法為六法，加上性三，即共成九法。然合九為三，亦是圓具的互融，即修二性一，雖一而必具三，離三成九，九只是三的三法妙論。

又，合既修二性一而符合顯離，但離中的修三，亦必該二修各三，以智行二修為顯性德三法的圓妙。知禮大師再引：「性指三障……成三法。」⑮又云：「一念因既具三軌，此因成果，名三涅槃等。」證明三法相符為旨趣。

知禮大師繼之更解釋說：

「修二各三等者，就合各開。如三般若等，是了因之三。
如三菩提等，是緣因之三。共發三道等，正因之三。旣發
性三，俱云『修九』者，雖兼性三，咸爲所發，故皆屬
修。

又，凡論修者，必須兼性。九只是三者，如三般若只是了
因，如三解脫只是緣因，如三道等只是正因。爲對等者，
釋前合意，性旣唯立正因，爲對性以成三，故修但緣了
也。諸合三義，例皆如是！」

依上述可知，知禮大師，再爲顯明合中修二，而各開爲三的論
調，以闡明對性明修而合修成三，遂針對性唯立正因；合修爲緣
因、了因之成一性而明二修，結成爲三法圓具的妙談！

知禮大師，再以問答式而更闡明：

「問：十種三法，俱通修性，各可對三德三因，何故三般
若等唯對了因，三菩提等獨對緣因？

答：如此對之，方爲圓說。單云了因不少，以具三故。了
三自具三因三德等，故緣、正亦然！應知一德不少，三九
不多。至於不可說法門，豈逾於一耶？」

所問的重點是：既修性俱通，然諸三法不出一性二修，即可舉一
攝三，何故唯將「般若」對「了因」，「菩提」對「緣因」，豈
可說是遍通？知禮大師爲顯圓融的極致，例如以三般若對「了

因」，當知般若是智，故唯一般若必具「解脫」、「法身」的三具，由此可知，舉一即整然具三的自得，故一德不少，三九不多，九只是三；三只是一，乃至廣遍於無量法門，無不舉一全收的圓妙！繼之湛公的原文：

「二與一性，如水爲波，二亦無二，亦如波水。」知禮大師，對之解釋說：

「雖明修性及智行等別，皆不二而二，故約波水橫豎喻之！仍約合中三法而說，開豈不然？初明修二如波；性一如水，二而不二，波水可知。修性旣然，修中二法，亦二而不二，同乎波水。

問：修二性一，已同波水，修尚即性，豈修中二法，更須約論融之耶？

答：如身兩臂，雖與身連，臂自未合，爲防此計，故云亦如波水。有『本』云：亦無波水者，旣不成喻，此定訛也。」

上文是約法，明離合相異，現在乃明修性二而不二。前述，雖修性及智行等具的別異，但其體卻是二而不二，故約波水以喻體同。修二如波；性一如水，即相（像）有殊別，但其體性，卻無二致的論調！又其水波的濕性之質雖同，但其用途卻有異，故修中之緣因、了因的二因性，具有雙重的性格，即有能顯、所顯之含義。所謂能顯是屬修德；所顯屬性德。性雖有修德、性德之分，而是同一佛性的流露！故知禮大師主張，性德、修德雖如同身中的手足，但其作用卻各有春秋。換言之：強調修中二法的體

性，雖二而不二，但不同意波與水的所現是同，正如人心之性質同，但心在作用上，具存善惡的兩面，故雖同是一心，但其作用上，仍具有顯然不同的後果！是以知禮大師，始終主張「妄心」爲主體的旨要。即因爲人生都被妄心的作弄，而造一切惡業，故覺知妄念的生起，能即時棄除，則得逐時能恢復於正心，如覺知見水的起波，能即時止住而恢復本來的靜，則能以妄念心成就大圓鏡智，得融入眞性的清淨海，爲實踐修持的要旨。

繼之湛公的原文又強調說：

「應知，性指三障，是故具三，修從性成，成三法爾！達無修性，唯一妙乘，無所分別，法界洞朗！此由內外不二門成。」

知禮大師，對之解釋：

「性指三障等者，旣全理成事，乃即障名理，是故立性爲三，性旣非三立三，修從性成，亦非三立三，豈唯各定無三，抑亦修性體即。如是了達，即不動而運，遊於四方，直至道場，名一妙乘也。

問：性三本具，那言對障名三？答：本具妙理，若定是三，不能作一及無量故，故知立則一多宛然！亡則修性極矣！今就亡說，豈得將立以難之！」

湛公所說的性指三障，乃修從性成，知禮大師解釋爲「清淨性體」，即性被汚染就成三障，幸得依修持而能恢復成三德的妙

用，乃證明修性與理性是相即的一體，如水與波，雖現象不同，但其本質是一同濕性，故三德、三障，無不是同一佛性的兩面顯現而已！故知禮大師強調：能如是了解通達，即妙用無盡，遂得安身立命的任運於法界，終獲趣入於常寂光淨土的佛國寶所。

知禮大師，更立問答而顯明亡、立兩義。所謂「性三」本具是「立」，非三是「亡」義。立即是照；亡即是寂，以寂照互顯之圓融相映。又立是顯性體之自然；亡是修性之妙寂，即全性由起修而成。

由此可知，湛公的重視修、性不二，且得知禮大師的繼承闡揚，而遂奠定教觀雙美的殊勝是共知的。

(4) 因果不二門

本節乃屬法位門。所謂因與果，係是針對由人之所執及其所證爲焦點。再說：因是從凡夫乃至等覺的修證過程；果是佛果的極位。又因果乃由智之淺深，故其所證亦有久暫的差異，但其實，因人的凡夫，其本具與果上之萬德，即其性具整然，而無增損的圓備。唯在因地時，被迷而造業，致使其所顯現的諸像，有千差萬別的眾生像而已！

前節之「修性不二門」是約橫的敍述，本節乃以豎的觀念而論述。湛公的原文是：「四、因果不二門者，眾生心因，既具三軌，此因成果，名三涅槃。因果無殊，始終理一。」知禮大師的解釋：

「因果名通。今就開顯，唯約圓論。因從博地至等覺還。

　　果唯妙覺，雖通傳立，約極義彊（強）。三千實相，未顯
　　名因，顯則名果。隱顯雖殊，始終常即，故不二。門義如
　　前。」

湛公所謂的「眾生心因，既具三軌」，即和前節「修性不二門」
之「性德只是界如一念，此內界如，三法具足」，乃屬語異而意
同。

　　所謂因果，乃賅括一切，由眾生至等覺菩薩的九界，皆名爲
因。唯妙覺的佛陀，始能稱爲佛果。故知禮大師特以《法華》的
「開權顯實」而論因果之殊勝，即從初住以上而步步實踐進修，
可至實所得登上極果，故以傳持的通途，且是以極義而論爲旨
趣。

　　知禮大師更強調依從大乘法理，即「三千實相，未顯名因，
顯則名果」。換言之，三千實相，隱則尚在迷，雖是等覺菩薩，
還有一品「生相無明」之存在，故尚名爲隱。顯則屬妙悟，唯至
妙覺的佛陀始能盡顯，即斷盡一切無明，證一切種智，成爲因妙
果妙的極致。另一面，雖有迷悟之分，即未顯之實相（迷中）稱
爲因，斷盡無明惑的極致爲果。然在法理而言，雖有隱顯之論，
但在因中亦不失三千實相，在果亦不增，即隱顯雖殊，但是始終
常即而不變，故名不二。

　　又知禮大師，對「眾生心因，既具三軌，……始終理一」的
解釋爲：

　　「眾生一往，通於因果，佛名無上眾生故；二往則局因，
　　對佛立生故。生雖在因，復通一切，唯取心因，是今觀

體，體具三軌，是果之性，故名爲因。此性若顯，名三涅
槃。三法體常，始終理一。」

在十法界中，依因果的地位而論，佛稱爲無上，即「極果至尊
位」。但眾生與佛的差別，在九界的眾生，皆稱因地，唯佛是果
上。則「因」從凡夫起的九界眾生法太廣，難加以敍述，是故從
近而唯取一念心法爲觀體。所謂觀體，乃一念心法對修觀爲因，
此因既具三軌（眞性、資成、觀照）即是證果之性，由之可知，
一念心體具足三千，即是成果的因性。性對修，因對果，三軌是
果性，即由修果所顯之迷中性，屬迷中之性德三軌，從修持而得
顯證，成爲究竟的三涅槃（性淨、圓淨、方便淨涅槃）。知禮大
師，爲顯揚天台圓融論，強調因圓、果圓的三法體。

　　繼之湛公的原文是：「若爾，因德已具，何不住因？」知禮
大師，對之解說：「求證果位，爲成功德，因德既具，何須求
果？」湛公爲彰顯迷悟事異而明因果不二，故特別質疑，意在眾
生心之因德，既具三涅槃，即爲人者，應住於因即滿足，何必再
求果位？而知禮大師答云：所謂求證果位，乃爲成就三德圓、
萬德俱的常滿功德，否則只成「理即佛」，其餘的都不必談可知
也！換言之，即眾生雖具因之性德，但果德卻尙未得顯現，故可
知眾生之雖具因德，仍是迷中之性德，故還有無明惑之存在！是
以湛公再說：「但由迷因，各自謂實，若了迷性，實唯住因，故
久研此因，因顯名果。」知禮大師對之解說：

　　「因德雖具，但爲在迷，諸法本融，執之爲實，始從無
　　間，終至金剛，皆有此念！若不謂實，鐵床非苦，變易非

遷。此念若盡，即名妙覺。故云各謂實。若了所迷之性，
有何佛果別生？還證因德，故云住因。而因德顯處自受果
名。故約迷悟而分事殊。」

因德雖具，仍是屬迷因中的性德，致使本來圓融之諸法，卻偏執
迷而不融，如云一色一香無非中道的妙理，眾生卻執之而隔離，
故始終無法得到妙用！所謂始從無間地獄乃屬全迷，而雖登上「
等覺菩薩」⑬的金剛位，還有微細的一品，即根本之「無始無明
惑」未斷盡，故云亦有此念。是以可知執念若盡，即名妙覺。換
言之，眾生若能捨執離相，則地獄鐵床從何而來？故所有地獄亦
只是心之現象而已，而變易生死，也就全無必要的了。此外，眾
生雖有性具，但因迷性而造作諸惡現象，即使是三乘聖人，也還
有見思、塵沙、無明等迷惑，故有變易生死的存在！是以知禮大
師，才處處強調捨妄念為實踐修持的要徑！故云執念若盡，即名
「妙覺」。

　　所謂迷悟，乃凡夫與聖人的觀念不同，故云若能了解「性」
的淵源事理體性，則可知眾生與佛，乃性之兩面觀而已，並無差
別。換言之，眾生唯被迷於性的所現象為因，歸還於性體的理德
為果。故從修因所證的因德，歸證還於性德，即因德、性德圓融
而無分別。

　　至此，湛公再為顯明「事極理亡」的極致，故其原文，即：
「祇緣因果理一，用此一理為因，理顯無復果名，豈可仍存因
號？因果既泯，理性自亡」。知禮大師的解釋是：

　　「理顯等者，對隱名因，稱顯為果。顯已無對，果名豈

存？果能稱實，名尚不存，因旣屬權，故宜雙廢。又對因
果事，立理融之。所對旣泯，能融自亡。」

湛公所謂的因果理一，乃強調因果無殊的始終之一體，即在大乘
理體中，因與果，皆是中道實相理，但以一理爲因，乃針對迷中
之實相爲主體論。故眾生在迷執中，其一念三千的所表現，皆
屬迷中之因，就是說雖在性德中，隱而不顯，唯依存「迷中實
相」，以未顯爲因而已！經過修持而得顯，即是從因地的實踐而
滅一品無明，得顯現一分智德，乃由智而趣果爲顯，即理隱爲
因，理顯名果。所謂隱顯，乃因果與理性之相對，因果是事，實
性是理，即以理融事，歸攝於眞如佛性之理體中。然在佛性中，
旣無因果之分，即所謂理性之論亦隨而自亡，唯稱爲自性淸淨的
性海而已。

　　繼之湛公的原文：「祇由亡智親疏（疏），致使迷成厚薄。
迷厚薄故，強分三惑，義開六即，名智淺深。」知禮大師之解
釋：

　　「言亡智者，即上事理頓亡之智，方能圓斷，故云祇（
　祇）由。圓人始終，用絕待智，頓亡諸法，理果尚亡，惑
　何次第？祇由此智功力微著，故成疏親，由疏親故，惑落
　前後，名迷厚薄。智疏惑厚，智親惑薄，傳傳明之！此乃
　約智分惑也。旣有厚薄之義，故強分三惑。
　　又義開六即，名其亡智淺深。若論亡智，了於即理，無一
　德可修，無一惑可破，強名厚薄淺深也。」

有關修顯的過程，其焦點是置於妙顯亡智。所謂亡智，即事理頓亡之智。本來，惑與智之體，本然空寂，但為顯事理頓亡之智，上述因果既泯乃「亡事」，理性自亡即「亡理」。但在實踐的過程中，其功力卻各有強弱之分，即其「因地」有微有著（強），故有親疏之差：顯著則親；微弱則疏。因為亡智有親疏，故迷亦有厚薄。智親者迷薄；智疏者迷厚。又迷有厚薄的粗細而分見思、塵沙、無明惑等。智有親疏而分六即❸。故知禮大師強調圓頓行者，即以境立觀，祈使能觀、所觀盡亡，故云始終用絕待智，將因果泯淨，即理性亦亡，故云頓亡諸法。既然因與果，盡歸於寂淨本體，那豈還有妄情之存在？

又知禮大師依據修證功力的強弱，以分六即論述，即「相似即」以還，觀力疏微，「分真即」以上，即觀親力顯著，而且得位位顯明的論述。再說：因迷有厚薄故強分三惑，此乃不必分而分，更由智有淺深，故六即不當開而不得不開，以符眾生之根機為旨趣。

知禮大師更再強調，若能以圓融絕待智的妙觀，修觀成後即能體會顯著的妙用！惑與智乃本然虛寂的常即一如，故智即理而無德可修，惑即理故無惑可破！如此乃成就因果不二的妙論。

繼之，湛公為顯明修證功亡的殊勝，即說：「故如夢勤加，空名惑絕。幻因既滿，鏡像果圓。」知禮大師的解釋是：

「他云❸：夢、空、幻、像，四皆是喻，以對智、斷、因、果。釋意雖即不顯，對法稍似相當。又云：空下須作此名，其義甚便！

蓋言：惑體如空，但有名字，故大乘十喻，第四云：『虛

空者，空但有名而無真實等。」❶ 作此冥字，義說雖眾，
終恐未親。今祇圖顯理，豈敢黨情？如予（余）意者，舊
文諸字，若稍有理，即便遵行，必諸聖眼，洞見我心！儻
知短言疏未稱理，請諸匠碩，示以彈訶！

然舉此四喻者，蓋顯圓人妙解，眾德元具，萬惑本空，雖
立證修，一一無作，故勤修慧行，如夢作為，都無所辨！
惑但有名，如空無實，知無即絕。

復約智斷始終，以明因果。因無能感故如幻。果非所克故
如像。解既稱實，四皆無作，因果既爾，何有二耶？」

知禮大師引出源清師著《示珠指》文中四喻❷：夢喻智、空喻
斷、幻喻因、像喻果。對此，知禮大師評為：「意雖不顯，對法
稍似相當」。所謂「如夢勤加」，即「夢」本無實，乃是因睡眠
中的妄識對境作弄，遂有夢中事的歷歷宛然！再說，雖在夢中，
盡力而作一切事，但醒來時，卻一切皆無的寂然！但凡夫在作夢
的當時，卻認為是真實不虛而勤加不已（患空惑的作弄）！由此
當知，諸法本無，因為有「無明惑」，故有如夢諸多現象的存
在！是以圓教行者，在圓智顯發，了悟真性中無夢的同時，即可
由轉迷成智，得以將空名無實的妄惑，即時斷絕（斷空惑），而
恢復妙證真如性體，趣入於清淨性海，得安身立命的妙樂。

又知禮大師再針對智斷因果之論，雖立證修而且強調勤修，
如以性體的本質而言，即屬多餘，因為性的本體，乃始終是萬德
具備，絕不是由勤修而得來，但針對凡夫的妄執，故不得不加以
強調，旨在祈速棄妄執。

知禮大師對於復約智斷始終之解釋，即智斷之始為因，智斷

之終爲果，故智、斷、因、果之四，乃皆爲無作的實相，能如是的了達「證修無作」，即正是顯明因果不二的妙論。

　　湛公再爲顯明德障體異而說：「空像雖即義同，而空虛像實。像實故稱理本有，空虛故迷轉成性。」知禮大師對之解釋：

　　「空惑、像果，不實之義雖同，而空但有名，知無永絕。
　　像雖無性，色相宛然！故云空虛、像實也。
　　像實等者，釋成體異，果德三千，非今方得，故論非果。
　　然稱本而證，不可泯亡，故云稱理本有。
　　迷即無明，無明轉故，即變爲明。迷名永失，轉成性明，
　　故云迷轉成性。
　　他云：『須作性成，若云成性，則令果成因也。』⑭若
　　爾，後文云：『了今無明爲法性，豈亦果爲因耶？』⑭」

所謂空虛，乃詮惑之「情有理無」，像實乃果之「情無理有」，即果是依理之本有而顯，故悟後即能棄迷，但迷之惑，乃是理無之法，必依觀行之妙力，始能還同於本覺性，故云迷轉成性。即「迷覺」是同一種智的清淨性海中之流露。

　　又空喻惑，像喻果，惑即是所要破之障，果即是所證顯之德。所謂空虛像實，是說既然空唯有名而無體，便自然而然的自消失，永久也不能再有！又像雖無性，但鏡中的現像，或電視銀幕上的現像，卻是色像歷歷的分明，則知當體是法性的流露，既由法性所顯，即三千俱足，故果圓雖如鏡像，但其因的淵源，乃與悟性相即而不離，故亦稱實也。但由迷而變成無明，幸由得智

而能轉迷開悟，即在智性理體中，迷即永久不能再顯現，故云轉迷惑而恢復法性的常樂我淨爲殊勝。

　　但源清師，在《示珠指》卻指「成性」爲誤，認爲「成性」是令果成因的顛倒之談，故知禮大師遂以湛公之「染淨不二門」初的原文：「了今即無明爲法性」，以資證明，此乃是承自湛公的思想而來！絕不是無根據的妄談。

　　繼之，湛公爲顯圓乘，明始終不二，而顯揚體一的殊勝，而云：

> 「是則不二而二，立因果殊，二而不二，始終體一。若謂因異果，因亦非因，曉果從因，因方克果。所以，三千在理，同名無明。三千果成，咸稱常樂，三千無改，無明即明，三千並常，俱體俱用。此以修性不二門成。」

知禮大師對上述之言，解釋爲：

> 「大乘因果，皆是實相。三千皆實，相相宛然！實相在理爲染作因，縱具佛法，以未顯故，同名無明。三千離障，八倒⑭不生，一一法門，皆成四德，故咸稱常樂。三千實相，皆不變性，迷悟理一。如演若多，失頭得頭，頭未嘗異，故云無明即明。三千世間，一一常住。理具三千，俱名爲體。變造三千，俱名爲用，故云俱體俱用。此四句中，初、二，明因果各具三千。三、明因果三千祇一三千，以無改故。四、明因果三千之體，俱能起用，則因中三千，起於染用，果上三千，起於淨用。」

知禮大師對湛公「立因果殊，二而不二，始終體一」之言，解釋得甚妙！所謂因果不二，不但是同一實相，還是同一三千。換言之，「因」有行因與理因。上文所說的幻因，乃以如夢勤加之行因為對象而說。現在乃由行因顯明理因，而再由理因顯明為果，故因果不二。為此，知禮大師認為大乘因果，皆是實相，就是說因地中的實相與果地上之實相，是相即而不離，故其現像的三千與理體三千是同一理性，故云「三千皆實」。但三千在迷於理時，也能隨染緣而作九法界，故云實相在理為染作因。然其三千中，亦具佛法界，因佛界是淨而未被染。故雖是等覺菩薩，尚有一品無明未斷，是以不能顯現實相三千，即果無圓具，而仍有一品迷的成分之存在，故不得不稱同名無明。

知禮大師又強調三千離障，八倒不生；主張佛所證的極果，乃一一法門，無一法不是常、樂、我、淨的四德。但文唯舉常樂，其含義即四德齊備。又繼之，以不變性為三千無改。所謂迷即是因，悟即是果，迷悟雖殊，但其性不變，始終為理一而相即。又迷即無明，悟即真性，由理一故，無明即明的性體常為其旨趣。

又舉演若達多❿以證明：有一天的早晨，達多站在鏡前，於鏡中得見己頭之眉目而喜，下午再觀己頭時，卻不見眉目，因而生大瞋恨，以為是被魑魅所弄，遂失去理智地狂走。此係以自己之頭喻真性，鏡中之頭喻妄相，喜見鏡中之頭有眉目，喻妄取幻境為真性而堅執不捨，然後瞋而責不見眉目，是迷性、是違背真如性的緣故。有關妄性的顯示，智旭（一五九九～一六五五）大師，在其著《楞嚴文句》說：「當知凡夫愛有而不見真空，二乘

愛偏空而不見妙有，菩薩愛萬行而不見中道。……是人心狂，更
無其他。」⑭

　　又知禮大師對後的四句中，強調「因中三千起於染用，果上
三千起於淨用」，即認爲同一三千之體，在眾生之迷時，則起染
用，在佛果上，則起淨用。換言之，在因中的迷染時爲無明，在
悟證時稱爲性的淨體，故因果所具的三千，是同一三千的流露，
唯在隨緣中而本有爲俱體，於本有中而事隨緣爲俱用，即是一體
兩面的表現而已，故體、用乃相即而不分離的妙談！但現代學者
中，有人認爲知禮大師是將染、淨分開之說，筆者認爲那是不諳
天台圓教的特色。

　　知禮大師進而再爲「俱體俱用」句，以天台圓教義而顯明，
即：

　　「此第四句，明圓最顯。何者？夫體用之名，本『相即』
　　之義故。凡言諸法『即理』，全用即體，方可言『即』。
　　《輔行》云：『即者，《廣雅》云：合也。若依此釋，仍
　　似二物相合，其理猶疏。今以義求，體不二故，故名爲即
　　（以上皆《輔行》文）。』⑭今謂全體之用，方名不二。
　　他宗⑭，明『一理隨緣』，作差別法。差別是無明之相，
　　淳（純）一是眞如之相。隨緣時，則有差別。不隨緣時，
　　則無差別。故知一性與無明合，方有差別。正是『合』
　　義，非體不二。以除無明，無差別故。
　　今家，明三千之體，隨緣起三千之用；不隨緣時，三千宛
　　爾。故差別法與體不二。以除無明，有差故。驗他宗，明
　　『即』，『即』義不成。以彼佛果，唯一眞如，須破九界

差別，歸佛界一性故。」

知禮大師特別詮釋第四句，乃以顯體用不二爲「即」。上云俱體俱用，正是顯體用不二的「相即」，故云明圓最顯。

知禮大師又引出法藏大師著《大乘起信論義記》說：「一、約體絕相義，即眞如門，非染非淨，非生非滅，平等一味，理無差別。二、隨緣起滅義，即生滅門，隨緣轉動成於染淨，染淨雖成，性恆不動。」❹ 上述的「平等一味，理無差別」，即知禮大師所云的「純一是眞如之相」。又「染淨雖成，性恆不動」，即「差別是無明之相」。故知禮大師強調「隨緣時有差別，不隨緣時無差別」，即眞如性體的本質無差別，但心（性）對境而生情時，即性被染汚，稱爲無明。故眞如性與無明合時，方有差別，如能除去無明（惑），就無差別。但湛然大師的主張，是直指當體全是爲「即」，如三道即三德，生死即涅槃。由此可知，湛公的主張是圓教圓義，以全體之「性」不二爲焦點。而知禮大師是主張全體之「用」，即眞妄和合，方能隨緣。再說，眞如性中的佛界，與無明合，方有九界差別相，若斷無明，就是滅九界，是恢復本來的清淨性體，故云無差別。

知禮大師更強調「體用」的「相即」，體、即理造三千而不變性；用、即事造三千而隨緣。故天台的圓義，乃一切唯是三千之理體，以隨緣而起三千之事用。又性體中的理具十界而不少一法，且於隨緣之一念三千的事用中，亦不變其性，是即體用不二，故云隨緣差別中的三千事用與體無二。又有關「除無明、有差別」，乃指由實踐力而得滅惑爲除。但在事造三千中，法性仍然是絲毫不動，唯因受滅惑中的修性所呈現之變化，始有差別

像!

　　又驗他宗的明「即」，「即」義不成。所謂他宗，乃指華嚴宗。華嚴家的思想，另有傳自禪宗而來，故唯主張佛界而不許有九界，且以獨顯一佛性為旨歸。知禮大師對此，評為既不談九界，就是將十界分離而隔別，但十界同是佛性中之流露，如此就不能成立於圓融理具，故法藏大師的「不捨緣而即真」的「即」⑭，只是成為唯留「即」之名詞而已，失去「即」之含義的存在了。

　　知禮大師為更深一層的顯示：

　　「今家，以『即』『離』分於圓別，不易研詳。應知不談理具，單說真如隨緣，仍是離義。故第一記云：『以別教中無性德九故，自他俱斷九也。』⑮ 若三千世間是性德者，九界無所破，即佛法故，『即』義方成，圓理始顯。故《金錍》云：『變義唯二，即具唯圓。』⑮ 故知具變雙明，方名『即』是。若隨缺一，皆非圓極。荊溪云：『他家不明修法』。若以真如一理名性，隨緣差別為修，則荊溪出時，甚有人說也。故知他宗極圓，祇云『性起』，不云『性具』，深可思量！ 又不談性具百界，但論變造諸法，何名無作耶？」

知禮大師對離九界而唯說佛界的看法，乃仍屬別教義。遂引出《法華文句記》之湛公大師的說文：「以別教中，無性德九，故自他斷，別修緣了，而嚴本有常住法身。」⑮ 當知，九界中的各界即具佛界，是圓教義。而離九界，唯說佛界是別教義。故知禮

大師指出，華嚴學者乃不明理具諸法，並不知全體起用，唯單名一眞而隨九界緣，作差別法，則是離義的別教法。是以引湛公之說來作證明，因爲別教中，主張獨倡佛界，故無性德九界之談，所以自他不得不自然的斷九，然後另別而尋修緣因、了因，作爲顯發本有常住的法身。上述「性」不具九界，乃是證明不圓融的離義。是以知禮大師主張既然一念三千是性德，則九界也是性德本分中之德，豈有所破的必要？換言之，雖有眾生與佛的名稱殊異之別，但既然同是清淨性海中的流露，便可依變造實修而可將九界恢復於本體，達於舉一全收而無差別！如此「即」之義才能圓具，也才能妙顯圓妙的理具，成就圓教之「即」妙爲殊勝義。

　　知禮大師又引《金剛錍論》之「變義唯二（別、圓二教），即具唯圓」。旨在說明，別教雖有特殊的頓悟，但還是未具圓融，故尙不能顯圓妙，既未能圓具，「即」之義就不能成立！是以知禮大師，強調：能了達事，是事「即」是理；是修「即」是性，得其全性起用「即」是體，才是圓教所謂之體與性不二的妙談。

　　知禮大師又舉出湛公云「他家不明修性」，乃是主張以修性各論三千是圓教義。而華嚴家，卻以一理之差別而論修性，如若以一理而論，尙缺圓具，故屬別教。然在唐代，就有不少的人，雖號稱是天台宗徒，但其傳承，乃自禪宗，或華嚴家的觀念，主張以眞如一理爲性，隨緣差別爲修的論調！如若華嚴家的觀念，則強調「性起」❺❻，而不說「性具」❺❼。故華嚴即以性起說爲極談！換言之，華嚴家乃以悟之本體（性），本來具足於眾生心中，而現於諸現象（起），即由眞實本性而顯現，遂應眾生之根

機而隨緣生起作用。知禮大師以爲，既是由眞如隨緣而始能生起作用，則不隨緣時，就不生起作用，此非「理具」，故未含具圓融的圓理，是以華嚴家之性起說，仍屬別教位，而尙未是圓教之極談！

天台家的性具說，是基於現像即實性之理，故主張一切現像中，即本具三千諸法，故在任何的現像中，都圓具性體的全分而無缺！此乃異於華嚴家之一理（體），由隨緣而成差別法，但若不隨緣時，則無差別。故知禮大師強調，若不談性體的本具圓融，而分爲隨緣與不隨緣，此則皆屬別教所攝。當知，別教與圓教之差別，只是在於「性起」主張的「唯心論」，和「性具」主張「實相論」的觀念不同而已。

又對於「不談性具百界，但論變造諸法，何名無作耶？」此句，知禮大師以爲「具」是理體，變造是「事用」，故對於諸法，事「即」理，修「即」性，則全用「即」體的體用不二。如若單論「變造」而不談「性具」，那就無法顯揚「性」之整體圓融的妙理！又所謂「無作」，乃指性是天然之性體，不必經由造作變造，而一切皆齊備爲無作。

知禮大師更進而說：

「世人⑲見予（余）立別教理，有『隨緣』義，惑耳驚心！蓋由不能深究荊溪之意也。且如《記》文⑲，釋阿若⑯文中云：『別教亦得云：從無住⑯本立一切法。無明覆理，能覆、所覆，俱名無住。但『即、不即』異，而分教（別、圓二教）殊。』旣許所覆無住，眞如安不隨緣？隨緣仍未『即』者，爲非理具，隨緣故也。又云：『眞如在

迷，能生九界。』若不隨緣，何能生九？」

知禮大師針對山外諸師的不許「別理隨緣」，引出《法華文句記》，即：

> 「依境起行，亦指但理為九界覆，而為所依。法界只是法性，復是迷悟所依，於中亦應云：從無住本立一切法。無明覆理，能覆、所覆，俱名無住。但即不即，異而分教殊。」[162]

知禮大師引出上文作為證明，他是承自湛公的思想而來，故請山外派諸師，不必「惑耳驚心」盡可安心研究為妥！

所謂佛與眾生，同是詮依真實性，但性不定住，而皆能立法。既如佛界但理不即，則九界能覆真理，故皆不住。當知「即」則是圓教，否則是別教。故知無住與真如隨緣，乃是同由實性中的流露，唯名異而已！是以知禮大師，強調既許所覆真理，名為無住本，那對「別理隨緣」有何疑問？

又「仍未即者，為非理具故」。圓教乃圓具的全性，遍於十界，但能隨染淨緣而變造事用。當知，修與性，乃「體用相即」，故全性起修，即全修「即」性。所謂修九界即性具九界，但體雖具，而性依緣變造，則不能稱為圓具，故云自異而被別教所攝。又性隨無明，故能生九界，如若性不隨緣，則九界眾生，由那裡來？但十界完整的理論，卻是今古皆承認的事實。如若依山外諸師，承自華嚴，其中尤其承圭峯宗密（七八○～八四一）大師之禪學，唯依一理的「靈知佛性」，而不論其他，既如是也

就不必有九法界的眾生了。然欲十法界完整，在佛與眾生的「性具」，而三千恆常，俱體俱用，即是圓教的殊勝義。眾生雖同自清淨性海中之流露，但性隨緣，而現種種千差萬別的眾生像。所謂眾生像，是因自無明所作，故成為一隔歷之理，稱為別理。知禮大師為闡明別教與圓教之差異，特稱別教所談為「別理隨緣」；對圓教之真如，性具諸法，為一切諸法之所依，則稱「圓理圓具」的隨緣。

知禮大師更為之解釋，再引《止觀輔行》：

> 「又《輔行》釋：別教根塵，一念為迷解本，引《楞伽》云：『如來為善不善因』。自釋云：『即理性如來也』。《楞伽》此句，乃他宗隨緣之所據也。《輔行》為釋此義，引《大論》云：『如大池水，象入則濁，珠入則清。當知水為清濁本，珠象為清濁之緣。』據此諸文，別理豈不隨緣耶？故知若不談體具者，隨緣與不隨緣，皆屬別教。何者？如云梨耶生一切法，或云法性生一切法，豈非別教有二義耶？」⓲

知禮大師引《止觀輔行》解釋「別教根塵一念為迷解本」，乃依智者大師著《摩訶止觀》之顯示弘誓文而來，即：「只觀根塵一念心起，即是假名，假名之心，為迷解本。」⓰湛然大師，為解「別教根塵一念為迷解本」，引出《楞伽經》云：「如來為善、不善因」⓮，即性具的明示，乃指十界互為善惡的性具，故云一念心起無量心，心無量故，迷解亦無量，迷則十界「苦集」，解則四種「道滅」。所謂理性如來，為善、不善因，乃性

隨無明之緣，而作九界爲迷因，如能依善知識學佛修持爲解，即能妙證善果。故根塵之一念爲迷解的本源，亦即是染淨性具論的特質。

又他宗的所據，乃以法藏大師著《起信論義記》⓰，依「如來藏爲善、不善因」，而立隨緣起滅義，謂隨熏轉動，變成染淨爲依據。

又湛公大師在《輔行》爲釋此義⓱，引《大論》之「如大池水……」。即水喻一念，珠喻淨緣，清喻佛界，象喻染緣，濁喻九界。此喻通於別教、圓教。所謂「別教」，乃以象入水則濁，「圓教」即以濁緣與水俱有而圓具。故以證明，若不談體具，即隨緣與不隨緣皆是別教所攝。知禮大師更以黎耶之生法，證明不隨緣⓲；以法性生法，證隨緣。如若單云，由妄出生九界，乃直明生法的不隨緣；而若唯以法性，出生九界，則隨緣義。當知法性若不隨無明之緣，則所謂九界，由那裡生出來？故所謂一切法，即是十界法，如單明一界而不言一切，即已將性之根本分開，然究竟一切法是由第八識所生？或是法性所生？但既知分爲黎耶與法性的觀念，則就明顯的有二義之存在！而既有隨緣、不隨緣的二義，則皆屬別教所攝，故知禮大師才云「別理隨緣」，而另爲強調圓教的殊勝義。

知禮大師更引《維摩經疏》之問答式而另加闡明，即：

「問：《淨明疏》⓳，釋無明無住云：『說自住是別教意，依他住是圓教意』，且隨緣義，眞妄和合，方造諸法。正是依他，那判屬別？

答：疏中，語簡意高，須憑《記》釋⓴，方彰的旨。故釋

自住：『法性、煩惱，更互相望，俱立自他（自住、他
住。』

結云：『故二自他，並非圓義。以其惑性定能爲障，破障
方乃定顯理。』⑰釋依他云：『更互相依，更互相即。』⑫
以體同故，依而復即。結云：『故別、圓教，俱云自他，
由體同異，而判二教。』」⑱

知禮大師引出《維摩疏》的解釋，足見「無明無住、法性無住」
的重要性。所謂「無明」，乃從虛妄的顛倒想，而成「根本惑」
爲「無明」。當知「無明」乃是無住體的煩惱迷惑，但由行者的
實踐修持，而能得證根本智之「法性」，同時可轉迷啓悟，但無
明也同時消滅，得了慧知當體即空，就是轉迷惑成爲大圓鏡智，
得恢復法性清淨的本然境界！

又無明與法性，乃是相對，互以對方爲他，即無明以法性爲
他；法性以無明爲他。故當知，自他的分別，即在眞妄和合，雖
依而相望，卻仍未相「即」，故判爲別教。若法性即無明，無明
即法性，兩者同體依即，且法性是無明之本體，故無明依法性而
住。換言之，無明與法性，乃「煩惱即菩提，生死即涅槃」的相
依即理具，始得圓融「即」義，方成爲圓教。又說：無明與法
性，若分體異，即落爲別教，無明與法性之體同，則爲圓教。

知禮大師引出《維摩疏》證明後，肯定的解釋說：

「今釋曰：性體具九，起修九用，用還依體，名同體依。
此依方『即』。若不爾者，非今依義。故《妙樂》⑭云：
『別教無性德九，故自他（自行化他）俱須斷九。』是知

但理隨緣作九，全無明功。旣非無作，定能爲障，故破此
九，方能顯理。若全性起修，乃事卽理。豈定爲障，而定
可破？若執『但理隨緣作九』爲圓義者，何故《妙樂》中
『眞如在迷能生九界』判爲別耶？故眞妄合，『卽』義未
成，猶名自住。彼《疏》次文料簡開合㉕，別教亦云：依
法性住。故須究理，不可迷名。此宗若非荊溪精簡，圓義
永沉也。」

知禮大師之言，乃是針對「性體具九，起修九用」二句。所謂修
與性，乃屬對待語。有性德上之九法界爲體，始有修德上的九法
界之用！當知，起修九用，不是起修九種用，係是指起現之修德
上的九界以爲用。故成體用不二、修性不二，以顯明用還須依性
德之本體，始符合名爲同體依的本旨！再者雖有九一之殊，卻是
舉一全收的相依相卽，則性舉修，仍是以同依體爲旨趣。又亦藉
此而明「別教」之無性德九，唯是但理隨緣之作的九，故強調「
自、他」俱須斷九的必要。

　　繼之再說，既然別教無性九故須斷，而圓教具九，乃顯不
斷。所謂但中之理，能隨染緣而作九界法，卽是眞如在迷而能
生九界，豈不是法性與無明的共造始有九界，既有九界，故云
全是無明輔助之功。但獨由無明惑而力造諸染法，乃非全性起
修，只是自堅定執着成無明惑的障礙，故必須破九界惑，始能
顯明佛果，此種一理的主張，仍是別教所攝。故知禮大師主張
全性起修，卽全體隨緣而不變，事卽理、理卽事的相卽，則無
明卽法性，法性卽無明，是整然性體無作的本然！如此，豈再
有以無明爲障、不障，而規定必須要破不破？此乃是圓教的殊勝

義。

　　知禮大師再斥《示珠指》的所說：

　　　「他云：『舊本云三身並常。』今問：如何說俱體俱用
　　　耶？他恐應身說體，法身說用不便，乃自立云：『舉體全
　　　用』，縱玆巧釋，義終不允。」

源清師之《示珠指》是：「三身並常，俱體俱用者，三身果滿，
咸成四德，舉體全用也。」⑯但《十不二門》的原文是「三千並
常，俱體俱用」。上述之言，源清師是認爲「三身果滿」，才能
成就常樂我淨的四德。因此，私將「千」字，擅改爲「身」字而
解釋，對此，知禮大師評爲由自己的方便，雖是巧釋，但義卻是
紆曲而不圓滿。

（5）染淨不二門

　　本節是屬感通門。所謂「染」與「淨」，乃針對「染執」與
「智照」爲對象，是一心緣起的兩用。但所謂染、淨二用的分
別，係由凡夫的妄情而有，若約三千的法體，即此二不二，都是
佛果之大智慧光明，神通說法的淨用！又所謂淨用，還不出凡夫
染心本具的性德，故雖在纏縛的一念染心，但其本來就圓具三千
諸法，是以舉起法性之俱體全用，而顯現法性之全體淨用，且二
用共是法性的變造，更是同一三千的俱體俱用。故能以此三千，
觀於一念，發揮果後的淨用，爲此門的旨趣。

　　知禮大師對於染淨不二門的解釋：

「以在纏心變造諸法[17]，一多相礙，念念住著，名之染。
以離障心應赴眾緣，一多自在，念念捨離名之淨。今開在
纏一念染心，本具三千，俱體俱用，與淨不殊，故名不
二。

有人云：『染即是感，淨即是應。』不解文旨，但對而
已！須知此門，果後淨用，凡夫染心已具，乃令觀此染
心，顯於淨用。並後依正，俱在能應。自他不二，方兼於
感。」

所謂在纏心之變造，乃凡夫雖具有佛性，但被煩惱執着，而遍造
九界諸法，污染了法性，既法性被染，就稱爲無明。然法性被無
明所迷，則易墮於三道流轉！但若一旦豁悟時，則無明轉明，能
將在迷中的法性心，轉爲離障之法性心。此如唯識學家所謂的轉
識成智。若得智之造，即能任運於善用爲淨。又雖是在纏之一念
染心，即本具三千，故雖於遍應眾緣的輪轉中，亦不變滅之理具
爲在纏。而在智的顯現三千，乃一切皆其實相，稱爲出纏。故云
在纏、出纏，而三千不變，俱體俱用，即染淨不殊，故名染淨不
二。

「有人云」[18]以下，是知禮大師斥山外派之錯；即天台山之
宗昱（翌）師，不知淨用之後，乃是依正互融，皆是能應的自他
門中。能應屬自，感即他機，故云「兼」爲旨趣。

湛公在第五染淨不二門的劈頭說：「若識無始，即法性爲無
明，故可了今，即無明爲法性。」一切眾生，從無始以來，就迷
於妄像而不覺，稱爲無明。但無明不離法性，故現今了徹無明，
就是法性的變造而來，是以不能說，無法性而唯有以無明爲主，

當知雖是眾生，而法性俱在，只是法性隱伏隨而不顯而已！故法性在迷為無明，即「染」；而今了悟無明為法性，即「淨」也。

知禮大師對此兩句解釋：

「三千寂體，即寂而照，旣無能照，亦無所照，名為法性。以本愚故，妄謂自他，三千靜明，全體暗動，即翻作無明。本來不覺，故名無始。若識此者，即照無明，體本明靜，即翻為法性。」

所謂三千寂體，乃指性德三千具染淨體，此之三千，本來寂滅靜，但其寂體全體靈明，故云即寂而照！當知寂即是靜，照即是明，是以三千明靜之體，是法性本然的淨體，故無能照、所照的分別可言。全體暗動，成為染體，淨體是淨性的體具，染體是修性的體具，故知禮大師強調照無明體，即是以明靜的法性本然為旨趣。

繼之，湛公為強調，染淨體起染淨用，故說：「法性之與無明，遍造諸法，名之為染。無明之與法性，遍應眾緣，號之為淨。」知禮大師對之解釋：

「體旣全轉，用亦敵翻。法性旣作無明，全起無明之用。用旣縛着，名之為染。無明若為法性，全起法性之用。用旣自在，名之為淨。
問：他云⑲：無二「與」字，及將二之訓往。迷即法性往趣無明；悟即無明往趣法性，其義云何？
答：二與有無俱有其義，二之訓往釋義稍迂，且之字者，

乃是常用文字，而多為語助。雖《爾雅》訓往用自有處，安於此中，文字不便，如一理之內，淨穢之土，豈皆訓往耶？若舊本無二『與』字，則『之』字不須訓往，但為助辭，其義自顯！何者，但云即法性之無明，其用則染，即無明之法性，其用則淨。其文既宛，其義稍明。

問：若有『與』字義復云何？答：此文既辨二用，有則於義更明！何者，夫『與』者，借與、賜與也，亦助也。法性、無明，既互翻轉成於兩用，互有借力助成之義，而劣者借力助與強者。若法性內熏無力，無明染用強者，則法性與無明力，造諸染法。若無明執情無力，法性內熏有力，則無明與法性力，起諸淨應！以由無明雖有成事之用，以體空故自不能變造，須假法性借力助之，方成染法。法性雖具三千淨用，顯發由修！真修從不藉無明，緣修寧無欣厭？故下文云：『必藉緣了為利他功。』無明與力，助於法性，方成淨用。荊溪既許隨緣之義，必許法性、無明互為因緣。但約體具明隨緣，自異權教。」

湛公之原文很明顯的說，在法性中而受染的為無明，既有無明，就會遍造一切染污法。雖然法性中有無明，但無明不隨便造染污，而隨從法性，且能遍應於善的眾緣，即就不染污法性為淨。換言之，迷為無明而流轉三惡道，悟則智顯而起淨用，所謂遍應眾緣為果中之勝用也。

知禮大師在解釋中，雖以問答式而針對源清師著《示珠指》的不妥，但在佛法上的義理、思想，卻不甚重要。

所謂內熏，又稱冥熏。即法性真如中，冥冥（默契）的常熏

真妄兩心，而妄心強時，遂造諸染法於九法界，反之，法性智力強時，即起諸善念，應於九法界而示現淨用。故須知，單「真」獨「妄」是不能生起作用，故必須真妄和合的相即而同意，成就一體不二，始能生起變造其作用！但無明無自體，必依法性的資助，始能成其事用。更要知道，法性雖具三千淨用，但亦必依修持得力而獲顯明，而且仍要藉無明的不反對為助緣，始能自由的任運相應，發揮其淨用。

又所謂緣修，乃藉機緣的成熟而修，即必依道諦、六度而進修，終至斷盡無明惑為止。而真修乃是：即證真如、明實相，不假緣修而始終一如。換言之，緣修還有信願違順，欣喜厭惡及急緩的理得輔助，而真修那就不藉任何之緣的天然自然！但知禮大師，在約體明隨緣時，強調必藉無明之力，助與法性的相資，始能成就淨用，否則無法顯明性具圓融之天台圓教的特色！

繼之，湛公的原文說：「濁水、清水，波、濕無殊！」湛公的此說，乃為顯明「迷悟」不出「染淨」的二用，染淨二用，又不出隨緣的俱用三千，而俱用三千，即是不變的俱體三千，如是的輪轉，畢竟只是一如的無殊三千。故所謂清濁之質，可結歸於水波之現象而明顯。如若不執清濁、波濕而俱捨，即是無殊的性體，盡歸攝得於同一三千為旨趣。茲為更明瞭而以圖示之：

濁水——迷中染心——染用

清水——果後淨心——淨用

波——隨緣事用——三千俱用┐
　　　　　　　　　　　　　├—無殊同一三千
濕——不變理體——三千俱體┘

知禮大師對上舉兩句的解釋是:

> 「濁水喻迷中染心,清水喻果後淨心,波喻三千俱用,濕
> 喻三千俱體。須知染中,其水雖濁,亦全濕為波,清時豈
> 別有波濕,故云無殊。則波之與濕皆無殊也。

他謂:『波中之濕性既不變』⑱,波性豈變耶?問:第四
記云:『如清濁波濕性不異』⑱,豈非波異濕同,今何違
彼?答:讀彼文者,不看前後,但取一文,成我局見,今
為粗引彼文,仍聊釋出。今欲據彼證,唯濕無殊者,聞之
自誡!何者?彼文本釋『世間相常』,但相本流動,今欲
說常,須約位顯,全位為相,位常相亦常,故文數云相位
無二。仍自問云:『位可一如,相云何等?』答曰:『位
據理性,決不可改,相約隨緣,緣有染淨,緣雖染淨,同
名緣起,如清濁波濕性不異,同以濕性為波,故皆以如為
相,同以波為濕性,故皆以如為位。所以相與常住,其名
雖同染淨既分,如位須辨!』
釋曰:彼問既云『相云何等』,故知,答文以位例相成平
等義!乃先法次喻,喻中以法參而合之。法中先舉位一,
故云決不可改。次明相等,故云同名緣起。喻中亦先舉濕
性不異,顯上位一。次明以濕為波,以波為濕,正當顯上
位相無二,位等相等,故知文中,本答相等。但相兼染
淨,等義難彰,故先以濕性喻位論等,仍顯全位為相,全
濕為波,以位例相,明其咸等。因何但將濕性不異一句為
證?全不以濕而例於波,及拋相等之問,豈可得乎?況若
論異義,豈獨相異、位無異義耶?故當科即云:染淨既

分，如位須辨。豈非染相，必以在纏眞如爲位？豈可淨
相，不以出纏眞如爲位？若論等者，濁水、清水，旣同
一濕，豈不得言同一波耶？以水清後，還是濁時動用故
也。」

知禮大師對於波水，曾在修性門中，以體用喻之而論述。現在是
以清濁喻染淨心，以波喻現像之用，濕喻本體之質，故清濁之
水，其性皆濕，則因之與果，皆全體起用。所謂波喻三千俱用，
濕喻三千俱體，乃以清水之濕，喻爲法性體，濁水之濕喻無明
體。指出水與波的現像雖異，但其濕質即是同。

知禮大師又針對《示珠指》所云：「波中之濕性既不變」，
旣許濕性無殊，即波中的濕與水之濕，豈不是同一濕質。所謂波
只是水之變像而已。且引湛公的《文句記》以資證明。以下，文
雖長，但文意易解，故省略。

繼之湛公的原文說：「清濁雖即由緣，而濁成本有，濁雖本
有，而全體是清，以二波理通，舉體是用。」上舉濁成本有，所
謂本有，乃非本具之「本有」，係是針對「先有」而言。是以雖
云本有，但是屬無體之妄緣的所爲，故對法體的關係而言，乃爲
全體是清。若論迷悟的前後，則爲法體融妙而無前後。但以修門
而論，流轉門屬從眞起妄，還滅門即以反妄歸眞爲焦點。又「二
波理通，舉體是用」，乃指雖迷悟染淨之用有殊，但若全水起動
時，卻無另別之動用，即全水動性是一。故此二用，即三千體時，
雖有染淨用之分，但濁水之體還是清性，故云俱體俱用爲旨趣。

知禮大師對之解釋：

「水之波濕，常無增減，若其清濁，必各由緣！雖象入則
濁，珠入則清，而其濁緣與水俱有。從來未悟故濁在前。
如山抱玉，如沙有金，鑛璞本有，水雖本濁，濁非水性，
故全體是清。以清濁二波，只一動性，故云理通而皆全濕
為動，故云舉體是用，旣悟後不迷，知清是水性，通性可
轉，稱性則常故也。」

知禮大師對清濁之常無增減，喻染淨體用之理，亦無增減。所謂
清濁，乃由緣而成染淨二緣，故凡夫之全體性，早被妄心佔盡，
但可依修性而得恢復妙淨的境界。如鑛山中含有寶石，但都被外
面的土砂埋沒，正如凡夫，雖有佛性，卻全被迷情所覆，故不得
顯現！換言之，則凡夫之一念在迷，如清水被染而成濁水，但濁
水非水之本性，即本來之水性是清，若能除其濁，還是得於淨
用！故知禮大師才強調：「違性可轉」，即依實踐修持力，而得
妙證妙用的殊勝。

又，湛公的原文：

「故三千因果，俱名緣起，迷悟緣起，不離剎那。剎那
性常，緣起理一，一理之內，而分淨穢。別則六穢、四
淨，通則十（界）通淨穢。」

所謂三千因果，乃至剎那，即明示歸攝於現念，故剎那性乃至十
界，皆通於淨穢，都以緣起理一為旨趣。

知禮大師，對湛公的論調，解釋說：

「迷悟緣起，皆三千之體，起於妙用。體既不出剎那，妙用豈應離體？故使緣起咸趣剎那，三千既其不變，剎那之性本常，以體收用。緣起理一，不分而分，十界百界。約十界則六穢❷、四聖，約百界則十通淨穢，十中一一各六四故。」

知禮大師主張對於迷悟緣起，皆是由性德中的事用流露，故三千皆是全體的不離剎那，又因中三千乃迷緣起，果上三千乃悟緣起，統之即歸攝於緣起理一。再說，雖有迷悟之分，但其淵源乃中道實相，而同名緣起的不離剎那，即所謂剎那本具三千妙體，故用既是不離體，則顯性常住不變的含義，得確立而自在！如在迷染時，是六道眾生，在悟證時即四聖。但以十法界的性具而論，還可云淨穢貫通於十界，即迷執濃厚時，雖在佛界中亦是穢，在悟時則雖於六道中，亦不染而淨，故云一切唯心造。天台學的開權顯實、十界互具、一念三千等，皆是佛法的妙論。

又湛公的原文說：

「故知剎那染體悉淨，三千未顯，驗體仍迷，故相似位成，六根遍照，照分十界，各具灼然！豈六根淨人謂十定十？分真垂迹，十界亦然！乃至果成，等彼百界。」

所謂能了知剎那染心，但其體具三千而互融互泯。雖是「觀行位」❸（五品弟子位），就能顯理觀圓融，但在事用仍未顯，故必修進至「相似位」❹（阿羅漢位）始得六根清淨，而始能遍照於百界。至於初住「分真」❺顯中道，始能垂迹至於十界，應迹

分證三千，乃至果成妙覺，顯三千實相於百界的妙受用。

知禮大師對本段解釋，特以問答式：

「問：前云剎那百界，有穢有淨，今何悉淨？

答：前論淨穢法門，皆理本具，通於迷悟，無有增減，即性善、性惡也❻。今之染淨，約情理說，情着則淨穢俱染，理性則淨穢俱淨，故剎那染情，體具十界，互融自在，故名悉淨。

疑者云：剎那既具三千，我何不見？

答：未顯者驗體仍迷，非理不具，此『名字』中疑也。『觀行』既亦未顯，遂以『相似』驗之，父母生身，發於相似五眼、五耳，乃至五意，皆能遍照！自身既現十界，以驗他身亦然！故『相似位』人，比知百界同在一心，若至『分眞』普現色身，能現十界，一一復起十界三業，故云亦然！果地究盡諸法實相等，彼性中所具百界，故知性具百界，互融廣遍，染心自局，濁體本清。」

前論六穢四淨，即理性三千，具性善性惡，顯明法性在迷不減，在悟不增。茲論染淨，即約迷情、理性而若迷情執着，則十界俱名染礙，理性虛融，則十界俱淨。故知禮大師，強調剎那染念雖是迷情，但其體具三千，且法法互融而自在無礙，故云悉淨。此乃針對果後淨用的妙談。

又六根淨人（相似位），非是「謂十定十」，若以十固定於十，何能稱得各具？要是標指亦可以比擬，而可知十界互具爲百界三千。但相似位人，在無明未破時，只是「比知」而非是「證

知」，故說唯相似於佛，而非眞佛。必須進至分證（眞）即佛，始能普現於十法界，得任運而自在，稱性而證究竟的極致。故知禮大師，強調性具百界三千，即法體融攝而廣遍無礙！然在人生當中，雖有所謂染（妄）心的迷情，但其迷情還是不離性體，故迷情無不是由清淨性體中的流露而已！是以知禮大師，才指出染心雖自生障礙，但其本體是清淨，以顯明濁體的淵源，還是本清淨爲旨趣。

繼之湛公的原文，再說：

「故須初心而遮而照，照故，三千恆具，遮故，法爾空中。終日雙亡；終日雙照。不動此念，遍應無方！隨感而施，淨穢斯泯，亡淨穢故，以空以中，仍由空中，轉染爲淨，由了染淨，空中自亡。」

知禮大師爲之解釋：

「然今十門，皆爲觀心而說，故色心門攝別入總，專立識心爲所觀故。內外門正示觀法，雖泛論二境，正在內心。第三門全性起修，辨觀令妙。第四門即因即果，顯證非新。故此二門，皆論一念。以上四門，攝自行法門，同在刹那而爲觀體。從此門（染淨不二門）去，純談化他！而化他法門，雖即無量，豈出三千？亦攝歸刹那，同爲觀體，此當其首，故廣示觀門，後皆倣此，但略點示。不得此意，徒釋十門，空談一念。故今文先明淨用，同在染心。理具情迷，顯發由觀。

遮照者，空中名遮，一相不立。假觀名照，三千宛然！復
令三觀俱亡，三諦齊照，乃亡前遮照，照前遮照，故各名
雙，亡照同時，故云終日。此則同前即空假中，無空假中
也。他見『法爾空中』❽，欲例即空即中，而不看上句，
照故三千常具，彼門但舉依正之境，況不云三千，及以百
界，尚未結成妙境，何觀假觀耶？若此中從無上句照故三
千常具，但云空中於理亦成。何者？上已具示：三千淨用
在刹那，故彼秖云依正色心，據何文義，云是妙假？思
之！思之！不動此念者，明觀成相不移，即念刹那之念，
而能盡未來際，作三千化事，此之刹那，即法界故，有
何究盡？第五記云❽：『刹那刹那，皆盡過未』，施設
三千，皆妙假力。亡『淨穢』相，須藉空中，故云『以
空以中』。染中淨穢，更顯明者，復是空、中之力，故
云『轉染為淨』。染淨各具三千，空中了之。三千既亡，
空中亦泯，方名染淨不二。此則同前因果既泯，理性自
亡。」

知禮大師針對「十不二門」的內容，乃皆是以觀心作為對象而
說，故處處都是顯妙觀為其主體論。即強調淨用不離染心，但理
雖具而凡夫的情執尚在迷中，故如欲得其淨用，必須修觀，始能
得受用！即日常以不斷修觀的精進，至而將情執盡除，由修成
空、假二觀而趣入中道，謂染淨不二的殊勝法門！

(6) 依正不二門

所謂依正，乃「依報」與「正報」。即眾生的日常生活狀態

爲正報，其所住的國土爲依報。以凡夫的本具性體，詮三千融妙之德，若能觀一念成就融妙，即時能立應物現通，爲依正妙得之淨用，是本門要旨。知禮大師對依正的解釋：

> 「果後示現下三國土名爲依報❾，示現前三教主及九界身，名爲正報。以寂光圓佛❿，本無二故，即是能開之妙法故也。此淨、穢土及勝、劣身，同在初心刹那，有何二耶⓫？」

所謂果後的示現，乃聖人爲化他之權造。前之三教，即藏、通、別教，其最高雖名爲佛，但藏教、通教之佛，僅屬二乘界，而別教佛及圓教的等覺，還是屬菩薩所攝。又寂光、圓佛無二，即圓教佛乃眞如實性，非身非土，即身土離身無土；離土無身的一致。故依正在一心而成爲三土九界，由所現所開而分粗劣，唯寂光圓佛，是能開能現之殊妙。湛公的原文：「已證遮那，一體不二，良由無始，一念三千」。知禮大師的解釋是：

> 「已證者，蓋舉已證之位也。寂光遮那⓬，依正不二，全由因德，一念三千，儻因本不融，果何能一？縱修治令合，亦是無常，終歸分隔。」

所謂已證，即證究竟妙覺位。知禮大師且強調，寂光土與清淨法身的不二，皆由因德理具而現一念三千，方有事用。儻（假設詞），如若因與本不圓融，即就不能成就妙果，故因與果，乃必須互融，始能符合寂光的清淨，得體淨性具的圓滿不二！如以勉

強的依修治而合，乃亦屬不合常情的無常法而已。

湛公的原文，繼之說：「以三千中，生、陰二千爲正，國土一千屬依，依正既居一心，一心豈分能所？雖無能所，依正宛然！」。所謂一念三千中，眾生、五陰各一千而合計爲二千。即一念具十法界，其一法界又具十法界，即成百法界，而一界各具十如是，乃百界成千如是，即眾生世間一千如，五陰世間千如，俱屬色心之正報。國土世間，乃眾生之所居，亦如是計算，即亦具千如，故云正報二千，依報一千。當知法法相即而不離自體，故依正在一心，乃能依、所依而得任運妙用，故云宛然。此節，知禮大師，並無解釋而唯「在文可見」爲結句。

湛公又繼之舉說：「是則理性、名字、觀行，已有不二，依正之相，故使自、他，因果相攝。」知禮大師的解釋：

> 「理等三位❽，融相未顯，如五品人，雖以理觀徧融一切，而以事用未能自在，此位尚爾，前位可知！然迷情自異，不二天眞，故云已有，自即己心，他是生、佛，佛唯在果，餘二在因，果攝心、生，縱由修證，心能攝二，全由性融，推功歸理，乃言故使。」

所謂「理即」至「觀行」，性雖本具，但融相未顯，若是至「相似即」十信位，即能六根互用，能以一音遍滿三千界，得事用自在！若至分眞，即更能妙用無窮！因此理等二位，融相尚未顯，此乃迷情所使然，故自隔異。但本性乃天眞自然，即本來融攝，如心雖有染相，但其性體清淨。則顯明本性圓融爲焦點。

湛公的原文，再說：「但眾生在理，果雖未辨，一切莫非遮

那妙境！」知禮大師的解釋是：「不可任情，必須順理，理智未顯，見法仍差，須知本融，無非妙境。」前明融相未顯，乃因爲被妄心之任性迷情所致。故知禮大師，強調不可任情，必須隨順理性，因爲眾生在迷妄中，雖具有理性，但事用尙未顯著，故致使不得自在！雖是如此，但眾生，本來就有具一切的優越條件，故云一切無不是清淨遮那的妙境。

繼之，湛公的原文：「然應復了諸佛法體，非遍而遍，眾生理性非局而局。」知禮大師的解釋是：「於生局處，佛能遍融！於佛遍處，生自局限。」眾生既被妄心所迷，故處處被束縛，而能證佛果得任運自然！本來，眾生也本具佛性而遍通，但因迷妄而自制障礙，成爲處處不如意的不通！換言之，即以佛眼觀之，所有眾生即是佛，但眾生被愛情所迷，致使依報、正報遭受牽制而成障礙，甘受痛苦之報，無法解脫。

又湛公的原文再說：「始終不改，大小無妨，因果理同，依正何別？」知禮大師的解釋是：

> 「有四句，初、三約因果豎辨理同，二、四約諸法橫辨相
> 入，意顯終旣大小無妨，始亦如是由不改，故果旣依正不
> 二，因亦復然，由理同故。」

所謂四句：乃「始終不改」爲初句，「大小無妨」爲第二句，「因果理同」爲第三句，「依正何別」爲第四句。在四句中，初與三乃約因果的豎論，而第二句與第四句是約諸法的橫論爲焦點。所謂橫豎之論，乃顯明因果之終始，即始因終果的相望爲豎論，依正大小相對爲橫論。更以終顯始，以果顯因的體用常融爲

旨趣。

又湛公的原文：「故淨穢之土，勝劣之身，塵身與法身，量同塵國與寂光無異，是則一一塵刹一切刹，一一塵身一切身，廣狹勝劣難思議，淨穢方所無窮盡。」知禮大師的解釋是：

「文有八句，初、二句雙舉依正，同居等三土傳作淨穢，地獄等十界身迷分勝劣。次、塵身下二句雙示依正體性，一微塵身一微塵國，各具三千，體遍法界，彼彼身土，亦復如是！三、是則下二句明遍攝，一切刹趣一刹，一切身趣一身。文雖刹身各攝，意必依正互收。四、廣狹下二句結妙，三千無礙出生無盡，不可心思，不可口議，如是融相，今古常然，迷悟不改。」

所謂八句，乃「淨穢之土」爲第一句，「勝劣之身」爲第二句，「塵身與法身量同」爲第三句，「塵國與寂光無異」爲第四句，是則「一一塵刹一切刹」爲第五句，「一一塵身一切身」爲第六句，「廣狹勝劣難思議」爲第七句，「淨穢方所無窮盡」爲第八句。上舉塵身二句，乃顯示體性，即法身寂光。文中之強調各攝，其含義乃是以互收而事用相攝爲旨趣。

湛公的原文，又說：「若非（觀）三千空假中，安能成茲自在用。」

知禮大師的解釋是：

「性具三千，若體若用，本空假中，常自相攝。微塵本含法界，芥子常納須彌，無始無明強生，隔礙順性。修觀即

> 空假中，則自在體用，顯現成就。性本空假中，『性淨解
> 脫』也。修成空假中，『實慧解脫』也。起用空假中，
> 『方便淨解脫』也。雖是修二性一，以皆空假中，故則成
> 合義。」

當知，實踐修行，旨在祈觀行的成就，但必須先明性具體用！
眾生心的心性，圓具三千而有體、有用。即以法身、般若為體，
解脫為用。又性具三德，本來就是空、假、中、三千，即體用
之互相融攝。且性之本體乃常恆而不變，故是不二而天真為殊
勝！

　　但融相未顯，乃是被迷情的強力所隔，若能全性起修，即妙
用皆得受用，故必須以依順性修觀為要旨。再說，以證理起用智
行二修歸於一性，皆是空假中，即境三、智三、行三之共成為
九，但其實即是唯三，乃修二性一的圓彰圓詮，即實慧與真性的
契合而起妙用為旨趣。

　　湛公的結語說：「如是方知，生、佛等，彼此事理互相收。
此以染淨不二門成。」知禮大師的解釋是：

> 「既解修成，全是本具，即知迷悟，體用不二。波、濕無
> 殊之譬，於茲更明！我心為此，生、佛為彼，緣起為事，
> 性具為理。彼此三千，理同不隔，遂令緣起互入無妨，依
> 正不二，斯之謂歟。」

當知眾生性與佛性是一致，為顯明全性具，還須依起修而顯明始
得妙用！故眾生之迷，佛之證悟，同是性體的流露而不二。因

此，心、佛、眾生的三千理同，得發揮於十界的事用，且常互圓融而無礙，故云依正不二爲妙旨。

（7）自他不二門

所謂自他，乃指所化的眾生與能教化的佛陀是同一性體，即眾生的能感是依理具三千，佛陀的能應是依三千理滿，即眾生與佛之感應是同一三千的德相。但此三千，雖在迷的一念中還是圓具，故在實踐修持時，則依修觀而得入圓妙爲此門之大旨。

知禮大師對此門的含義，解釋說：

> 「染淨依正及以此門，都爲感應、神通而立，且即染之淨，依正必融，即是神通及以能應。旣由己辦，須名爲自，唯未論感，感即他機。雖分自他，同在一念，故上文云❹：『他生、他佛，尚與心同，況己心、佛，寧乖一念？』
>
> 佛法、眾生法，皆名爲他，而各具生、佛，若己生、佛，顯則與他佛，生、佛同俱爲能化，唯他眾生，生、佛而爲所化。旣同一念，自他豈殊？故名不二。依此觀察，能成二妙❺，復名爲門。」

知禮大師解釋自心爲己，眾生、佛爲他，而且都各具三千。又自心所具的三千，在得果用彰顯時，則與諸佛所具三千，爲屬直自之能應。然九界的眾生所具，爲所化機，即屬他。當知自他同依一念，故爲不二。

湛公之自他不二門的劈頭說：「隨機利他，事乃憑本，本謂

一性，具足自他，方至果位，自即益他。」知禮大師對之解釋:
「證果之後，不動而應，眾機普益! 既非謀作，皆由性同，因果
驗之，灼然不二。」所謂不動而應，即不經謀合而一身湛然，且
能安住於百界，乃依全眞性之起應爲不動。如是皆由自、他的同
一性，即一性具足自、他的因果，故得圓滿而益自及益他爲旨
趣。

　　繼之，湛公的本文說:

　　　「如理性三德、三諦、三千自行，唯在空中，利他三千赴
　　　物，物機無量，不出三千! 能應雖多，不出十界! 界界轉
　　　現，不出一念! 土土互生，不出寂光。」

知禮大師的解釋是:

　　　「先以三諦，例自他本同，三千旣即空假中，乃三德、三
　　　諦之三千也。自行即淨穢亡泯，無不空中，利他則帝網交
　　　羅，三千皆假，三諦旣即三是一，自他則分而不分。然今
　　　所辨自他，俱在妙假，以能化、所化皆三千，故欲約三諦
　　　論不二故，且對空中辨之! 妙假尚不離空中，一假豈應隔
　　　異?
　　　問: 前修外觀，旣當自行，但列空中與今符合，何苦責
　　　之?
　　　答: 往時不解境觀之徒，據此等文，妄有除削，何者? 此
　　　約三千以明空中，已具不思議假，況復利他之觀! 初心豈
　　　可不修，不修則何名摩訶薩? 祇爲假觀，始行須修，方得

感應同居一念！　自他不二，據茲而立，如何卻云自行無
假？又若自行唯修，空中內觀豈非自行，何故言即空假中
耶？物機等者，正明自他各具三千，細辨故三千，總論故
十界。轉現、互生，即無記化化㊦，復作化也。依正皆
爾，應必對感機豈不然，一念從事，寂光約理，二必相
即，故互舉爾。」

三諦是所依體，乃屬天然的之性德，三德是所顯之常樂我淨，故
三千的因果，其體理同，故云理性三德三諦三千也。又三千即三
諦，其體是常樂我淨，故三諦之三千，乃法法盡是圓融自在的性
具！如德若無諦，則無所依；諦若無德，則三千就不能顯！

又，能應不出十界，物機不出三千，乃能化爲自，所化爲
他，即「能所」俱是三諦中的妙假三千。故在修假觀之功能，自
始行及終果，乃爲感應同居於一念，而自、他俱在妙假，故強調
修觀的重要可知！

依、正皆爾，乃樹立界界是正報，土土是依報而確立爲焦
點。然依正雖如是，但必靠修持，始能得其所證的能應，顯現於
所化之機，成爲妙作用！得於處處的普現，轉妙法輪於法界，則
始從一念的從事，成就寂光之常樂我淨的安身立命，直得趣入實
所爲旨趣。

繼之湛公的原文說：「眾生由理具三千，故能感，諸佛由三
千理滿，故能應！應遍機遍，欣赴不差。」所謂應遍機遍，乃指
迷悟的同體是依三千。欣赴不差的欣是「感」，赴是「應」，不
差是依性體的天然之道交，即佛與眾生，悉具三千妙道之妙感。
但眾生雖是具理而尚在迷！諸佛果成，即云理滿、行滿、覺滿、

德滿，故因三千理同，得感應相收，而成欣赴不差的妙論。

　　知禮大師對上文的解釋：「既三無差別⓮，則感應相收，眾生感心中他佛，諸佛應心中他生，不然，豈能一念，皆令解脫耶？」知禮大師，強調心佛眾生的性具，始能感應相收，否則就無法在一念性具中，得到如意的自在。

　　湛公的原文，繼之說：「不然，豈能如鏡現像，鏡有現像之理，形有生像之性。」知禮大師，對之解說：「諸佛三千，即現像之理，眾生三千，即生像之性，若不然者，不能即感即應，非任運化也。」知禮大師，強調佛與眾生，乃理與性各具三千而始能妙感應，否則隔離而不相即，如若不相即，乃就無法任運於法界，成就平等無差別的三千妙論。

　　繼之湛公的原文說：「若一形對，不能現像，則鏡理有窮，形事未通，若與鏡隔，則容有是理，無有形對而不像者。」知禮大師解釋爲：

　　　「以鑑淨形對，無不現之理，而反顯之！意云：若不現者，可言鑑理有窮，形事不通也。諸佛悟理，眾生在事，三千理滿，若一機扣之不應，則可云三千互缺，旣無此理，則前義善成，仍釋伏疑，何故眾生多不見佛？若與鏡隔，則容有是理，即障重機生，名與鏡隔，機成名對。若其對者，終無不現。然『未通』字必誤，合云『不通』，縱移於下句，語稍不便，智者詳之！」

當知，若佛缺三千則不能相應，若眾生缺三千則不得機感！故在性具理論中，絕無此理。又眾生多不能見佛，乃因爲眾生之三障

濃厚，而且道機未熟，致使有鏡而不能正視，唯在鏡背面，而不能照現之憾！當知鏡是平等，有物來必現，如雖近鏡而不能照現，乃非鏡之咎，係是眾生之業重，致使自不能照！即符合古人說：「自恨枝無葉，莫怨太陽偏」的名言。故知禮大師強調，眾生與佛，雖三千理滿，而亦必依機感相應，方能符合常理。

又「未通」，乃指責源清師於《示珠指》所云：「若形對不現像，則鏡理有窮，形事『未通』與鏡隔容有是理。」❶故知禮大師舉而糾正爲「不通」。

繼之湛公的本文說：「若鏡未現像，由塵所遮，去塵由人磨，現像非關磨者，以喻觀法，大旨可知。」所謂「去塵」乃針對斷三惑。「人磨」是由依智行在淨緣中的功力。「現像非關磨」，乃顯現三千本具，但前云必依「觀行」之功方顯，而今卻是進一步的顯彰，即以性奪修的殊勝，不必依觀行，本來就是果由因具的圓滿，故云現像非磨爲焦點。

知禮大師的解釋是：

> 「故知心鑑，本明三千之像本具。對物未能現者，蓋三惑之塵所遮，去塵雖緣了之功，現像乃全由性具，此中正明觀心發用。他云『由機現像』❶，其義天隔！觀法大旨者，非唯此中，諸門皆爾！但在此說爲便耳。」

知禮大師，顯明理具，即眾生之心體如大圓鏡，本來明淨，具足三千妙用。所謂鏡未能照現，乃是因爲被微塵所遮蔽，絕非是鏡之本質不能照，正如眾生不能成佛，是因被三惑之障所迷，故知禮大師，強調破惑，必依「緣、了」之功夫，即「了」是正觀，

「緣」是助道，眾生欲滅三惑，全依實踐觀行，方能成就！但另一面的現像非磨，乃對色身全由性具，故非修而具，此乃是針對「性體圓具三千」而言，但眾生雖具而被惑遮蔽故不能顯現，故知禮大師，才強調必由修觀得力，始能棄妄而恢復性體的本然！

又，「他云」乃針對源清師在《示珠指》所云：「由機現像」，乃非圓教義，故評為「天隔」之差。最後的「諸門皆爾」是強調十門皆是以觀心為主體論。

湛公的原文，繼之說：「應知，理雖自他具足，必藉緣、了，為利他功，復由緣了與性一合，方能稱性，施設萬端，則不起自性，化無方所。此由依正不二門成。」所謂「理」乃指因地的凡夫本具之理性。「緣、了」是緣因、了因，即修德。與性一合是主張性德不二為旨趣。

但，前文喻修德無功，乃為顯性具故云非磨。現在是依法理而顯，即雖理體本具，但還是無法顯現，故必由藉修功之力，方能運用自在。

知禮大師的解釋是：「雖由緣了，須揀前三，稱性圓修，方名一合，功成用顯，設化無方。」所謂前三，乃針對「藏、通」二教，仍屬未熟，「別教」雖有初心別修之分，亦是尚未至極致的境界，唯「圓教」才是修性不二，而能顯化於十方得任運自在的妙論。

(8) 三業不二門

所謂三業，乃身、口、意，即動作、語言、思想的三種行持。但此門的三業，是屬佛陀化導眾生的三業，又稱三密，即佛

陀教化眾生的三輪妙化用。又眾生的一念本具，和佛陀的稱性本具是一體不二，故成不思議。再說：身口屬色，意屬心，是色心不二的一如為旨趣。

知禮大師對「三業不二門」的解釋：

> 「果後逗機，示諸三業，四時三教，謂有差殊，今經開之，唯圓法體。諸身尚即，三業豈分，故名不二，亦就心法示也。」

知禮大師的所謂果後逗機，乃指聖人的變化權造。但法華以前的四時，即分別而對各各身、各各口、各各意說的主張，而至法華，始證身是圓常之身，法是圓法的妙顯之展開殊勝的妙談。

湛公在此門的劈頭說：「於化他門，事分三密，隨順物理，得名不同，心輪鑒機，二輪設化，現身說法，未曾毫差。」所謂「化他」，乃指果上的聖人，其三業得隨機應化於十法界，即心輪鑒機，身口二輪是現身說法，得三密不思議用的妙運自在！

知禮大師的解釋是：

> 「三皆秘妙，非下地知，故名為密。能轉摧碾，復名為輪。轉己示他，摧他惑業，稱機示現，毫髮不差。」

所指「三皆秘妙」，乃顯明佛陀的三密（三輪）妙用無盡，絕非是等覺菩薩以下之所能知道，唯獨是佛陀的妙受用。又三輪（三密），含有碾、運、轉三義，即自己既得破魔，亦令他人得破為摧碾義。自己既到彼岸，亦令他人得到是運載義。自己說法度眾

生，亦令他人得度是轉義。

　　知禮大師，強調在三密的秘藏當中，旨在轉己示他，即將自己之所證，轉示於法界中的眾生，都能得如法受持。另一面，乃教導眾生摧碾一切業惑的方法，並顯揚示現於法界，得任運自在的殊勝爲旨趣。

　　湛公的本文又說：「在身分於眞、應，在法分於權、實」。知禮大師對之解釋：

> 　　「說三權法⑳，皆是應身，若聞圓乘，必見法佛。別縱觀報，猶是修成。圓見應身，皆唯本具。仍約四味，權實未會，眞應且分。」

　　知禮大師，對於眞、應的偏圓相對，約藏、通、別三教而論，皆屬應身。若圓教即法法爲眞身。雖然別教能觀勝身，但尚未能達談圓具的境界，故猶是要靠依修而成，唯圓教的一切皆是本具，即全性是法身的殊勝。又前四味，非爲醍醐，故皆屬權，即還未是眞法身的無上醍醐，故不得暫以眞身、應身而分權實爲焦點。

　　湛公的原文：「二身若異，何故乃云即是法身？二說若乖，何故云：皆成佛道？若唯法身，應無乖世，若唯佛道，誰施三乘？」知禮大師以問答式而解釋：

> 　　「問：此中法身說佛道耶？餘文何故不許法身說？
> 　　答：蓋華嚴宗，獨謂我經是遮那說，余經皆是釋迦所說。故今家會之，遮那乃是釋迦異名。從勝劣有殊，而說必是應，法定無說。若相即者，法全是應，無說即說！應全是

法，說即無說。

今云法身者，非離應之法，故經云：『微妙淨法身⓴，具
相三十二』等。若論即者，凡說圓教，皆即法身，何獨華
嚴？但彼隔小，故現勝身，乃報身像而即法身。今經開
權，故於應身即法身也。

問：現住靈山，豈不垂世？

答：身旣即法，土非寂光耶？故施、開、廢、會、身、土
咸然⓶！」

在佛陀四十九年的說法中，所謂《華嚴經》，乃佛陀成道後的最
初說法，至今尚未聞《華嚴經》是其他的佛陀所說。而華嚴宗的
學者們，既堅定認爲《華嚴經》，是毘盧遮那佛（法身佛）所
說，即當知，遮那佛是釋迦佛的異名，這在《觀普賢菩薩行法
經》所說：「釋迦牟尼名毘盧遮那⓷，遍一切處」，可資證明
《華嚴經》還是釋迦佛陀所說的。否則釋迦佛陀就變成神格化，
佛教即就脫離人間而失去佛教之尊嚴的了！

又所有一切經，乃整然是應身佛的所說，至今尚未聞「法身
佛」說經的記錄。但，若會通三身（法、報、應）相即，則應身
必依法身，故「法（身）全是應（身），無說即說，應（身）全
是法（身），說即無說」的妙談！

故知禮大師在本節的解釋，法身乃非離應身之法身，遂引《
法華經》「提婆達多品」所說⓸：「微妙淨法身，具相三十二」
爲證明。故在圓教的開權顯實，可以說一切身，皆是法身之流
露，豈是華嚴宗的獨佔獨談。

又次問之答：應身既是法身的流露，那麼靈鷲山、佛陀（菩

提）伽耶，豈不是常寂光的淨土？當知，唯在前四時的方便說法施權中，不得不有身分勝劣、土分淨穢之別！若在圓教的開會上，乃盡是法身的淨滿一佛乘，故一切無不是遮那寂光的殊勝！既在圓教的淨滿，就不必再有權教的存在，同時亦無應身垂世的必要，故應當一切皆廢棄，即所謂廢權立實而趣入一佛乘。既然得廢權立實，以確認一切身是法身，則無不承認一切土就是寂光淨土之理！

湛公的本文再說：「身尚無身，說必非說，身口平等。等彼意輪，心色一如，不謀而化，常冥至極，稱物施為。」所謂「不謀而化」，乃能鑒察一切眾生之根機為謀，遂依機而現神通說法為化度。即以本性而依修為常理，故云不謀。又「常冥至極」，即心契於真理而不離為「常冥」。「稱物施為」乃針對現象的境界，而慈悲現身說法。知禮大師對之解釋：「雖知權實相冥，真應互即，儻三業尚殊，則色心不泯，故會身說，令知身口本融。以二等意，使色心不二，方名即應。見法不動而施，靈山見聞，無不爾也。」上節是論身口二輪的平等，本節乃以權實的冥契，而會歸三輪的圓融。即身口屬色，意輪是心，成為色心一如的三業不二。所謂「靈山見聞」，乃法華開會中，一切眾生之所見並聞法，都是遮那的果滿，即三乘及一切眾生，會歸一佛乘的妙證。又「不動而施」，即妙契常互的冥符，在性體不動之理體中，遂以環境為對象而顯現勝、劣身，且得配合權實而說法，至於終極，則以會歸一佛乘為旨趣。

湛公的原文繼之說：「豈非百界一心，界界無非三業。界尚一念，三業豈殊，果用無虧，因心稱果。若信因果，方知三密有本。」所謂「百界一心」，乃百法界的由來，是因地凡夫的一心

性具，故一念具十法界，具百法界，具三千界而不離三業，且界界無不是果上的圓妙現象爲殊勝！

　　知禮大師爲明顯觀體，乃由心因而解釋：

> 「指上果人，三業眞應互融，雖即難思，豈過百界！百界融泯，全在我心，『因』心若無，『果』須造作（得）。若信因果相稱，方知三密有本。
>
> 他云：『信下無因果字』[205]。有亦未多，令義易顯，故須在（存）之。」

當知果上的聖人，三輪不思議而得眞、應身，且互融的妙難思，而即權實相即。所謂「相即」，乃心具百界的三業本具因，方得顯果用之無虧，故必由因具而始能顯現果用。

　　他云，是針對源清師著《示珠指》之「若信下有因果二字，蓋後人，昧此文意，輒加耳」。但，知禮大師，強調「因果」相稱，爲始能顯現其含義，故「因果」二字，並非多餘。換言之，由「因」的本具，始能顯「果用」，即是依天然的性體有理具，方有事用。再說，即以因顯果，始得互映妙用，故有「因果」二字，絕不是多餘的，旨在使其含義易解，故知禮大師，才強調須「保存」的必要。

　　湛公的原文又說：「百界三業，俱空、假、中，故使稱宜，遍赴爲果，一一應色，一一言音，無不百界三業具足。化復作化，斯之謂歟。」所謂在一界身中，一色爲能具，百界三業爲所具。一界口中的一音爲能具，百界三業爲所具。故在一界身上而現一色相，此是化度，更於此色上，又現於百界的不停，即化而

復化的妙化度，而口、意兩輪亦然，故成為「化復作化」的妙談。

知禮大師的解釋是：

> 「百界一念，本空、假、中。須順性三，以成修德。修、性一合，果用乃彰，遂使色聲，傳生百界。豈『無記化化禪』❿，不即陰發耶？」

所謂空、假、中是果德之法理。百界三業，乃性德之三諦，俱足空、假、中。圓教之人，得以全性起修，成順修三觀而得修德。如若修性合一（身、口），即觀成而顯果上的妙用。如是證得，即能聲傳至於百千界，此乃性修之功力；即不必更作意，而可得陰妄心斷，遂成就大圓鏡智，則能趣入寶所而得妙受用。

又，湛公的原文，強調「染體本妙」為結語而說：「故一念凡心，已有理性，三密相海，一塵報色，同在本理毗盧遮那，方乃名為三無差別。此以自他不二門成。」所謂「凡心」乃本具理性，為能具。「三密相海」是佛之所具。「一塵報色」，即凡夫自己的身口之色，乃所具。「毗盧遮那」，即諸佛所契之本，故名本理，是能具。但上文卻以自己為能具，所論乃是以心為主體觀念的。次之，一塵報色是以自己為所具，但若舉身口的能所相顯，則自己的三業，俱為能具、所具。

又上舉諸佛為「能具」是以理體，「所具」是以三密，即「能、所」相顯，即理體、三密，俱為能具、所具。「三無差別」是「心、佛、眾生」，現像雖有迷悟的高下，但三業的理體是以不二為旨趣。

知禮大師對該文的解釋是：「三密相海，本理遮那，心塵皆具。例彼生、佛，名三無差。既云『一念凡心』，那『作非因果』釋？」所謂雖是染體，但其性乃本具，即三密相海是「應」屬用，本理遮那是「眞」屬性體。心塵（色）皆具，即三業皆妙，乃「因妙、本妙」的殊勝。再說雖有迷悟之分，而三千理體毫無差別。但行者，爲欲完成六度行，必須以自行益他，則須依三輪的妙運配合，始能因果互融而殊勝，故在三密相海中，得清淨果滿，即心、佛、眾生三無差別。既然如是的知道，一念具三千而因果不二，豈可再以「心非因果」而論。

(9) 權實不二門

權實，乃約眾生而言，九界是權，佛界是實。若約法，即前藏、通、別三教是權，圓教是實。但在法華會上之開權顯實，即指在座眾平等，乃權實相即不二。故於諸法中，以利那的一念，則攝盡三千妙境爲殊勝義。

知禮大師的解釋是：「權是九界七方便，實則佛法圓乘。四時未會，權實不融，此經開之，皆稱秘妙，故云不二。」所謂七方便，乃指人、天、二乘、三教菩薩。九界從眾生立名爲方便，佛是教化主。又九界法是權，圓乘是實。即佛對九界眾生，稱爲實對方便，直至法華開會，即皆成圓妙，故稱不二。

湛公在本門的劈頭說：

> 「平等大慧，常鑒法界，亦由理性，九權一實。實復九界，權亦復然！權實相冥，百界一念，不可分別，任運常

然。」

所謂「九權一實」，乃凡夫及佛的理性，從因而本具。「實復九界」，實是指佛，即佛亦具九界，九界之權，亦具佛界之實，即權實相即，一念具百界而圓妙，得自在無礙。

知禮大師的解釋是：

> 「權實優劣，不名平等，實不融權，復非於大，故法法皆妙，一一互收，常如是知，即名平等大慧。此之大慧，雖由果證，凡心本然！故但觀心，此慧自發。」

在佛教之論理諦中，如有權實優劣之分別，即失去平等。故在圓教的論調乃法法皆妙，即凡心具三密，而佛之果證大慧亦由理性，即心佛相印而得任運自如，但必依觀心的實踐力而獲得，否則落為空談！

又所謂「平等大慧」，乃諸佛之智慧，能照法界於平等而顯中道為佛陀的妙證！知禮大師的一生中，極致的強調實踐觀心為修行，故「觀心」在實踐門，乃是最為重要的一門。是以行者，必由平常的實踐薰習得力，首先以觀一切空，認識一切萬象屬於空，始能放下一切而得解脫。次修假觀，即對一切現象，得運用於自然而斷空惑。中觀是不偏空、不偏有而平等雙照的圓融，故云權實冥契，三觀在一念，能如是修觀得力，即「平等大慧」自發，任運而得趣入實所。

湛公的原文再說：

> 「至果乃由契本一理，非權非實而權而實，此即如前，心
> 輪自在，致令身口赴權實機，三業一念，無乖權實，不動
> 而施，豈應隔異。」

所謂「契本一理」，當知理性之體，乃平等一理，故知三業皆通
權實。但三業皆由心輪指揮，而一念盡具權實，得能遍應於十方
相即而無礙。

知禮大師的解釋是：

> 「證果之後，於體內不分之權實，而被機分隔說之。即理
> 元不分故，此經稱理而會，如是施會自在者，由契本因，
> 因本若隔，果那得融？若欲契之，但觀一念。」

證果即同一體而三輪自在，唯在學術上的須要而細說，遂分為權
實而已！其實，於前四教雖分，但至法華開會時，三乘盡歸納於
一乘，是即權即實的不二，故豈有隔異？所謂旨在因契本，即本
與因是一理。如若權與實有隔，即不成圓教的詮義。故行者，如
能了知果是從因而來，即必須老老實實的觀陰識而實踐修觀為要
旨。

湛公的原文繼之說：「對說即以權實立稱，在身即以眞、應
為名，三業理同，權實冥合。此以三業不二門成。」當知，權說
是針對應身，說實是眞身，但眞非離應，應即眞故，乃權實相即
而冥符為「不動而施」的常然為本旨。此節，知禮大師認為易
解，唯以「如文」兩字為結語。

(10) 受潤不二門

此門從眷屬利益而立，所謂「受潤」，乃從《法華經》「藥草品」之三草二木，由同是一地之所生，同受雨露所潤之說而來。受是能受之人，即大小七方便人，潤是能潤及至四時三教中之一切眾生的教益！但能潤所潤，則同是一念的本具，故在念念的潤益中，即流入清淨性海中爲本門的要旨。

知禮大師對本門的解釋：

> 「從喻立也。能受者即三草二木❼、七方便眾生❽。能潤者，即大雲注雨，即前四時三教，今經開之，唯一地所生，一雨所潤，無復差降，名爲不二。觀己心地三千，與佛心地三千不殊，則念念受潤，常沾妙益，依此爲門，則成二妙。」

在法華開顯中，以喻三草二木，皆同一地之所生，且同地同受雨露的所潤，即正明受益平等。更顯明一地是一實相，一雨乃佛乘。又佛地三千與凡地三千，盡同是一性體的流露！故眾生的三千，在因雖迷，卻不失諸佛實相的本性，是以一念圓具諸佛三千，唯凡夫迷而不能顯現而已。

湛公的本門之劈頭說：「物理本來，性具權實，無始熏習，或權或實，權實由熏，理常平等。遇時成習，行願所資。」所謂「熏習」，有能、有所，性具善惡爲所熏。又能熏內外，有事有理，在事理雙對而顯平等爲能熏之「內熏」。更在修中以分善惡

為能熏之「外熏」。再說，依六根之正報，而起修善為內熏，歷外六塵而起修善為外熏。總之，在事中之內外二熏為「能熏」，性具權實為「所熏」，即依由性熏習，故得全性成修。由此可知，凡夫如能依善修熏習而能證道。但性具權實，則人人皆具權實，故云理常平等。再說，人從無始以來的熏習成習慣，故若遇機感相應時，則由內熏成習，遂現或善或惡的表現！

又「行願」乃外熏。內熏能通智行及內外，即內熏能助正報，外即依報。更由外塵環境而發起行願為助修，故可知「行願」在實踐門中，佔極重要的位置。本段文，知禮大師，僅以「如文」兩字，餘無解說。

湛公的原文再說：「若無本因，熏亦徒設。遇熏自異，非由性殊，性雖無殊，必藉幻發。幻機、幻感、幻應、幻赴，能應所化，並非權實。」所謂「本因」乃本具之因德。「熏亦徒設」，則若無本具之因德，即任其所熏，亦無法得到效用！如猩猩不具能說人話之因，是以任你怎樣教他，也不能說出人話來。故云「若無本因，熏亦徒設」。又「遇熏自異」，乃由其所熏習不同，即權實各自承受。「非由性殊」，即本一理即平等。「性雖無殊……幻應」，乃佛性的本體，本來無性，但對緣能生，故云如幻等。又「能化所化，並非權實」，是針對理性之中，權應機感皆如幻，但修全在性，雖即如幻，卻感應益彰，乃物機應契，皆同是寂光的妙論。

知禮大師的解釋是：

「豈唯權實相冥，抑亦感應體一，性本圓具，偏發由熏，以性奪修，故修如幻。平等法界，佛不度生，不分而分，

　　　　暫立感應，欣赴本虛，故皆如幻。然此尚非但理，隨緣之
　　　　幻，豈同緣生，無體之幻耶？今明各具本融，暫分如幻，
　　　　能知此者方是圓乘。」

知禮大師，強調「以性奪修」，乃針對初發心之菩薩爲對象，若
以圓教而論，即一切圓具，所謂修德，則屬無功用，故名爲幻。
是以在平等法界中，即佛不度衆生，亦無衆生可度，故佛與衆生
乃是一致而無差別！但在現象的俗諦中，佛是佛、衆生是衆生，
故不得分而分，故云暫立。再說，既然機感應赴皆幻，如是論調
豈得鈍根人的欣然能接受？故知禮大師才強調雖是權實本融，但
佛是佛、衆生是衆生。又雖性體無差而現像卻差，故欲恢復佛之
莊嚴，則「必藉幻發」，即必須依靠修德之功，始能得整然的妙
證圓妙一乘爲妙旨。

　　湛公的原文再說：「然由生具非權非實，成權實機。佛亦果
具非權非實，爲權實應。物機應契，身土無偏，同常寂光，無非
法界。」當知，衆生與佛，同一妙性，故皆具權實。而且皆歸於
一性，故雜土同於寂光土，應身同於法身，故云無偏。再說：衆
生具三千能感，佛由三千理滿而能應，故云無偏，一切無非法界。

　　知禮大師的解釋是：「若圓理無偏，感應一致，故一塵應
色，無非法身。自他所依，不逾秘藏，方爲色香中道[209]，起對法
界也。」佛與衆生，皆具圓理，故成爲感應一致。又一塵中咸具
皆理性，即盡是法身，故古人說：山色無非清淨身。又三德秘藏
即常寂光，故根塵若起、若對，盡稱法界。

　　湛公的原文說：「故知，三千同在心地，與佛心地三千不
殊，四微體同，權實益等。此以權實不二門成。」所謂「心地」

是明眾生所具之三千與佛所具是同。四微體同乃約喻，在《法華經》開顯之三草二木，乃顯明能生於同地，即權實利益平等。

　　知禮大師對第十門的結語，解釋說：

> 「四微約喻⑩，即一地所生，權實約法，即一雨所潤。凡
> 地三千無隔，隨一念以俱圓，佛地三千旣融，隨一應而盡
> 具，況生感心中佛，佛應心中之生，感應二體尚同，權實
> 之益何別？故云但化菩薩，不爲二乘，『其有聞法者，無
> 一不成佛』⑪！方名受潤不二。」

知禮大師，舉出法華開顯，以資三草二木之喻，雖根莖枝葉大小不等，但仍然是同一地之所生，即顯明權實平等，雨露所潤即顯利益平等。又眾生之三千，雖因地迷而不顯，但在一念中圓具，即諸佛三千乃果滿，故隨一應而遍收！然眾生與聖人，其名雖分，但其性體則同，故權實不二而受潤平等，皆是同圓種智的一佛乘！知禮大師，且引出《法華經》方便品之說，「其有聞者，無一不成佛」⑫，以資證明，眾生與佛之權實平等、受潤平等爲旨歸。

四、結　語

　　上舉十不二門，雖是一短册，但門門結歸於一念三千，則不必尋於大部的《摩訶止觀》，唯依此十門所說而實踐，即是修觀，故可易得易行而登寶所爲捷徑！

　　然在教觀雙美的天台教學中，所謂《法華玄義》乃以「論正而觀傍」爲焦點；《摩訶止觀》則是以「觀正而論傍」爲焦點而問世，故湛然大師在《釋籤》裡，特立有關修證實踐門的易行道──「十不二門」之一段，旨在以易通難爲捷徑，即《玄義》雖屬理論門中的論典，還不失實踐門的殊勝爲旨趣。

　　上述，如是偉大的思想，得知禮大師忠實的繼承，且極致地發揮智者大師的本懷，可由《指要鈔》精簡的字字句句中流露出來！知禮大師之衛教護法的無畏精神，可欽可佩！故得台宗的後裔，都尊之爲台宗的第十七代祖師，誠是當之無愧！

註：

❶ 參照大正三三～七六四ＢＣ。

❷ 無邊塵點刼：乃依《法華經》卷五「如來壽量品」所舉，釋迦佛陀成佛以來之久遠刼壽量。即粉碎五百五千萬億無數之世界爲微塵，每經東方五百千萬億無數之國土而下一塵，如是東行至微塵淨盡。以喻釋尊成佛以來，復過於此百千萬億倍，即顯示釋迦佛陀成佛以來的長遠壽量！參照大正九～四二Ｂ。

❸ 日蓮宗：日本佛教十三宗之一，乃傳承中國天台宗。又作法華宗、佛立宗、日蓮法華宗。以日蓮（一二二二～一二八二）爲宗祖。因爲日蓮大師所證悟之《法華經》，是一代聖教之精髓，故依《法華》的經題妙唱，即以《妙法蓮華經》五字之功德爲修行的宗旨。

❹ 藏、通、別三教：藏教是修析空觀，斷見思惑，得一切智爲藏教。通教是修理六度，斷三界惑盡，證眞諦涅槃，即通於三乘共修的法門。別教是別於三界內所修的藏通二教，乃屬界外之菩薩獨修的法門（詳見《天台教學史》，頁一〇七）。

❺ 三諦：即眞諦（空諦）、俗諦（假諦、有諦）、中諦。三諦之思想是由《瓔珞本業經》賢聖學品，《仁王般若經》二諦品而來的：
　　(1) 眞諦：諸法本空，但眾生不了解，執之爲實而生妄見，若能以

空觀對治，則執情自忘，情忘即能離於諸相；能了悟眞空之理。
(2) 俗諦：諸法雖本空，然因緣聚合時，則歷歷宛然，即以空中立
一切法，稱假諦。(3) 中諦：諸法本來不離二邊、不即二邊、非眞
非俗、即眞即俗、圓融無礙，稱中諦。

❻ 參照大正三九～三Ａ以下。

❼ 參照大正三三～七四三Ｃ以下。

❽ 初心菩薩：又稱初發意、新發意，乃指初發無上道之行者，雖有心
求上菩提道而尚未有深行。所謂新發意菩薩，相當於五（四）十二
位中之十信位，在菩薩行列中，可以說是修學六度萬行尚淺，故稱
初心菩薩。

❾ 後心菩薩：即發心旣久的達成者。即圓教十回向中之第十，從此起
能斷一品無明，證一份中道的大菩薩行位。

❿ 大正九～十一Ｂ。

⓫ 大正九～四二Ｃ。

⓬ 大正九～四二Ｃ。

⓭ 大正三四～一二九Ａ。

⓮ 大正九～四二Ｃ。

⓯ 大正九～四二ＢＣ。

⓰ 大正九～四一Ｂ。

⓱ 卍續精一〇〇～三〇〇。

⓲ 三草二木：即依《法華經》「藥草喩品」（大正九～二〇Ａ）說：
「或處人天、轉輪王、釋梵諸王，是小藥草；知無漏法，能得涅
槃，起六神通，及得三明，獨處山林，常行禪定，得緣覺證，是中
藥草；求世尊處，我當作佛，行精進定，是上藥草。又諸佛子，專
心佛道，常行慈悲，自知作佛，決定無疑，是名小樹；安住神通，
轉不退輪，度無量億百千眾生，如是菩薩，名爲大樹。」佛之說
法，雖平等一味，但眾生根性不同，故其所受亦不同，如草木雖同
受潤同一雨露，但其所吸收即各異而差別。

⓳ 《十不二門》：乃台宗六祖湛然（七一一～七八二）大師，註釋
《妙法蓮華經玄義》之《釋籤》中的一段文，其文精簡而義深，但
爲欲研究天台教觀，乃屬非研究不可之一部。湛然大師，俗姓戚
氏，唐景雲二年（西元七一一）誕生於晉陵（毘陵）荊溪（江蘇省

常州府宜興縣）。開元十八年（西元七三〇）大師年二十，投禮左溪玄朗大師門下，學習天台教觀。天寶十三年（西元七五四年，大師四十四歲）適玄朗大師圓寂，大師遂繼承教席為弘揚天台教觀而努力！ 唐德宗建中三年（西元七八二）二月五日安祥示寂於佛隴（天台山修禪寺），壽七十二，戒臘三十四。

⑳ 《十不二門示珠指》《註十不二門》（卍續精一〇〇～一〇八至一四一）：參閱本書第一章，山外派之觀心思想段。

㉑ 《指要鈔詳解》（卍續精一〇〇～三〇一）：是南宋時代之武林（浙江杭州）可度（生寂？）大師，即知禮大師之第七代孫，謹依知禮大師著《十不二門指要鈔》，忠實而引經據典的詳細註解。至今凡是研究天台學，或研究《指要鈔》的學者，可依之以資參考。

㉒ 大正四六～七〇五Ａ。

㉓ 卍續精一〇〇～一〇八Ｂ新文豐版。

㉔ 大正四六～七〇六Ｂ。

㉕ 卍續精一〇〇～一四七Ａ。

㉖ 參照卍續精一〇〇～三二九Ａ取意。

㉗ 大正四六～七〇六Ｃ。

㉘ 參照大正四六～二九一Ｂ，但《止觀》之原文是：「若欲觀察，須伐其根，如灸病得穴，今當去丈就尺；去尺就寸，置色等四陰，但觀識陰，識陰者心也。」（參照大正四六～五二Ａ）。

㉙ 參照大正四六～二九一Ｂ：則一念心，十界三科如丈，一界五陰如尺，唯在識心如寸，若達心具一切法已，方能度入一切色心，如一一尺無非是寸，及一一丈無非是尺，是故丈尺全體是寸。

㉚ 大正四六～二九一Ｂ。

㉛ 見行：見惑與見行可通用，乃屬理智上之煩惱。

㉜ 大正四六～七〇六Ｃ。

㉝ 大正四六～九Ａ。

㉞ 大正四六～一七五Ｃ。

㉟ 大正四六～五六Ｂ。

㊱ 大正四六～七〇六Ｃ。

㊲ 卍續精一〇〇～三三六Ｂ。

㊳ 三道：乃指惑道、業道、苦道；此三為生死流轉的因果。惑道，又

云煩惱道，乃迷惑惱亂諸法事理之妄心。業道乃由妄心所發的身口意三業所作。苦道是以惑業爲因，招感三界六道之果。

❸❾ 三德：即智德、斷德、恩德。智德是指所具之德，即從佛而觀一切智慧之德。斷德是指滅盡一切煩惱惑業之德。恩德是由救度眾生之願力，而予於眾生恩惠之德。又三德配於法、報、應三身，同時智斷二德具有自利、自行、自覺的內涵；恩德具有利他、化他、覺他的特色。餘還有多種解釋，省略。

❹⓿ 參照大正三三～七七九Ａ。

❹❶ 參照大正四六～四五九Ｂ。

❹❷ 大正三三～七九〇ＡＢ。

❹❸ 四住：乃四住地之略稱，爲三界一切見思煩惱之根本依處。一、見一切住地，指三界之一切見惑。二、欲愛住地，指欲界之一切思惑；思惑之中，尤以貪愛爲重。三、色愛住地，指色界之一切思惑。四、有愛住，指無色界之一切思惑。

❹❹ 五住：即四住加「無明住」爲五住地惑。無明爲痴闇之心，是一切煩惱之根本。五住惑中，唯識家主張前四住惑爲「煩惱障」之種子，後一種爲「所知障」之種子。天台宗則以見一處住地爲見惑，第二、三、四爲三界之思惑，稱爲界內見思惑，二乘人斷之能出三界生死。第五的無明惑爲界外惑，如能斷盡，即二種生死永離，得證涅槃成佛。

❹❺ 大正四六～四五一Ｂ。

❹❻ 同上，七〇七Ａ。

❹❼ 參照大正四六～五六Ｂ。

❹❽ 大正三二～五七六Ｂ。

❹❾ 大正四六～七〇七Ａ。

❺⓿ 修惡、性惡：惡爲眾生，由日常中的三業作成之惡，稱爲修惡。然修成佛道時，通達於惡，但對惡自在而不染惡，故佛永不復有修惡之存在。性惡：即十界中皆具，佛斷盡修惡；唯存性惡，一闡提斷盡修善而唯存性善，故佛性中，性善、性惡永遠存在。佛具存性惡，乃爲方便於惡趣中的教化自在。闡提的性善，乃遇勝緣時，則得發善。

❺❶ 修善、性善：善之性本具足，稱性善。善雖性具，但被業惑的遮蔽

而不顯現，故必須藉修行的勝德而得為修善。即依修善之功而得安身立命。

㊿ 大正三四～二九二**B**。

㊼ 《祖堂集》二十卷。係是《五燈》以前之重要史料。西元九二五年由泉州招慶寺，靜、筠二師編著，北宋以來散失？一二四五年，由韓國再雕入大藏經之補版。一九一二年在海印寺發現，始得公諸於世。

㊾ 大正四六～五六**B**。

㊿ 大正四六～四五二**A**。

㊼ 大正二五～二五九**B**。

㊽ 卍續精一〇〇～三五六**A**（新文豐版）。

㊾ 大正三四～八八八**C**。

㊿ 三等：即讀「如是相乃至如是報」，係對初後俱相為等（假）。如以「是相如乃至是報如」，即初後皆空為等（空）。讀為「相如是乃至報如是」，即初後俱是中道實相為等（中）。能如的三轉讀為得三等。

⑥ 中陰：又名中有、中蘊、中陰有。指人自死亡至再次受生期間之識身，為四有之一，乃眾生於生死流轉的過程中，分為四階段稱四有。所謂「中有」，依《俱舍論》卷第十說：即前世死之瞬間（死有），至次世受生之刹那（生有）的中間時期，為「中有身」，即「識身」之存在，乃由意識所生之化生身，非由精血等外緣所成。又稱「意生身」。

⑥ 諸諦：乃指四諦、二諦等。

⑥ 三學：乃戒、定、慧，係是學佛必修之過程，即由戒淨莊嚴，始得內心的清淨而獲定，再由定而始能發慧，由慧始能證道。故又稱三勝學。⑴增戒學，由戒可修善，即可防止身（動作）、口（語言）、意（思想）所作的惡業不生。⑵增心學（定學），又稱增上意學。定可攝持內心之不亂，摒除一切妄念，得見性悟道。⑶增慧學（慧學），慧能顯明本性，斷除煩惱而見實相（佛性）。此三者為佛教實踐門的綱要。

⑥ 一實：又稱一實眞如、一實諦。實乃指無顚倒、無虛妄。一是指眞實無二之理。即佛陀教化眾生，以一實理體的妙法，以運載眾生至寶所，故又稱一乘教法。

㉔ 無諦：又稱空諦、眞諦。一切法從因緣生，而自體不實爲無。諦乃
　　審實不虛之詮理。

㉕ 參照卍續精一○○～一一一Ｂ。

㉖ 參照大正三三～六九三Ｂ。

㉗ 大正九～四六五Ｃ。

㉘ 緣理斷九：在十界中，唯認最上的佛界，而不認其他九界的錯誤觀
　　念。

㉙ 大正四六～四六○Ｂ。

㉚ 大正四六～七八二Ｃ。

㉛ 參照卍續精一○○～一一一Ｂ。

㉜ 空、假、中：(1)空：認識法界中之諸法，其理體的本來是空寂。(2)
　　假：了別宇宙之森羅萬象的諸法，乃皆係因緣的假合而成。(3)中：
　　能在日常的生活中，不偏執於空，不偏執於假有，能體會樹立於絕
　　對之理體爲中道第一義。

㉝ 大正四六～四五二Ｂ。

㉞ 四性：具稱「四性推檢」，或「四性觀」，或「四運推檢觀」。即
　　四種心性的識，以分別之運轉與進展，具有四種過程，在《摩訶止
　　觀》卷第二上（大正四六～一五Ｂ）：「夫心識無形不可見，約四
　　相分別：謂未念、欲念、念、念已。『未念』名心未起；『欲念』
　　名心欲起；『念』名正緣境住；『念已』名緣境渵。」四性運中，
　　「未念」雖未起，但仍然爲欲念，「念已」念雖已滅，但非永滅，
　　故以二者皆成爲修觀之對象！因爲過去已去，未來未至，現在不
　　住，皆是不定實，故必依實踐觀法，推量考察心念之生起、泯亡乃
　　至達於「無生」境界的觀法，稱爲四性觀。

㉟ 大正四六～七八二Ｃ。

㊱ 大正四六～七八三Ｂ。

㊲ 大正三四～一七一Ｂ。

㊳ 《永嘉集》一卷，是唐代玄覺（六六五～七一三）大師作，由慶州
　　刺史魏靖，輯而行世，現收藏於大正藏第四十八冊中。玄覺大師早
　　年曾學天台，其後參訪南宗禪慧能大師，得開悟妙證。本書的內
　　容：是以天台止觀的遮照之旨，以解釋禪學的實修爲旨趣。共分十
　　篇：誠是台禪融合之作，故頗受學界的重視。其註有宋代僧行靖

《永嘉集註》二卷，明代之傳燈大師有《永嘉禪宗集註》二卷，韓
國僧己和《永嘉集說誼》二卷等問世。

㊆ 五念：又作五觀、五停心、五度觀門、五度門、五門禪。所謂五
念，乃爲息止粗重的惑障，爲之實踐所修的五種觀法。且具多種含
義。茲依《十不二門指要鈔詳解》（宋可度大師著）卷二（卍續精
第一〇〇─三六九頁上）說：所謂五念：(1) 故起 (2) 串習 (3) 接
續 (4) 別生 (5) 即靜。故起念者，謂針對觀念上的起心，思惟世
間五慾及雜善等事。串習念者，謂雖無心，但被故憶而忽爾思惟善
惡等事。接續念者，謂被串習而忽然起念，雖知心馳散，卻無法制
心，更復續前之思惟不住。別生念者，謂覺知前念是散亂，即生慚
愧改悔之心。即靜念者，謂初坐禪時，更不思惟世間善惡及無記等
事，由此所得功德，故云即靜。前四念屬病，後一的靜爲藥，雖藥
病有殊，但總是由心而起，故俱名爲念。

㊇ 三觀：是三種觀法。乃屬天台宗之重要觀門，爲教義與實踐之骨
架。係依據《菩薩瓔珞本業經》卷上（參照大正二四～一〇一四
Ｂ）：「賢聖學觀品」的思想而來，即：(1) 空觀，乃觀一念心之
不在內、不在外、不在中間爲空，由觀空能除見思惑相。換言之，
乃從世俗常識而不迷於物質，即能認識萬象之眞理，歸納於空爲空
觀。(2) 假觀，乃從認識萬物之現象，具足一切象的整備。換言
之，即不停滯於空，而能運用佛智之遍照，進入世俗境界而不迷於
現象爲假觀。(3) 中觀，中即中正，乃能泯絕空有二邊的對待，即
不執空觀、假觀，得空假圓融之大悲菩薩行爲中道觀。所謂一心三
觀的實踐法，乃依《摩訶止觀》卷五上說：在五陰、十二入、十
八界等，從五陰之中取識陰，又在識陰之中取第六識（含第七末
那），更在第六識中取「心王」爲作觀之對象。即知禮大師強調一
念之中，不被妄心之生起爲修觀之焦點。

㊈ 十種妙法，乃境妙、智妙、行妙、位妙、三法妙、感應妙、神通
妙、說法妙、眷屬妙、利益妙。上舉乃迹門十妙。還有本門十妙，
即：本因妙、本果妙、本國土妙、本感應妙、本神通妙、本說法
妙、本眷屬妙、本涅槃妙、本壽命妙、本利益妙。

㉜ 第一記，乃《法華文句記》卷第一大正三四～一六〇Ｂ）。

㉝ 《金錍》云（大正四六～七八四Ｃ）。

❽ 《法華文句記》七下（大正三四～二九二）。

❽ 八相：乃顯示諸法的生滅變遷之生、住、異、滅爲四本相，及生生、住住、異異、滅滅等爲四隨相，合之成爲八相。(1)生相，即由根本無明薰染本覺時，所生起之獨力業相、獨力隨相、俱合動相等三種細相，稱爲生相。(2)住相，生相所具三相之住位，稱爲住相，即有爲法安住於現在位。有轉相、現相、智相、相續等四種。(3)異相，次於住相而起，即有爲法於現在位變異、衰損。其行相稍鈍而生起我執，散動身、口之業，有執取相、計名字相。(4)滅相，次於異相而起，行相最粗，能造諸業而受苦果，有起業相、業繫苦相。又四隨相是依四本相而有。即四本相之作用，乃各涉於除本身外之八法，而四隨相之作用，唯僅及各個之本相一法而已。(1)生生相乃以根對塵，一念心生爲生生相。(2)住住相乃一念之心，暫爾相續。(3)異異相，即一念之心，初後不同，乃能令異相起變異作用，稱爲異異相。(4)滅滅相乃塵境旣忘，心念亦滅爲滅相。

❽ 止觀和尙：乃興道大師的別稱。法號道邃，陝西省西安府人。俗姓王，少年得志，官拜監察御史，二十四歲而捨榮位出家，專志學律。唐大曆年中（西元七六六年以後）曾夢見湛然大師宣揚天台圓頓妙旨，遂南行至揚州法雲寺，再夢湛公講《法華經》等，從後親近湛公五年。有一日湛公大師對之嘉許曰：「子能嗣吾道」！遂授之所撰《止觀輔行記》。西元八〇七年三月，日僧最澄師，慕道邃大師之名而求授「天台止觀學」。最澄回鄉，遂開創日本天台宗，尊崇邃公爲日本天台宗的開宗祖。道邃大師，寂於國清寺，年壽不詳？

❽ 卍續精一〇〇～一二九Ａ（新文豐版）。

❽ 《止觀輔行》：卷第五之三（大正四六～二九三Ａ）。

❽ 卍續精一〇〇～一二〇Ａ。

❽ 卍續精一〇〇～一五〇Ａ。

❽ 卍續精一〇〇～一三〇Ａ。

❽ 大正三四～八八四Ｂ。

❽ 卍續精一〇〇～一五〇Ｂ（新文豐版）。

❽ 常寂光土：乃諸佛如來之法身所居的淨土。即諸佛所住之世界爲眞

如本性，無生滅變化（常）與煩惱之擾亂（寂），而唯有智慧之光（光明）；故稱常寂光淨土。

(95) 七方便：乃聲聞入見道以前的七位。又稱七賢、七加行位。分別爲：五停心觀、別相念住、總相念住、煖法、頂法、忍法、世第一法。天台宗即以諸教立有二種，(1) 依「藥草喻品」的三草二木之意，謂人乘、天乘、聲聞乘、緣覺乘，及藏教、通教、別教之菩薩乘。(2) 依斷見、思二惑而立，謂藏教之聲聞、緣覺，通教之聲聞、緣覺、菩薩，及別教、圓教之菩薩。

(96) 因陀羅網：又作天帝網。乃忉利天主──帝釋天的莊嚴宮殿之網。其數無量，一一寶珠皆映現自他一切寶珠之影，又一一影中亦皆映現自他一切寶珠之影，如是寶珠無限交互反映，重重影現，互顯互隱而重重無盡。華嚴以因陀羅網，喻諸法之一與多的相即相入，重重無盡，顯示事事無礙圓融之法門。

(97) 觀行位：此位乃既知名字而起觀行，即心觀明了，理慧相應之位。詳：參閱天台四教六即圖。

(98) 卍續精一〇〇～一三〇A。

(99) 大正四六～六一A。

(100) 大正四六～三一一C。

(101) 卍續精一〇〇～三九一B。

(102) 參閱卍續精一〇〇～一二〇B。

(103) 相似位：乃天台宗所立六即中之第四位。相似智解顯發，即斷見思惑顯眞理，證位不退。又云「六根清淨位」（阿羅漢位）。

(104) 分眞：又云分證。即天台所立「圓教」菩薩修行階位之一。爲六即中之第五位。即菩薩之次第修行，斷除一部分的煩惱，而證悟部分之中道。

(105) 十乘觀法：乃修正觀爲對象的十種觀法。此十法，可由因至果，故謂十法成乘觀。因能安住眾生心，故以坐處喻之，還有「十乘床」之稱。又以觀法能除去迷妄，猶如風能拂去灰塵，故又喻「十乘風」。可參照天台智者大師著《摩訶止觀》卷五（大正九～四八）以下，具有詳細之說明。所謂「十乘」，乃觀不思議境等十法，即能運乘行者至於菩提果位。十法中之觀不思議境，爲觀法之本體正觀，上根者依之即足；中根者必進而從第二至第七觀法；下根者乃

要更修第八以下，即須修十種齊備，始能完成觀法。十種觀法即：
（1）觀不思議境：即觀凡夫於日常生活中的一念，就具人生所有的一切，乃三諦互融的一體化爲焦點。（2）起慈悲心：修行者依初觀未成功時，即遂改發眞正菩提心。（3）善巧安心止觀：能善巧運用止觀，俾使心能安住於眞實本性。（4）破法遍：即破除遍於一切諸法的所有執著心。（5）識通塞：於能破之觀，善能了知通塞，且能識別情智之得失。（6）道品調適：即能檢討三十七道品，而選其中的適合自己，能力之所適合爲最妙。（7）對治助開：以修具體的善法，而去除障礙。（8）知次位：凡夫當知自己尚屬凡位，絕不得生起已登聖位之慢心，且善能分別修證之階位（9）能安忍：對內外之障礙，心不動搖而能安忍於修道。（10）無法愛：即棄除非眞菩提之執著，而能進入眞道之菩提位。上舉十法中，前七是正道的理觀，第八以下是助道的事行。（詳見拙著《天台教學史》，頁一三九～一四七）。

⑩ 卍續精一〇〇～一三〇B。

⑩ 大正四六～四五一B。

⑩ 大正四六～四五二A。

⑩ 大正四六～四五八A。

⑩ 卍續精一〇〇～一三〇B。

⑪ 八自在我：乃隨心所欲而得自在無礙。據《法界次第法門》卷下（大正四六～六九三B）：「菩薩善住和敬之法，則與一切，猶如水乳，眾生心旣親愛，故易可度。若欲得眾生希有之信，必須現大神通。」因爲八種之變化神通，獲得功深的自在妙用，絕不是二乘以下所能得。所謂即：（1）能小：乃指以變化力，能使自己及他人，並世界等爲極小微塵。（2）能大：以變化力，能將自己及他人，或化世界等，滿於極大虛空。（3）能輕：乃依變化力，使自己及他人，並世界等，極輕似鴻毛。（4）能自在：以變化力，能大小、長短的轉化自在。（5）能有主：以變化力，自化爲大人、小人而心無高下，降伏一切，攝受一切。（6）能遠至：以變化力，能至遠處；凡有四種：（a）飛行遠至。（b）此沒彼出。（c）移遠而近，不往而到。（d）於一念遍至十方。（7）能動：以變化力，使大地爲六種震動；或十八種震動。（8）隨意：以變化力，能將一身作多身，

多身作一身，穿山壁、履水火、蹈虛空、手捫日月、轉四大，如使地作水，使石作金等。

⑫ 參照《佛性與般若》，八一九頁，學生書局版。

⑬ 界如一念：界如即百界千如。一念即當前內陰識境的剎那心。

⑭ 十種三法：所謂三法，即指教法、行法、證法。十種三法即指三道（惑、業、苦）、三識（菴摩羅識、阿梨耶識、阿陀那識）、三佛性（正因、了因、緣因）、三般若（實相、觀照、文字）、三菩提（實相、實智、方便）、三大乘（理、隨、得）、三身（法、報、應）、三涅槃（性淨、圓淨、方便淨）、三寶（佛、法、僧）、三德（法身、般若、解脫）等。

⑮ 大正三三～七四四A。

⑯ 《摩訶止觀》：大正四六～五四A、一〇三A以下。

⑰ 《法華文句記》第七下：大正三四～二九二A。

⑱ 解脫、遠離、寂滅等三相。解脫相，即於業道是解脫德。離相，即於煩惱是般若德。滅相，於苦道是法身德。

⑲ 一味教。指佛陀教學之平等，即所有一切事理平等無差別的教法。

⑳ 源清大師著《示珠指》卷下，卍續精一〇〇～一三一A（新文豐版）。

㉑ 《禪源諸詮集都序》卷上之二，大正四八～四〇三A。

㉒ 《法華玄義》卷第三上下，大正三三～七〇七A、七一七B。

㉓ 《摩訶止觀》第六章，大正四六～四八C。

㉔ 《十不二門》的結論文，大正四六～七〇四C。

㉕ 源清著《示珠指》卷下，卍續精一〇〇～一三一A。

㉖ 無間：又名五無間獄。法界中的眾生，隨所造業，即墮五無間地獄，所受苦報無有間斷。依《地藏經》說：以五事業感，故稱無間。即(1)時無間：指歷劫受罪，時刻無間斷。(2)形無間：指地獄縱廣八萬由旬，而一切惡業報眾生於中受苦，其身形亦自感八萬由旬，而遍滿地獄。一人亦滿，多人亦滿。(3)受苦無間：一切有罪眾生，於劍樹刀山、罪器叉棒等，備受諸苦，無間斷。(4)趣果無間：不問性別老幼，及天龍鬼神，乃由罪業所感，盡皆同受，絕不幸免。(5)命無間：若隨此獄，從初入時，至百千萬劫；一日一夜，萬死萬生，求一念間之暫停都不得。以上五種苦，除業盡方得

離苦。

⑫　別教：即指十信、十住、十行、十迴向之四十位。

⑬　《示珠指》卷下，卍續精一〇〇～一三一Ｂ。

⑭　大正三九～二Ｂ。

⑬　與⑫同。

⑬　大正三九～四Ａ。

⑬　與⑬同。

⑬　大正三九～三Ｃ。

⑬　大正三三～七四五Ａ。

⑬　三障：乃指妨礙聖道的三種障礙，即：煩惱障、業障、異熟障（報障）。

⑬　等覺金剛位：等覺乃菩薩四十二位中的第四十一位，乃一生補處位，即再斷一品根本無明，就得成佛。金剛是：如金剛之堅固的心，能摧破煩惱得能趣入佛智。

⑬　六即：理即、名字即、觀行、相似、分眞、究竟即等。

⑬　他云：參照《示珠指》卷下（卍續精一〇〇～一三三Ｂ）（新文豐版）。

⑬　大乘十喻中的虛空，見《法界次第初門》（大正四六～六九一Ａ）。

⑭　卍續精一〇〇～一三四Ａ。

⑭　十不二文之染淨不二門的初文。

⑭　卍續精一〇〇～一三四Ａ。

⑭　八倒：俱稱八顚倒。即指凡夫、二乘所迷執之八種顚倒。凡夫執有爲生滅之法，爲常、樂、我、淨。二乘人執無爲涅槃之法，認一切爲非常、非樂、非我、非淨。八者：（1）常倒，對於世間無常之法而起常見。（2）樂倒，世間五欲之樂，皆是據苦之因，凡夫不明此理，而妄計爲樂。（3）我倒，此身皆因四大假合而成，本無有我，凡夫不明此理，強生主宰，妄計爲我。（4）淨倒，凡是眾生，具有五種不淨，凡夫不明而妄生貪著，執以爲淨。（5）無常倒，對如來常住法身，妄計有生滅變異之相。（6）無樂倒，對涅槃清淨之樂，妄計不爲樂。（7）無我倒，對於佛性眞我之中，妄計無我。（8）無淨倒，如來常住之身，非雜食身、非煩惱身、非血肉身、非筋骨纏縛身，但二乘人不明此理，而堅執爲不淨。

⑭ 演若達多，意譯爲「祠授」，因祭祠天而乞得之意。住於中印度室羅城（舍衞國）。

⑭ 《楞嚴文句》，卍續精二〇～二八五 B 版下（中國佛教會版）。

⑭ 大正四六～一四九 C。

⑭ 他宗，指華嚴宗。「一理隨緣……」法藏著《大乘起信論義記》卷中，大正四四～二五一 B。

⑭ 同上。

⑭ 大正四四～二四〇 C。

⑮ 《法華文句記》第一下。大正三四～一七一 A。

⑮ 《金錍論》大正四六～七八五 B。

⑮ 《法華文句記》第七下。大正三四～二九二 A。

⑮ 大正三四～一七一 A。

⑮ 大正四六～七八五 B。

⑮ 大正三四～二九二 A。

⑮ 性起：從性而生起，亦即從佛果之境界，說事物之現起。乃一切隨順其眞實本性而顯現，並應眾生之根機、能力生起之作用爲性起。

⑮ 性具：乃指吾人本有之眞如法性。天台宗主張：法界中之一一事法，圓具十界三千，迷悟、因果之法。

⑮ 世人：是指山外諸人，即永嘉繼齊（《隨緣指濫》），嘉禾子玄（《隨緣朴》），天台元穎（《隨緣徵決》）等而破知禮之《別理隨緣》說。

⑮ 《法華文句記》第一下，大正三四～一七一 B。

⑯ 阿若：即「阿若憍陳如」，陳如是姓，阿若是名，譯爲「無知」。是五比丘之一。

⑯ 無住：指無固定之實體；或指心不執著於一定的對象，且不失其自由無礙之作用。又以無住實爲現象之共性，但於理論之運用上，亦常作一切現象之本源，成爲眞如、法性的另一名稱。

⑯ 大正三四～一七一 A B。

⑯ 大正四六～一七三 C。

⑯ 大正四六～八 B。

⑯ 《楞伽經》大正一六～六一九 C。

⑯ 大正四四～二五一 B C。

⑯⑦　大正四六～一七三C。

⑯⑧　黎耶，第八阿黎耶識。

⑯⑨　《維摩經略疏》。大正三八～六七七A。

⑰⓪　《維摩經疏記》。卍續精二八～三六二起。本書原有六卷，今只存上中下三卷。

⑰①　《維摩經略疏垂裕記》。大正三八～八三〇B。

⑰②　同上。

⑰③　同上。

⑰④　妙樂：是荊溪湛然大師之別稱。因為湛然大師，曾住常州妙樂寺（江蘇省常州府），講《法華玄義》及《文句》，故時人都稱為妙樂大師。《文句記》可能就是當時的草稿？故後來的天台學者，如宋代的天台學者羣，都以《文句記》稱為「妙樂」而流傳。

⑰⑤　大正三八～六六七B。

⑰⑥　《示珠指》卷下。卍續精一〇〇～一三四B。

⑰⑦　在纏，乃凡夫執着九界妄法之凡心。在六即中，屬理即、名字即。

⑰⑧　有人，是指山外派之宗昱（翌）師《註不二門》，第五、六、七，從感應神通立名。第五染淨者染為感，淨為應，神通是淨用。（卍續精一〇〇～一四六B面，新文豐版）

⑰⑨　他，是指《示珠指》卷下，參照卍續精一〇〇～一三四B。

⑱⓪　《示珠指》卷下（卍續精一〇〇～一三五A）：濁水之波，清水之波，二波雖殊，而濕性無殊，喻迷悟緣起雖二，唯心不二。

⑱①　大正三四～二四七B，《法華文句記》第五。

⑱②　六穢、四淨：六穢是六道，四淨是四聖。

⑱③　觀行位：乃六即中之第二即（五品弟子位）。謂既知名字而起觀行，心觀明了，得理、行相應之位。此位分隨喜、讀誦、說法、兼行六度、正行六度等五品之深淺次第，又稱五品弟子位。即圓教外凡位，與別教十信位同。

⑱④　相似位，乃六即中之第三即。謂止觀之愈明靜而得六根清淨，斷除見思惑，制伏無明，相似於真證者。即圓教內凡十信之位，又稱六根清淨位，與別教之三賢位相同。

⑱⑤　分真位，又稱分證位。乃六即中之第四即位。即分斷無明而證中道之位。由十住至等覺位，漸次破除一品之無明而得一分之法身。

⑱ 性善、性惡，又云性染性淨。即謂善、惡性，皆爲眾生之本有性德。眾生之本性，在先天就具有之善，稱爲性善；在先天就具有之惡，稱爲性惡。反之，在後天的作爲所生之善爲修善，作惡爲修惡。即十界中，皆具三千迷悟之法。在《觀音玄義》說：佛陀斷盡修惡，唯存性惡，一闡提（無善根者）斷盡修善而唯存性善。所謂性善、性惡，永常存在。故佛陀不斷性惡，乃爲教化地獄眾生，而得自在作用的方便。一闡提不斷性善，故遇善緣成熟，亦得發善根證菩提。

⑱ 他見「法爾空中」，乃《示珠指》文，卍續精一○○～一三○Ａ。

⑱ 第五記：大正三四～二三八Ｂ。

⑱ 下三國土：乃四土中之凡聖同居、方便有餘、實報莊嚴的三土。

⑲ 寂光：是指諸佛如來，法身所居之淨土。佛所住之世界爲眞如本性，無生滅變化（常），無煩惱之擾亂（寂），具有智慧之光（光），稱爲常寂光土。所謂寂光圓佛，乃佛之自內證，以法身、解脫、般若爲其體，具足圓滿「常、樂、我、淨」等四德。

⑲ 二：乃指依正二報。

⑲ 遮那：具稱「毘盧遮那」。譯爲「遍一切處、遍照、淨滿、廣博嚴淨」。即以佛智光明，遍照眾生與無礙法界。其智乃歷經無量刧海之修習功德所得來的妙覺，稱爲遮那。

⑲ 理等三位：乃理即、名字即、觀行即。五品人是五品弟子位，乃觀行即位。

⑲ 上文：乃色心不二門的本文。大正四六～七○三Ａ。

⑲ 二妙：乃感應妙、神通妙。

⑲ 無記化化：乃在禪觀上所依證之妙用。即指能於自然無礙之中，作無盡變化之禪定。在《法華玄義》卷四上（大正三三～七二一Ｂ），列爲九種大禪中之第六種爲「一切行禪」，是含攝大乘一切行法之禪定。該禪定又細分爲十三種，其第二種，即「無記化化禪」。該禪定修成時，一切遂心而得任運自如，獲無盡的神通變化，得自在無礙的妙受用。原典：《菩薩地持經》卷六（大正三○～九二二Ａ）。

⑲ 三無差別：乃指心、佛、眾生的性平等無差別。又稱「三三平等觀」。（1）心無差別，乃一念妄心之體，凡聖不二，具足十法界之

如是法，與佛、眾生無差別。(2)佛無差別，乃十方諸佛了悟十法界而成道，即是悟本心之具，悟眾生之迷，雖迷悟有異，但其體無差別。(3)眾生無差別，九界眾生，各具十法界法，與諸佛悟證之本心所具，其體無有差別。

⑱ 卍續精一〇〇～一三七A（新文豐版）。

⑲ 如上，一三六B。

⑳ 三權法：藏、通、別之三教。

㉑ 經云：乃《法華經》提婆達多品，大正九～三五B。

㉒ 故施開會：乃指爲實施權、開權顯實、廢權立實、會三歸一、三身、四土等略稱。

㉓ 遮那是釋迦之異名（大正九～三九二C）。

㉔ 同㉑。

㉕ 他云：乃源清《示珠指》卷下（卍續精一〇〇～一三七B）。

㉖ 無記化化禪，是依果上所證的妙用。（參照「大正」三三～七二一B）。

㉗ 三草二木：乃上草、中草、小草。二木是大樹、小樹，皆同受一雨的受潤。大正九～一九BC。

㉘ 七方便：乃人、天、聲聞、緣覺，及三教之菩薩。

㉙ 色香等：乃依報色香等無非中道，同是常寂光。正報根塵，或起或對，無非法界。

㉚ 四微：又云四塵，乃指色、香、味、觸，對地、水、火、風之四大。而以四大爲能造，四微爲所造。即由四微相聚而成色法。

㉛ 《法華經》「方便品」（大正九～九B）。

㉜ 同㉑。

第三章　知禮傳持實踐觀門之特色

一、序　　論

　　佛教之特質在於悟證實相，以獲得安身立命爲旨歸，故在佛教的諸法門中，實踐門所佔的重要性可知！佛陀在五十年的領導僧團當中，無不是以戒律嚴身的實踐爲主體，以鞏固僧團的莊嚴，即主張日常中的精神統一生活，必依嚴格身心的薰習止觀，且時時不離實踐體驗，以作爲斷煩惱的指標，但因衆生的根機差別不同，故佛陀不得不以理論解釋，作爲輔育實踐的資糧，而宣說不少的聖言，爲後來衆生的裨益，將之結集，成爲經、律、論三藏而流傳！但佛教於初傳入中國的時代，卻是以理論門和實踐門的經典同時傳入，致使廣大領土的中國，自然而然的因爲地域風土和習慣差異，遂發生各偏所好的修持法之特殊現象，致使無法領會整然之佛陀的根本精神！如北方佛教徒，傾向於坐禪誦經；而南方則偏重於講經及論理研究！降至隋代天台智者（五三八～五九七）大師出世，鑑及如是的偏向，對修行者不利，故力倡定慧雙修爲學佛的樞要，即以重視「理論」和「實踐」並行，強調教觀雙運的圓融，以顯揚佛陀的本懷爲旨趣。

　　天台教學，重視教觀雙美，歷經唐朝而傳至宋代，更得知禮

大師極致的弘揚，成爲登峯造極之盛況！對於理論方面的研究，
如上章所述，從教典完備而得互爲研尋，成爲中國佛教哲學之一
宗而盛傳。然對於實踐門，即分爲理懺實踐與事懺實踐。所謂理
懺實踐門，乃重視薰習止觀坐禪；事懺即必於二六時中，嚴肅身
口而不斷的禮佛誦經爲焦點。

二、略述知禮以前的實踐門之傳承

A. 慧文之實踐觀門

　　天台宗二祖的北齊慧文禪師（生寂？），依《大智度論》、
《中觀論》而實踐修習止觀，在《佛祖統紀》卷第六說：「在高
齊之世，聚徒千百，專業大乘，獨步河淮，時無競化，所入法
門，非世所知？……得龍樹一心三觀智之文，依論立觀，於茲自
悟❶。」由此可知，慧文大師是由實踐禪坐，得悟中觀的奧理！
其傳記中說❷：「師依此文，以修心觀，論中三智，實在一心中
得！且果既一心而得，因豈前後而獲，故此觀成時，證一心三
智，雙亡雙照，即入初住無生忍位❸。」上言明顯的證明，慧
文大師乃由實踐薰修而得悟圓理之極致，且以此法傳授與南岳慧
思（五一五～五七七）大師；慧思再授與智者（五三八～五九
七）大師，智者大師即依之實踐修持，遂證得一心三觀、一境三
諦的圓融，而奠定天台實踐門的核心法門之特色。

B. 慧思之實踐觀門

　　慧思大師的一生，最重視實踐的薰習，他未出家前，就在於

空塚獨誦《法華經》，但未得經旨而日夜悲泣，且對經典頂禮不已！然後夢得普賢大士，乘六牙之白象王來摩頂而去，遂得智慧大開，過去無法領會的都能頓然了解，尤其被摩的頭頂上，忽然隆生肉髻，成爲奇特相。出家後，謝絕人羣，專誦《法華》而日唯一食，且不單獨接受供養。他從二十歲以後，選擇林泉隱居而專修實踐坐禪及誦經爲常課，即七載「方等」；九旬常坐，且誦持《法華經》達千遍之多。故慧思大師之著作，現存的六種中，無一不是強調實踐門的旨歸，即：

（1）《法華安樂行義》（一卷・大正四六～六九七），乃慧思大師的實踐體驗之流露，分爲有相行、無相行兩種。有相行是恭敬拜誦《法華經》，可由精進力而得普賢菩薩之灌頂，得大開智慧。無相行是由深修禪定，能獲一切諸法中，心相寂滅，魔境不生的三昧。

（2）《諸法無諍三昧法門》（二卷・大正四六～六二七），即強調從初發心至成佛的一心、一身、一智慧等萬行，必須持淨戒而精進禪定，才能妙證三昧爲旨趣。

（3）《隨自意三昧》（一卷・卍續精九八～六八七，新文豐版），即依首楞嚴定而闡明：非行非坐三昧的眞義，強調初發心修六波羅密，必依實踐修禪定爲根本，而以行住坐臥的四威儀，及食、語言等而攝心爲主旨。

（4）《立誓願文》（一卷・大正四六～七八六），即思公大師，自述求道的歷程而發菩提心之誓願文。強調末法時代之修行難！

（5）《受菩薩戒儀》（一卷・卍續精一〇五～一），強調受戒的八種殊勝法、觀五法、發三願、四宏誓願等，以宗教實踐體

驗爲焦點。

　　(6)《大乘止觀法門》（四卷・大正四六～六四一），乃依大乘教義的止觀實踐法，即強調吾人的舉手提足，一舉一動，都是依止一心，故必須透過宗教實踐的體驗，方能嚴肅一心，而得法法互攝，事事無礙爲旨趣。

由上述可知，慧思大師的著作、思想，都是以理、事實踐並重!

C. 智者之實踐觀門

　　天台宗集大成的智者大師，自出家後即到大賢山，閉門持誦《法華》《無量義》《普賢觀》等經，盡得奧旨，而再進修《方等懺》，得勝相現前。更在慧思大師座下，苦練參究，精進薰習普賢道場（法華三昧行），一日持誦《法華經》至「藥王品」之諸佛同讚言：「是眞精進，是名眞法供養如來」❹句，豁然大悟，心境朗明，猶如長風雲遊於太虛的微妙境界! 同時得慧思大師的讚歎說：「非汝勿證❺，非我莫識! 所證者：法華三昧前方便也❻；所發持者，初旋陀羅尼也。」智者大師，以年僅三十的青年僧，能在東晉以來，佛教文化最興盛的金陵，得立足揚名於世，豈是偶然! 此乃大師在大蘇山，親承慧思大師的嚴厲薰陶，實踐修持而磨煉出來的成果。 當知，學佛旨在注重理智（理論門）修持（實踐門）和德行（理論和實踐的妙證），絕不是只以語文和口頭禪就能體會領悟的。故得唐道宣律師《續高僧傳》，特將智者大師編入於禪學篇中（大正五〇～五六四Ａ），可證實踐修持的重要。

　　智者大師的著作，現在查得出的共計三十五部當中，其大半都屬有關實踐門的著作，由此可知，實踐修持的重要! 即：

（1）《摩訶止觀》十卷（大正四六～一）。特色是：大師將自身於大蘇山之妙悟，及天台降魔所證的「法華三昧」，與《法華經》之實踐理，顯示於文字般若，誠是天台獨特觀行實踐門的至寶。

（2）《釋禪波羅密次第法門》十卷（大正四六～四七五）。本書的特色是將有關印度傳來的禪定實踐法門，由淺入深的次第統以「禪波羅密」，且將其組織爲體系化的禪觀實踐門。

（3）《禪門要略》一卷（卍續精九九～七〇）。本書是以修禪學智慧門的明示法，先以五法（二十五方便），後修止觀，即於靜坐中，實踐三止三觀，後由禮佛中而修得證一心三觀。

（4）《禪門章》一卷（卍續精九九～二二）。本書是針對實踐觀行的次第禪、非次第禪、赴緣不定禪等三種禪實踐法。

（5）《禪法口訣》一卷（大正四六～五八一）。本書是以實踐靜坐的教誡——坐法、息法及治病患爲主體。

（6）《修禪六妙法門》一卷（大正四六～五四九）。本書又云「不定止觀」。所謂「六妙門」，是實踐內觀行爲根本，即三乘得道之要徑，及降魔法。

（7）《小止觀》一卷（大正四六～四六二）。本書具云：修習止觀坐禪法要。即先明二十五種方便法，後正修、善發、覺魔、治病、證果等。

（8）《覺意三昧》一卷（大正四六～六二一）。本書是強調心相的觀察方法，即四運心（未念、欲念、正念、念已）推檢的要徑。乃由觀行而修證如來藏海的法門。

（9）《觀心論》一卷（大正四六～五八四）。本書是呵斥法、禪、律等三種行人，勿爲名利而破佛法！故凡是行者，必須

觀察自心，護持道心而以十乘觀法修持。

（10）《四念處》四卷（大正四六～五五五）。本書是依四教而詳說四念處觀，歸納於天台觀行門，且是專爲嚴誡貢高上慢人的過失。

（11）《法華三昧懺儀》一卷（大正四六～九四九）。本書是法華三昧的方便與正修行儀。以三七二十一日爲一期的修持禮佛之修懺實踐法。

（12）《方等三行法》一卷（大正四六～九四三）。本書是依《方等陀羅尼經》所說：方等三昧行法，爲專以念咒的實踐法。且分：身開遮、口說默、意止觀。意止觀是以觀實相中道的正空，一空一切空，及依托在修持中之所歷諸事，即注重以禮拜懺悔的方式，而以消滅魔障爲綱要。

（13）《觀心食法》一卷（卍續精九九～一一〇）。本書是以觀法受食，成爲般若食，顯明三觀爲食法。

（14）《觀心誦經法》一卷（卍續精九九～一一一）。本書是針對欲誦經滅罪的方法，必須用一心三觀、十乘觀法才能成就道果。

（15）《天台大師發願文》一卷（卍續精九九～一一四）。本書是智者大師，強調：滅罪障、助菩提道，必須發願，首先以禮佛爲第一，次皈依念誦法界眾生，以滅一切罪爲旨趣。

上述，智者大師能被尊稱爲中土小釋迦，乃由其兩種（理懺、事懺）實踐中，妙得其自內證的所成就，即獲外障除而內觀顯明，乃由事懺而得清淨身心；即以理懺的實踐坐禪，消滅一切煩惱而證果爲要旨。

D. 湛然之實踐觀門

　　降之唐代，中興天台的六祖湛然（七一一～七八二）大師，對於修持實踐門也極重視，即將深奧龐大的《摩訶止觀》強調在實踐修持上，必以事、理兩觀。所謂事觀門乃針對身口（語言、動作）二業的嚴肅為軌則，理觀門即屬觀心的法理，即以能觀現前的一念心，證悟本具圓融三諦，直觀「迹本三千❼」的理觀實踐；事觀乃心必依正念而不被境轉，即時時刻刻，將身口二業，配合於行住坐臥的法則中，以莊嚴而悟變造十界三千為事觀實踐。換言之：理觀是直接性之妙觀，以達圓融三諦的理法；事觀乃屬間接性之方法，旨在以期克證。本來，修觀實踐法，乃是事理相即而不相離的原則為旨趣。

　　湛然大師的一生，盡精力於弘揚天台教（理論）觀（實踐），故在日常中非講即寫，並以嚴格的領導實踐行持作為職責。其有關實踐門的著作，即：

　　(1)《摩訶止觀輔行傳弘決》十卷（大正四六～一四一）。本書雖是《摩訶止觀》的註釋，但其內容，多示觀門的實踐，及唯識、唯心的事理二觀，戒體論、性惡論等。

　　(2)《止觀義例》二卷（大正四六～四四七）。本書是將廣汎無涯的《摩訶止觀》，要約為七科而闡述觀門實踐的顯揚為殊勝。

　　(3)《止觀大意》一卷（大正四六～四五九）。本書是強調天台觀門，乃是離文字而以實踐為主體論，且指正暗證的偏曲，即以理論輔助實踐的雙運為旨歸。

　　(4)《止觀輔行搜要記》十卷（卍續精九九～二二一）。本

書是將廣汎的《輔行傳弘決》，有關實踐觀行門的樞要部分，力求精奧而引導深入於實踐，對實踐行者裨益不少。

（5）《十不二門》一卷（大正四六～七○二）。本書是由《法華玄義釋籤》中抄出爲別行本。以理論輔成妙行的天台學實踐法──即解行一致，以強調一念三千、一心三觀的實修實證爲焦點。

（6）《觀心誦經記》一卷（卍續精九九～一一一）。本書乃承智者大師之旨而宣說：誦經必須三業嚴肅，配合三觀（空、假、中）而運慈、悲，以趨入第一義空爲目的。

（7）《法華三昧補助儀》一卷（大正四六～九五五）。本書是闡明修懺，即事儀與妙運觀想之正確性，及述正修方法的要義。

（8）《授菩薩戒儀》一卷（卍續精一○五～一一○）。本書是實踐門中之受持戒法的儀式。

據上述，湛然大師的教學，是以理論作教化；更是以修觀的實踐爲趨入解脫的妙證作歸宿。

三、知禮之實踐觀行門的特色

宋代初期的天台宗徒，自重獲教典後，即盡心力於理論研究，另一面的實踐修持，也是極致的成就，如他們若無實踐的自內證智力，四十餘年的論諍，豈能維持？且所謂趙宋天台之登峯造極的美譽，從那裡來？！

宋代之天台宗高僧中，具超然的卓識，且能妙證一心三觀、圓融三諦而深入自內證的超級高僧，當推知禮大師，他的一生，

嚴肅身心，非講即寫，爲弘揚天台教觀而盡心力，曾講過許多佛經：《法華玄義》七遍，《文句》及《止觀》各八遍，《金光明玄疏》十遍，《涅槃疏》一遍，《淨名疏》二遍，《觀音玄義》及《觀無量壽經》各七遍，此外尚有《十不二門》、《金剛錍論》、《止觀大意》、《止觀義例》、《始終心要》等。更針對實踐修持，演講《法華懺》三七期五遍，《金光明懺》七日期二十遍，《彌陀懺》七日期五十遍，《請觀音懺》七七期八遍，《大悲懺》三七期十遍，且結請十僧如儀實踐《法華懺》長期三年，十僧修《大悲懺》三年，更燃三指供佛等，竭盡修行之道。又恭造西方三聖像，及文殊、普賢大士像無數，智者大師像二十尊，並寫天台教乘滿一萬卷等，未嘗將時間空過，即不是講經，便修止觀，或寫經。故得宗曉（一一五一～一二一四）大師讚說：

> 「伏讀三朝僧傳，十科選佛，西聖之法，取材盡矣！而吾祖法智以道供職，妙觀著述，洪演興起大教，義解爲首，造寺造像，營福次之！至於舌根舍利，滅後儼然！神異有餘❽。」

上舉，知禮大師的一生，除宣揚教理之外，還極重視日常中的實踐行持可知。茲將其著述中，有關實踐門的舉出：

（1）《觀無量壽經妙宗鈔》六卷（大正三七～一九五）。古來都認爲淨土法門是著重事相之實踐念佛，但知禮大師卻強調以禪坐配合修心的妙觀，也就是「即心念佛」，而成爲唯心淨土、現前淨土，不必等待命終後才往生淨土，則以眼前的凡夫身，就能享受同等淨土而得安身立命的境界。

（2）《觀無量壽經融心解》一卷。本書編在《四明教行錄》第二卷中（大正四六～八六五）。內容是闡述十六觀法，攝一心而皈向淨土的實踐法，顯揚妙觀就是經典的根本義，亦是上根者的正行，能依經典的妙助力而得實踐行為旨趣。

（3）《千手千眼大悲心咒行法》一卷（大正四六～九七三）。本書略云《大悲懺法》，即重視三昧行法，更依循《法華》奧義——即台宗止觀行的實踐法。

（4）《金光明最勝懺儀》一卷（大正四六～九六一）。本書是依據《金光明經》所述之懺悔行儀的實踐修持法。

（5）《修懺要旨》一卷（大正四六～八六八）。內容是：由三章而集大乘經典所載修懺法，配合《摩訶止觀》及《法華三昧儀》，用於實踐修持法。

知禮大師還可堪稱為是宋代天台宗高僧中，最傑出的實踐行者，在他的一生實踐行中，燃指供佛，及修懺法會中，獲得靈異的應驗不少！例如他四十一歲時❾（咸平三年，西元一〇〇〇年），為祈雨而修「光明懺法」甚驗。又他六十二歲時，受宋真宗皇帝的禮請，舉行「法華三昧懺」三晝夜，為祈禱國泰民安的法會，亦甚妙驗。由此，知禮大師是忠誠地傳承智者大師思想，而且以身作則，發揮台宗教觀雙美為職責的高僧。

四、《修懺要旨》之略釋

所謂修懺法，是依據經典所述，懺悔過罪之法儀。懺是求原諒；悔是自申罪狀，即自己於日常生活中，不慎所造的過錯，規定於時日內，必在三寶僧眾之前告白，懇求消滅罪過為原則。但

後來，卻發展至包含人類前世所犯之語言、動作、思想上所造的宿世惡業，亦得懺悔。

在我國佛教史上，所謂修懺悔法，始於晉代，漸盛於南北朝時代，其形成之過程，是從大乘經典中，採集相關資料而再予以組織，成爲流行之修懺禮誦法，如《梁皇懺》等。降至隋代，天台智者大師，撰《法華三昧懺儀》、《請觀音懺法》、《金光明懺法》、《方等懺法》、《方等三昧行法》等，乃是配合日常生活中之修持，作爲鞏固道心的輔助。至於唐代，更有淨土宗的善導大師撰《淨土法事贊》，法照大師撰《五會念佛略法事儀》。華嚴宗的宗密大師撰《圓覺經道場修證義》，一行大師撰《華嚴懺法》。又密宗的不空大師譯《佛說三十五佛名禮懺文》。此外，知玄國師參照《圓覺經修證儀》，而撰《慈悲三昧水懺法》，至今尚盛流行。

降之宋代，天台宗徒，如四明知禮、慈雲遵式、東湖志盤大師等，皆是忠誠地承傳智者大師之遺法，且都認爲禮懺就是爲修習止觀的捷徑，即是攝持三業清淨的重要行法！故知禮大師，極致地提倡修懺實踐，且著《修懺要旨》一卷，闡揚修懺的眞實義，現收藏於《大正大藏經》第四六卷中（《四明教行錄》卷二，大正四六～八六八Ａ）。

知禮大師著《修懺要旨》❿的緣由是：知禮六十二歲時（天禧五年，西元一〇二一年），受眞宗皇帝之禮請，爲國泰民安而舉行法會，恭禮「法華三昧」三晝夜的懺法道場。同時受內侍（太監・內殿頭）俞源清的懇請要求解說，知禮大師爲顯明修懺的功用及修持法，故應之著《修懺要旨》一卷行世。內容是由三章而成，乃彙集大乘經典的修懺法，及顯揚「止觀」「法華三昧」

的懺摩（悔）法，旨在攝持實踐修持，以鞏固道心之舖路！但自古來，還未見有將其解說問世，僅被認爲禮懺是實踐的修持法而已！尚不知修懺之中，還具有修觀的妙作用。故爲欲了解知禮大師的實踐思想，筆者認爲研究《修懺要旨》最爲重要！但《修懺要旨》還是文法精簡而含義深廣，故須略釋：

> 「夫諸《大乘經》所詮行法，約身儀判，不出四種，攝一切行，罄無不盡。一曰『常坐』，即一行三昧。二曰『常行』，即般舟三昧，並九十日爲一期。三曰『半行半坐』，即方等三昧，七日爲一期。又『法華三昧』，三七日爲一期。四曰『非行非坐』，即請觀音三昧，以四十九日爲一期。❶」

在大乘經典中，所論述的實踐修持法，以身爲主體而嚴蕭心及口，計爲四種而攝盡一切實踐行！所謂四種實踐行，乃智者大師在《摩訶止觀》卷第二上所論的四種三昧❷，知禮大師承之而且極重視！他自己如法實踐修持，還更依之作爲化他的準則。所謂四種三昧：

（1）常坐三昧　又云「一行三昧」。乃依《文殊問般若經》等而立，以九十日爲一期，即放下一切而專意坐禪，口念一佛號，心意集中而觀照，細尋諦審中道法界之理，以了達迷悟不二，凡聖一如的境界。換言之：常坐三昧是以絕對爲對象的真如觀，所以智者大師強調，以此法門爲觀法界理而作體解自心，即以速證三諦三觀的妙境爲旨趣。

（2）常行三昧　又云「般舟三昧」。般舟三昧譯爲「佛立定」。即依佛之威力、正定力，及依行者自己的根本功德力之感召，而

在定中，能獲得感應諸佛，顯現在行者之前，得獲諸佛摩頂授記的三昧法。也是以九十日爲期，專心繞旋不停的行道，按步而口稱阿彌陀佛（另稱別尊佛亦可）的尊號，心即觀念佛陀三十二相，以修空、假、中三觀。如果此三昧成就時，即能感應十方諸佛現身於空中，還能見到佛陀聖像及聽到其聲音。這和一行三昧之絕對理觀，是相反的觀法。

（3）半行半坐三昧　分爲方等三昧、法華三昧二種：

①**方等三昧**　是依《大方等陀羅尼經》所立的實踐法。以七日爲一期，實踐中的七日必須長齋，且一日中必沐浴三次，着淨潔衣，恭跪於佛像前，獻五色蓋，禮誦「摩訶袒持陀羅尼」，即「大秘要遮惡持善眞言」百二十遍而觀心思惟。所謂秘要是實相中道的空理，故誦它念它，就能獲得三寶的加護，便能速得消滅業障等。且在行持實踐上，更立「方法」、「勸持」兩科爲規範。第一的方法再分（1）身開遮、（2）口說默、（3）意止觀。

所謂身開遮，在《摩訶止觀》二之上說❸：

「……方等至尊，不可聊爾！若欲修習，神明爲證，先求夢王，若得見一，是許懺悔。於閒靜處，莊嚴道場，……設餚饌，盡心力。須新淨衣……出入着脫，無令參雜，七日長齋❹，日三時洗浴。……別請一明了內外律者爲師，受二十四戒及陀羅尼咒❺，對師說罪。要用月八日、十五日，當以七日爲一期，決不可減。……俗人亦許，須辦單縫三衣❻，備佛法式也。」

（2）口說默，乃必在實踐行持的初日，凡參加者，必異口同

音的奉請三寶❼、十佛等。次歎佛：「世尊智慧如虛空，悉視眾生去來相，十方一切悉見聞，我當稽首禮法王！❽」次更一一恭禮十佛及十法王子(大菩薩)，後誠跪發露披陳，哀泣雨淚！……唯第二日略去奉請，餘事終竟七日也。

　　(3) 意止觀，分爲「實相觀法」與「歷事觀法」。「實相觀法」是以靜坐中，觀實相中道的正空，即放下一切的一空一切空爲旨趣。「歷事觀法」，是依托行持中，所經歷之諸事成就觀法，即虔誠的禮拜懺悔，在禮懺中，不生起妄念，才不被魔障所擾。上舉三業供養的實踐修持，才能得安身立命的境界。

　　至於勸修，在《摩訶止觀》二上說：

> 「勸修者，諸佛得道，皆由此法，是佛父母，世間無上大
> 寶！若能修行，得全分寶；但能讀誦，得中分寶；華香供
> 養，得下分寶。
>
> 佛對文殊說：下分寶所不能盡，況中上耶？若從地積寶至
> 梵天，以奉於佛，不如施持經者，一食充軀。❾」

強調修持「方等懺法」，是諸佛得道的修持法，且是無價的大寶！如能實踐方等懺法者，即能超越一切，絕非是一般以財布施所能比擬的。且能如是、如儀、如法的修持，即能依修觀力，豁然的開悟，如飲水自知，但不得向人說，若向人說，即犯障道罪！又本誓七永日，如中途懈退，亦是犯障道罪！故行人當深須愼之！愼之！

　　②**法華三昧**　以三七日爲一期的行道誦經法。即依據《法華經》及《觀普賢經》的實踐法，以懺悔滅罪爲主體，其傳承是由

慧思大師而來，即必以日中之六時修五悔，則晨朝、日中、日沒、初夜、中夜、後夜等六時，勤修懺悔、勸請、隨喜、廻向、發願等五悔。修持法有三：（a）身開遮　即以行坐兩儀而遮住臥兩儀（共行、開，共住、臥遮）。（b）口說默　即虔誠恭誦大乘經典而無他雜事。（c）意止觀　分爲有相行、無相行。（i）有相行，依據「勸發品」❷，以散心念誦《法華經》，即雖不入禪定，但以行住坐中，一心恭誦「法華文字」，並精進六時懺悔眼等六根的罪障等，如欲救頭上燃燒的急狀爲旨趣。（ii）無相行，乃依《安樂行儀》所說❹：第一正慧離着安樂行，第二無輕讚毀安樂行，第三無惱平等安樂行，第四慈悲接引安樂行。總之，即於行住坐臥、飲食、語言的一切威儀中，恆常深入一切微妙禪定，俾使心意得到安定的行法。但智者大師卻特別重視讀誦和懺悔，是以組織整然的儀制：禮拜、懺悔、行道、誦經、坐禪等，於三七日中，巧妙地配合於慧思大師的「有相、無相」，成爲《法華三昧懺儀》一卷行世❷。

　　（4）非行非坐三昧　即不必分身儀如何，更不必限定期間的長短，也不論四威儀的規定，即便於平常的生活當中，念起即覺，意起即修，此於四種三昧中最爲重要！《大品般若》稱爲「覺意三昧」，在《大智度論》卷四十七說：「覺意三昧者，得是三昧，令諸三昧變成無漏，譬如石汁一斤，能變千斤銅爲金。❷」如是能將諸種三昧，變成爲無漏，故欲從生活的苦海中，能渡過中流而到彼岸，即必須修持此「覺意三昧」，以知道妄惑的淵源，了達至道之樞要爲旨歸。換言之：意識的實際是「正因佛性」，反照心源的觀察是「了因佛性」，以此二因統攝一切法！如虛空中，日光一出，即時衝破黑闇似的。故行者證入此三昧

時，就能依智慧觀照心性，而了達一切法的諸相，所以慧思大師，稱「覺意三昧」爲「隨自意三昧」，特著《隨自意三昧》一卷❷，以述其重要性。然智者大師，卻稱爲「非行非坐三昧」，分爲「諸經觀」和「三性觀」而顯示，以前者是攝諸經所說的三昧法，即莊嚴道場、結跏趺坐、由數息成就十念、稱三寶名、誦持密咒、披陳懺悔等；後者是以觀善、惡、無記的三性，故不規定期限和方法，唯以六根對六塵的念念生起，樹立於正念而契入一心三觀（空、假、中）的行法爲焦點。

綜合上述，前三種三昧，在種種助道上，設施嚴格的規定方法，唯非行非坐三昧法，沒有規定，只依仗自己的智慧，觀察所起之心念，而樹立努力的精進實踐法。此比前者三種三昧法，由表面看來似乎容易，但是由於過分的方便，如善根低劣者，怕有墮落偏邪之危險，故知禮大師才規定稱爲實踐「請觀音三昧法」❷，必以四十九天爲一期比較妥當！

知禮大師繼之再說：

> 「又大悲三昧，三七日爲一期。但諸經中，有不專行坐及相半者，一切行法，並屬此三昧所攝。然限定日數者，蓋令行者，剋時破障惑，意修眞決，取功成理顯也。
> 若欲長修，如《法華安樂行》畢世行之！或宜時促，如《觀無量壽經》，一日至七日。或如《普門品》一時禮拜等。然但在用心，不必定日也。」❷

所謂「大悲三昧」，即含藏大悲功德之禪定，乃佛菩薩悲愍一切眾生，遍滿大悲無量心之三昧（正定）。即以大悲觀世音菩薩爲主的

修持法，以三七二十一日爲一修持期。有關「觀音懺法」，先有
天台國清寺《國清百錄》卷第一㉗，有「請觀音懺法」，宋代之
遵式（九六四～一〇三二）大師，更集成爲《請觀世音菩薩毒害
陀羅尼三昧儀》一卷㉘。而知禮大師，依《大悲心陀羅尼經》而
再詳集，名爲《千手千眼大悲心咒懺法》一卷，略云《大悲懺法》
流傳至今尚盛㉙。知禮大師，還說諸經中，尚不在其規定的行持
實踐法，都被攝於此法門中。所謂限定日數，乃祖師的婆心，希
望行者們制定時日以剋制魔境，即以定時取證入正觀爲目的。

　　若有長時間的行者們，修持可依《法華安樂行》作爲終生
的實踐行㉚！如時間不允許久的行者，可以禮拜觀想《觀無量壽
經》一日乃至七日爲一期㉛。知禮大師著《觀無量壽經妙宗鈔》
強調依修心妙觀㉜，主張「即心念佛」，能感「四淨土」㉝的特
色。又《觀無量壽融心解》，闡明十六觀法，攝於一心，皈向淨
土的修持法㉞。然唯有短時間的人，可拜誦《普門品》以消災植
福㉟。知禮大師且強調修持實踐，必志在於用心的虔誠爲旨趣。
　　知禮大師在《修懺要旨》繼之說：

　　「今所修法華三昧者，若能精至進功，豈不破障顯理！然
　　須預識標心之處，進行之門，所謂圓常正信也。
　　云何生信？信一切法唯心本具，全心發生，生無別理，並
　　由本具，具無別具，皆是緣生故。世間相常，緣起理一，
　　事理不二，色心互融，故法法遍周，念念俱足，十方三世
　　不離剎那，諸佛眾生，皆名法界，當處皆空，全體即假，
　　二邊叵得，中道不存，三諦圓融，一心具足，不一不異，
　　非縱非橫，不可言言，寧容識識，斯是不思議境。」

知禮大師，強調實踐「法華三昧」，必須要具虔誠心與精進不懈而行道，絕不怕不滅惑、不開大智慧！但要成就如是的剋期取證，首先必要通達而認識用心，且於正精進的針對目標，才能深入進道之門徑，否則無法如願！是以知禮大師主張，修持任何法門中，都必以信誠爲道源功德母。所謂圓證圓具的正信，才不致使偏差而誤入邪道之危險。

既如是強調正信的重要，那正信由如何而能生？當知一切法皆是自心本具，絕不從外而入，是以凡是世間的一切現象，皆由本心而生的無差別，故依天台的理論，一念心具十法界、三千境，雖分有善惡之心態，卻皆不出自心而顯現，故所謂信心，亦絕不是由他而有，即隨緣而生，乃由本心而具足的平等無差別爲原則。

世間一切萬象的世間相（像），絕不能脫離眞如實相的本心，故云「世間相常」。所謂「緣起理一」，起是起源的因由，緣是指由外境而來，得相助於間接的原因。乃明一切事物，即依緣而生起，故現象界之一切諸法，亦由時間、空間的相互關連而和合，絕無一物可能獨立而孤存，是以心雖有分善惡，但佛與眾生平等，雖有十法界的差別，然其源性卻皆由本心之流露！再說：心之表顯，雖具三千諸法，但其心是純一整然的本具，故云緣起理一。「事理不二」，所謂理由事顯，事依理成，即一切萬象，皆由眞如心之理體的表現，平等而無差別，故理事圓融而無礙，稱爲事理不二。

知禮大師，繼之說：「色心互融」，色是一切萬物之現象，即皆由心而現萬象，故《摩訶止觀》卷五說：

「夫一心具十法界，一法界又具十界，百法界。一界具三
十種世間，百法界即具三千種世間。此三千在一念心，若
無心而已，介爾有心，即具三千。㊱」

上舉，智者大師的色心共通差別相，即我們日常中的語言、動
作、思想之一舉一動，具足三千種的世間現象，絕不是離現實的
空想，乃是色與心的相即不相離而納入自心，成爲微妙的性具圓
融之特色。

　　由上述可知，法法圓備，周徧於法界，故在念念當中，一法
不缺而具足，且十方三世，盡在一心中，悉皆不離一刹那（念
頭）的妙境，是以諸佛、眾生，盡皆名爲法界！但行者不能執於
眾生與佛的同等，否則就墮於貢高我慢之嫌。因眾生未斷一切惡
（見思、塵沙、無明惑）故不能與佛相比，所謂平等是針對「性
具」之性平等而已。若以現象，即處處皆空而無自體，整然的現
象都屬假而不眞。「二邊叵得」，「叵」是不可的意思。二邊即
空有，「有」即以諸法，依因緣而生，事事存在謂有。諸法雖係
因緣和合而生，但其本來無自性謂空。即空有都不可得。但凡
夫、外道，卻偏偏執於一邊，成爲我執，致使生死不能了！「中
道不存」，所謂中道是離二邊之極端、邪執，乃不偏於任何的一
方。知禮大師強調：如欲修懺的行者，即不偏於空有二邊，否則
無法獲得保持中道的自在，亦不能趣入安身立命的境界！故不偏
二邊才能不失中道，獲得三諦圓融。

　　所謂三諦，即空、假、中的三種眞理（諦）。天台宗以諸法
實相的眞理分爲空、假、中三諦。（a）空諦，又稱眞諦，乃諸法

本空的真理，眾生不明了真理而偏執以假為真，故生妄見，即必用空觀以對治，就能棄除妄情而能離於諸相，證悟真空之理為空諦。(b) 假諦，又稱俗諦、有諦，諸法雖是本空，但因緣會聚時，一切境界，卻歷歷宛然！故在空中不能缺一切法，稱為假諦。如日常生活中的衣食住，件件不能無，否則成為與世間脫節之怪物。(c) 中諦，又稱中道第一義諦。若以真理觀之，諸法本來不着二邊而亦不離二邊，乃非真非俗，即真即俗的三者圓融無礙，稱為中諦。再說，真俗二諦是以現象界而論，中諦即以本體為主觀，故前二諦較劣，獨以中諦為殊勝！知禮大師強調三諦圓融，即欲修持懺法的實踐者，必認識宇宙的一切現象，其體本空，不能執於一切物質，才能真實的趣入寶所（佛國）之妙捷徑，且能妙運用於日常生活中為旨趣。

　　所謂三諦圓融，在於「一心具足」。心即身體中之精神性體，具思慮之作用，即人們之六根對六塵，產生分別認識思惟的微細作用。又是身體上的主人翁，佛教主張，若不善用心，其後果就不堪設想！因為心能護持眾生趣入聖道，也能使眾生遭受入地獄的可怕，故人們的日常中，若有不小心即造三惡道因，則必墮於三惡道而受苦報，但若能善用於正道，則得安身立命！故天台宗主張：心之一念的作用上，具四聖六道的十法界，若能於善用心，必證聖道，故知禮大師，強調用心的重要，因為心對善惡性是平等，故欲修懺的行者，必當認識且重視精神（心）之運用，不可落於二邊，如此，則一心必於善運用，成為三諦圓融的妙用，否則失修懺的本旨。

　　又心之微妙，即一念具十界、三千世界的具足。但卻是「不一不異，非縱非橫，不可言言，寧容識識，斯是不思議境」。再

說：心雖具一切而不離一切相，故世、出世的一切法，無不依之而建立，但還是不在內、不在外，也不在中間，無來無去，無方無所，沒有蹤跡可尋，又不是言語可指，乃無相無形，無聲無臭，非青黃赤白，非長短方圓，不可以大小，亦不可以有無，若言其大，微塵不能入；若言其小，虛空不能容；若言其有，視而不見，聽而不聞；若言其無，卻靈靈覺覺，應用周全，即見色聞聲大用現前，穿衣喫飯一一不能少，即心之本體是應物隨緣，感而遂通的自在無礙，但在聖不增，在凡不減，終日用之不離，隨緣不變，不變隨緣就是心之奧妙！故云：不一不異，非縱非橫，不得用語言形容、宣示，唯是能了知而不可思議之境界。

知禮大師繼之說：

「入道要門，依此博運慈悲，無緣無念，託此巧安定慧，無作無為，仗茲徧破執情，何情不破？據此反尋塞着，無着不通！道品因其中適助治，附此合行，圓位可登！寂忍不動，不滯相似，速入分真。」

天台教學，最重視的是實踐，但實踐修持，若不得其門，亦無法深入達到目的地，故知禮大師強調，必依捷徑、方法而趨入為最妥當！然在一切法門中，修學慈悲為發菩提心的根本原則。慈悲的定義是：普愛一切眾生，並給與快樂為慈；同感其苦，憐憫一切眾生，並拔除其苦稱為悲。在《大智度論》卷二十說：「慈悲賅攝於四無量心中的慈無量 、 悲無量❸。」又慈悲心有三種：一、生緣慈，二、法緣慈，三、無緣慈。眾生是生緣慈，而聲聞緣覺及菩薩，即初是生慈；後為法緣慈，諸佛善修畢竟空，故所

證即無緣大慈。

　　然在修學佛法，如缺慈悲，即不能自認爲佛教徒，故凡是佛教徒，必須廣大運用慈悲，不得因無緣就不去觀照他，即須一視同仁的有緣無緣都要觀照他，稱爲無緣無念的博運慈悲。但欲成就大慈悲，必須依託於巧妙運用止觀之修持，始能得無上的定慧而趨入寶所。

　　所謂巧安定慧，即將心安住於法性之理而修止觀，乃將無明迷心，依寂照德，安住於法性爲體，以得常恆的寂然爲定；更能寂而常照爲慧，即定就是止；慧就是觀的妙巧安住，成就離爭執而安住於德；更能將心得常照於理，且不借因緣行爲之造作（無作），而離生滅變化的絕對常住（無爲），即天然的成就爲旨歸。故知禮大師，才強調能如是的實踐修持，即不怕一切業惑不除；一切我執不破，故云「遍破執情、何情不破」，爲對行者們保證，讓行者們能夠安心的修持辦道。再說：能依此的修持，自身還可體會而認出一切塞着（禪學中的弊病），且能得除一切病的阻礙，及所有弊害而得盡根治，獲得通順無礙的安身立命之妙益！

　　又道品在其修持當中❸，亦獲得合理合法的妙得輔助功能，且更能配合於相依相賴的進修，還可獲得捷運而妙證，故云圓位可登❸！即得寂忍不動的安然大自在❹！且不停滯於相似❹，至速能獲得趨入分眞的妙果位❹。知禮大師且舉出智者大師，來爲自己所說作證明。即智者大師說：「先令行人，親近良師，學懺悔處」，乃明顯的證明實踐修持，不得妄從，必先親近明師，得其指導，且必須精進實踐事懺的行持，先淨身口；後爲理懺坐禪而清淨心意，即能獲得證道之捷徑，爲「不思議理觀所指之處

也」。

　　知禮大師首先敍述「實踐懺儀」的殊勝，然後強調「入道要
門」之重點，必須在於廣大運用慈悲爲旨趣！　現在即示懺悔之
法，乃有三種：

> 「一作法懺，謂身口所作，一依法度。二、取相懺，謂定
> 心運想相起爲期。三、無生懺，謂了我心自空，罪福無
> 主，觀業實相，見罪本源，法界圓融，眞如清淨。法雖三
> 種，行在一時，寧可缺於前前，不得虧於後後，無生最
> 要！取相尚寬。
> 蓋妙觀之宗，是大乘之主，滅罪如翻天地，草木皆枯，顯
> 德如照澄江，森羅盡現！　以此理觀導於事儀，則一禮一
> 旋，罪消塵劫，一燈一水，福等虛空。故口說六根懺時，
> 心存三種懺法，如是標心方堪進行！
> 《法華三昧儀》云：行者初入道場，當具足十法，一者嚴
> 淨道場，二者清淨身器，三者三業供養，四者奉請三寶，
> 五者讚歎三寶，六者禮佛，七者懺悔，八者行道旋繞，九
> 者誦法華經，十者思惟一實境界。明此十法之中，有但說
> 施爲方法，有教運心作念，有教誦文章，口自宣說，備詳
> 彼文，此不具戴，今但略述用心旨趣而已。」

　　實踐修懺方法有三種：第一是作法懺，注重動作、語言的一舉一
動中，即身禮拜，口稱誦；意思惟的三業，依據如法而配合調
適，以求哀懺悔。第二是取相懺，乃依定力顯明自心不亂，即集
中精神於專一，運用觀想力，觀佛像的莊嚴妙相，祈得佛來摩

頂，或見光現瑞，或聞空中聲等，隨獲其中的一種，所有過罪即能消滅 。第三是無生懺，即一切罪業，皆從一切妄念所生，如能了解心性本空，罪福無相，則一切法皆空寂，罪亦消滅。以上的作法、取相兩懺法爲事懺，無生懺爲理懺（熏習止觀坐禪），若能「事理兩懺法」相互運用，則成爲無罪不滅、無福不生的妙懺法。又若發現受苦報時，必須觀察所受苦報的實際情形，更須要尋找受罪的起源，如無惡念生起行爲，那一切苦受就全無，既無惡因，就免受惡報而得安然自在！因爲法界是圓融無礙，妙住於眞如清淨的性體中，即由心念起變而成爲種種相，故有一念三千世界觀的妙論。

上述懺悔法，雖舉出三種，但實踐行持，卻是主張在同時的統一心志，專心注於一念清淨，故云「行在一時」。尤其理懺最爲重要，取相懺爲次，即以無生理懺爲主，以二種事懺爲副而互運用，即能獲得懺法的眞實受用！

知禮大師更親切地舉喻論述懺悔修觀的殊勝，能如是地實踐修懺，就能獲得滅罪。喻如推翻大地，不讓莠草生存，以利耕作，俾使食糧豐收，即行者們如能專心於修懺，不生妄念而俾使心意清淨，則業惑同時消除，所得之功德無量！因爲人們本來之清淨心地整然被妄想煩惱草佔盡，導致心亂而無法發生善效用，故知禮大師力勉行者，依此理觀而引導於以身作則的如儀修懺，即可獲得功能而德用無盡！故云一禮一旋罪消塵刼 ❹，一燈一水，福等虛空。後更說，身口實踐的禮拜誦經，必須如儀針對六根所作的過去罪，且在修懺時，內心專意而不失三種懺法，才能實際的得到受用，否則流落於形式化而徒勞無功。故知禮大師，舉依《法華三昧懺儀》說：行者初入道場，當具足十法：

「一者嚴淨道場，二者清淨身器，三者三業供養，四者奉
請三寶，五者讚歎三寶，六者禮佛，七者懺悔，八者行道
旋繞，九者誦法華經，十者思惟一實境界。明此十法之
中，有但說施為方法，有教運心作念，有教誦文章口自宣
說，備詳彼文，此不具載，今但略述用心旨趣而已。」

然在十法中，眾生的根機不同，或針對布施爲方法，或爲運心作
念，或稱誦經文等不一，現在唯以用心爲焦點而論述。

　　第一嚴淨道場，即必選擇閒靜之處，嚴格布置一清淨室爲專
修之所，於道場中安置高座，恭奉《法華經》，及以旛蓋種種的
供養花具等。欲舉行的首天清旦，當淨場地，香湯灌灑、香泥塗
地，燃種種高貴諸香及油燈，散種種華及諸名香，要盡力所及的
傾盡心意！爲何要如此？因爲行者的內心既敬重三寶，茲爲奉請
供養，豈可輕心，如不能盡資財供養三寶，則終不能感應道交，
則重罪不滅，且三昧無法而發，即失大利。

　　第二淨身方法，欲入道場，當以香湯沐浴而着淨潔衣（法
衣），若出道場而至不淨處，當脫去淨衣，再欲入道場，必更洗
浴後，嚴整姿態而穿法衣入道場。

　　第三行者修三業供養法，即行者進入道場，必以殷重心懺
愧，懇誠思惟仰慕如來的慈現道場，即隨之五體投地，口自唱
言：一切恭敬一心敬禮十方常住佛，心隨身口而一心頂禮（一
拜）！繼之一心敬禮十方常住法（一拜），一心敬禮十方常住僧
（一拜），拜已，重整身儀，再燒香散花，而嚴持香花如法供
養！次誦：願此香華雲，遍滿十方界，供養佛經法，並菩薩聲聞

緣覺眾， 及一切天仙， 受用作佛事。 唱已心想： 此華香於念念中， 能遍及於十方佛土， 成種種眾寶， 莊嚴一切樓閣、 伎樂妙聲、 微妙餚饍、 衣冠瓔珞， 及作爲禪定智慧， 清淨實相無量！ 此妙法門， 皆充滿法界， 祈願三寶攝受！ 此念成已， 五體投地， 恭敬再拜。

　　又行者於三業供養之際， 必以觀想而放下一切， 直趣入於空的眞如實相， 了知若華、 若香， 其體不失法界！ 且於能供所供的本性， 是眞空實性而遍周法界， 出生亦無盡， 但其性常住而遍周無盡， 且及之通於未來、 過去的普盡獻敬三寶（佛、 法、 僧）， 並平等徧及於諸眾生！ 如是供養法， 雖屬施財， 但其貴在以淨財（不是非法得來之財）通諸法， 即是眞實心的供養， 故能以淨財配合於三業的清淨爲眞法供養！ 如是誠心的如法修持， 即能資助成就佛道而具莊嚴法身的妙用❹！ 且更能得五果皆常互而不相違❺， 還得四德齊備而獲安身立命的大自在❻！ 再以恭敬靜誦香華偈讚等等❼， 爲莊嚴道場！ 其次， 即：

「第四請三寶法， 第五讚歎三寶法， 第六禮三寶法云云。

　且初禮佛時， 深知佛體， 不離我心， 同一覺源， 圓照諸
　法， 諸佛悟起同體悲， 眾生迷強受諸幻， 悲苦相對， 感應
　斯成， 一身遍至諸佛之前， 一拜普消無邊之罪， 故默想禮
　佛偈云云。

　次禮法時， 深知諸佛所證果德， 眾生所迷理心， 一切行
　門， 無邊教道， 離染清淨， 能軌聖凡， 稱此法門， 三業致
　禮， 故默相禮法偈云云。

　次禮僧時， 即三乘聖賢也。 雖是因位， 已到眞源同佛； 無

緣之慈同佛，不謀而應，我今三業，致感聖眾！四誓所
熏，滅我罪根，生我樂果！故默想禮僧偈云云。」

行者們，進入道場，奉請三寶、歎三寶、禮三寶時，絕不得散亂
輕意，必須保持寂靜的嚴肅為原則！（普禮文省略❽。）

　　知禮大師針對初學者們，或未來的修懺者，為鞏固其向道的
信心，以老婆心強調：佛體不離我心，所謂「即心是佛」，乃眾
生心與佛心，同是法性中的流露，故古云「心佛眾生，三無差
別」，且佛能圓融的遍照諸法而無礙自在！因為諸佛悟證而得生
起同體大悲，絕不是以自證涅槃為樂，乃以救濟一切眾生，俾使
亦能趨入涅槃為樂，才是諸佛的本懷！雖云眾生與佛同源，但眾
生卻無法脫離六道輪迴之苦，即眾生雖具有成佛之可能的資本，
但因其迷於一切色情我執，即六根對六塵而起分別的迷誤貪瞋，
致使造成生死不能了的慘報！

　　知禮大師強調由實踐修懺的功力，而獲諸佛的大悲，針對眾
生的極苦，成為感應道交而符合佛度眾生的本懷，故能於實踐修
懺當時，默禱自身遍至於諸佛之前，在其虔誠的禮拜，即能消除
無邊際的一切過罪而默禱！

　　其次禮法時，行者在實踐當時，深深體會諸佛乃從三大阿僧
祇而修持一切諸法❾，既經妙證三諦❺、三德❺、四德❺圓備的
三覺圓之極果❺。但眾生因被業惑所迷，而心無法獲得理智清
淨，如黑雲覆蔽大地，故諸佛以方便引誘一切眾生，俾其入正
道，脫離一切染著，得到清淨心，至速能依法趨入聖道，了卻凡
夫的纏縛！故尊正法，必須三業統一，以作最敬禮的默禱為旨
趣。

其次禮僧時，行者的心中，必恭敬僧如三乘聖人❺❹，雖三乘尚屬因位❺❺，但因其繼續地修行，未來都能成就佛道，故謂其源同佛。又其性平等，同具無緣大慈❺❻，即同是佛性聖種的流露，與佛同種的慈悲相應！故僧是人天同敬而皈依的對象。因此，由行者們三業清淨的致敬，即能感應聖眾的道交，且獲得聖眾的四誓宏願❺❼，應機而來的滅我等罪根❺❽！即俾使行者們，能生安心的妙證為立命之旨趣。

「次運普懺之心，用成曠濟之道，若不然者，豈但不成大道，抑亦難滅眾愆！何者？我從無始已來，造罪之際，自身為業本，眾生為惡緣，生生於彼愛憎，處處於他淫殺，況一切男子是我父，一切女人是我母，無不業累相關，悉為煩惱所覆，今運同體慈悲，如理懺悔，盡妄染際，徹真性源，仰答四恩，旁資三有，有情之類，稱性遍賅，故默想云云。」

知禮大師敍述敬禮三寶之後，必秉持運用普懺，即不存私念而以平等心，為成就廣大普遍的慈悲於救度，否則無法成就證果，且所有罪業亦難消滅！知禮大師如是的強調，旨在於俾使行者們，放下我執而專心實踐❺❾，否則修懺無益！理由是：若存俗念，即不能專心，如有俗念雜想，即三業不能統一，故云不專志的修懺無益。更因為一切凡夫迷於情執，故從無始迄來，每日的二六時中，於一舉一動，六根❻❶對六塵❻❶的貪染而迷於無我之理，不能了悟真實相，唯貪而不厭的造成一切業惑，且將業惑深種於八識田中❻❷，然既造成業惑，就不能脫離苦而非報不可，故云自身是

業報之本體。而且所有對象是一切眾生，即與一切眾生成為業緣，生生世世在彼我之間，善惡愛憎而迷戀，更且處處為爭權奪利的相互淫殺不休，竟造成恐怖不已的悲慘狀態！依《心地觀經》卷二說：

> 「一切眾生，輪轉五道，經百千劫，於多生中，互為父母故，一切男子即是慈父，一切女人即是悲母，昔生生中有大恩故，猶如現在父母之恩等無差別。❻❸」

知禮大師引出《心地觀經》證明，過去的眾生，都是與我們有慈父悲母的相互關係，故強調互為敬愛尊重才對！然不能了知過去事，乃係被煩惱遮覆身心所迷惑，故祈願行者們，大發道心，妙運同體慈悲❻❹，如法如儀的實踐懺悔，獲得清淨心之際，即能徹見真性之源，得到安身立命！且為報四恩❻❺；並及資助三有之有情類❻❻，都能達成於佛道的妙證為旨趣。

知禮大師述「禮三寶法」之後，繼之說第七懺悔六根及四悔法：

> 「夫六根之罪，願悉消除；四悔之心，願皆成就！初修懺悔者，所謂發露眾罪也。何故爾耶？如草木之根，露之則枯；覆之則茂，故善根宜覆，則眾善皆生！罪根宜露，則眾罪皆滅！
>
> 今對三寶，真實知見，照我善惡之際。窮我本末之邊，故原始要終，從微至著，悉皆發露，更不覆藏。」

本來六根無罪，因被八識心王之指使，始對六塵生分別貪取棄捨而造罪，但所造「六根罪❻❼」，可由誠實的懺悔力而得消除！且能得四悔心❻❾之成就而達成一切願望！　然欲達成願望，首先須在修持實踐懺悔時，以不隱瞞的坦白誠懇而表露自己的犯過爲第一，爲什麼要如此？知禮大師引喻而解釋：如草木之根，如將其顯出土面時，即草木會枯死，反之加土蓋覆其根上，即能增加茂盛，故善根宜覆，罪根宜露而始能消滅眾罪！

因爲三寶是人天的良福田，故我們在三寶前，坦白地發露懺悔，懺得三業清淨時，即同時承蒙諸佛的眞實知見❻❾，現前來觀照我們之善惡業，則無不了知我們的無始以來，及之於終極，故我們不必隱瞞而坦誠的求哀懺悔，可盡消除一切業惑，得到安身立命，故強調從微至顯著，悉皆發露，不必覆藏。其次：

> 「所謂逆順十心，通於迷悟兩派，故迷於造惡則有十心，逆涅槃流，順生死海，始從無始無明，起愛起見，終至作一闡提，撥因撥果，所以沉淪生死，無解脫期。
>
> 今遇三寶勝緣，能生一念正信，先人後己，改往修來，故起十心，逆生死流，順涅槃道，始則深信因果不亡，終則圓悟心性本寂，一一翻破上之十心。不明前之十心，則不識造罪之相，若非後之十心，則不知修懺之法，故欲行五悔，先運十心，故默想云云。」

知禮大師強調必須誠實的發露懺悔之後，並且解釋順逆十心❼❶的重要！　所謂十心通於迷悟！如迷失眞性的造惡，就無法登上涅槃的安樂❼❶，即偏趨隨順生死流的單行道，而永久漂泊於六道輪迴

不休⑫！然其根本原因是：一切眾生從無始刼以來的根本無明中
⑬，堅執於貪愛而生起我見⑭，結果成為無善根的一闡提⑮，墮
於撥無因果之流，而甘願沉淪於生死海，永久受苦而無法得到解
脫！

　　但際遇善知識的開示，得與三寶的殊勝緣，逶遠離邪道而生
一念正信，改變過去之惡念與所作所為，逶趣入逆流十心⑯，而
順道於得安樂境界！且始能了悟因果不昧的大道理，終於圓悟心
性本寂⑰，能在實踐修懺當時，不再為順境十心所迷，如不了知
順流十心，還不能知解犯過造罪之所以然！又若非明白逆流十心
則無法生起菩提心而修懺，故在實踐五悔時⑱，必先思惟靜慮，
順逆兩十心的得失為旨趣。

　　其次：

> 「想已當說六根罪過，然此六根懺文，非人師所撰，乃聖
> 語親宣，是釋迦本師說，普賢大士為三昧行者，示除障法
> 門。蓋由洞見眾生起過之由，造罪之相。
> 又知諸法本來寂滅，全體靈明，無相無為、無染無礙、互
> 攝互具、互發互生、皆真皆如、非破非立、迷情昏動，觸
> 事狂愚，以菩提涅槃為煩惱生死，是以大士示懺悔法，開
> 解脫門，令了無明，即明知縛無縛，就玆妙理，懺此深
> 愆！」

知禮大師再強調在實踐行持時，當思惟順逆十心為作警惕，後必
須從六根所造的過罪，為首先而懺悔觀想！尚且聲明所述的懺悔
文，不是祖師們的撰寫，乃教主釋迦佛陀的金口所宣說，由大行

普賢菩薩，特爲之修持三昧的實踐者㉙，指示除障的方法。即闡明眾生爲何而犯過的理由？及造罪之狀態，而依懺悔力即可消滅一切罪。

　　所謂現象界的諸法，本來是空寂，而由原因、條件的諸緣配合，即相關性與相對性彼此依存，但其本體並無獨自之實體，即依相關相對而顯明一切而已！當知，其本質是無相而非造作，無有渲染，且無阻礙，但卻能互爲攝持，互爲具足，更能相互啟發而相生，故一切不離眞如，皆是實體而寂然，亦非能破，亦非能立，乃絕不是語言所能形容的天然，但眾生因迷情重而失去理智，遂逐妄情而狂作妄爲，竟造成爲憾終身的不如意下場，究其原因，乃不識眞如的菩提涅槃㉚，且將其誤認爲煩惱生死道，故普賢菩薩才明示懺悔之解脫法門，俾使一切眾生，能深思十心而明了無明煩惱之淵由，得從被縛中脫離出來，而成自由自在！即依據如實理的妙法而懺悔，以消滅一切罪報爲旨趣。次即：

> 「故懺眼根罪時，即見諸佛常色（光）！次懺耳根罪時，即聞諸佛妙音，乃至懺悔意根，即悟刹那住處，三身一體，四德宛然！
>
> 以要言之，一切罪相，無非實相，十惡、五逆、四重、八邪，皆理毒之法門，悉性染之本用，以此能懺，即此爲所觀，惑智本如理一際，能障所障皆泯，能懺所懺俱忘，終日加功，終日無作，是名無罪相懺悔，亦名大莊嚴懺悔，亦名最上第一懺悔！以此『無生理觀』爲懺悔主，方用『有作事儀』爲懺悔緣。」

眾生在於五濁惡世中，乃因自惹來的惡業深重，致使薄福故根鈍，不能發揮眼識而開顯智慧的作用，故不能見到諸佛的常光妙色[81]，茲依懺悔力，能獲三寶的加被，善結佛緣，眼智大開，得能見到諸佛常放光明的妙色而得大欣喜！其次修耳根罪時，亦依懺悔力而耳慧大開，即能聞得諸佛妙音。乃至意根之懺悔，即能離妄念而於剎那的念頃間[82]，得到安然穩住的妙境界！更能得三身一體[83]、四德皆備的圓滿[84]。

知禮大師，慈悲而再說，所謂一切罪相[85]，其內性無非實相[86]，即雖外有犯罪所顯現之罪態，但其內心之本體，卻是常住不變的真如實相，故十惡[87]、五逆[88]、四重[89]、八邪[90]，皆是理毒自性之法門[91]！更說，因有染污本性，故造一切惡，但其淵源還是清淨真如的一體中之流露，故知禮大師才強調，所有一切惡，必依誠實心而發露懺悔，便能消除一切業惑，得能恢復本來的清淨，故云性染之本用的演變而已[92]！而以此為能懺，即將所觀的心境一致；惑與智的本如，即理性與事象的契合際遇，而獲得能障所障，悉皆消滅，能懺所懺俱亡的清淨無礙自在！所謂終日的加持用功，而終日如無所作的觀念，即得精勤而離我執，獲自然功力之妙用，為名「無罪相懺悔」，亦名「大莊嚴懺悔」，亦名「最上第一懺悔」。故在實踐修持，必依此「無生理觀」[93]懺悔為主，如法如儀的舉用「有作事儀」[94]為輔，始能達成懺悔的真成就。

知禮大師在懺悔門中，強調事儀的重要性：

「其事儀者，即五體投地，如泰山頹，剋責己心，語淚俱下，挫情折意，首罪求哀，如此事行既勤，理觀彌進，如

洗滌之法，雖淨在清水，若不加之灰皁（皂），垢膩難除，故正助合行，如目足相假，豈獨滅罪，即能證眞，故六根懺悔若成，六根清淨可獲，若不以圓觀為主，則不名『大乘懺法』，縱能滅罪，止免三塗；縱能生善，不出三界！先知此意，然誦其文，俾在兼行取成大益也云云。」

然在事儀中的最重要，是行者的身儀必須威儀整衣淨潔，且在禮佛的諸儀中，以五體投地爲最敬禮(95)，如泰山落下而嚴責自己的宿世失修，且以徹底悔過而放下一切，以哭淚並流，表達誠心的求哀懺悔，如此修持愈勤，即能輔理觀的資助精進，如洗滌之法，不能唯依清水，必須加之藥皂，否則無法棄除垢汚，故知禮大師強調，必以正助合行，即身心妙契而實踐，如眼及手足相助互用，便能達成目的，故不只是滅罪，還能證眞道，是以對六根的懺悔最爲重要，如能達成懺悔，即獲得六根清淨位(96)而證阿羅漢(97)！如若不依圓觀爲主(98)，則不名大乘懺法(99)。故修懺若不俱事理並重，則雖能滅罪也只是免墮三惡道而已(100)，如能生善，也絕不能出三界(101)！是以知禮大師慈悲的啟示，修懺必須了知其意義，而實踐行持的誦懺文及禮拜圓備，始能獲得妙益爲旨趣。

其次四悔，即：

「次之四悔，所謂勸請、隨喜、廻向、發願也。所以悉稱悔者，蓋皆能滅罪也。勸請則滅波旬請佛入滅之罪。隨喜則滅嫉他修善之愆。廻向則滅倒求三界之心。發願則滅修行退志之過。

初修勸請者，先知現今剎那十方世界，有不可說佛剎微塵

　　數佛，方坐道樹，未轉法輪，我今稱理運想，於一一佛

　　前，請說妙法，即此刹那十方復有如上塵數諸佛，唱入涅

　　槃，我皆於前請久住世，能此運念不止滅乎魔怨，復能成

　　於法施，其功甚大！切在用心先運此心，方陳其語云云。」

　　行者在實踐修懺時，所謂四悔的勸請、隨喜、廻向、發願最爲重要，因爲懺悔是滅罪之良藥，即依懺悔的功德，能消滅宿世的一切過失，能獲得安身立命的境界。

　　第一勸請，即能消滅波旬魔王⓫，請佛入滅之罪⓬。因爲魔王最怕佛陀的久住世間，而度盡一切眾生，如世間人被度盡，即唯留下波旬魔王的單獨，故魔王是最喜歡人多、怕人少的極惡者。是以波旬時時追逼佛陀的提早入滅。又請佛入滅之罪，亦通於破壞說法、障礙善法、勝事及妨害僧團的秩序等，都是由勸請而能滅罪。次之隨喜，則能滅嫉妬他人修善之怨（過罪），乃凡好事必歡欣而隨行，不妨害而發善心隨和，就可消滅宿世之過失。第三廻向，可趣於安樂而免退於三界生死。第四發願可消滅修行之退志，即初修行者，意志比較強，但時間過久，會漸漸退心懈怠，故依發願力而保持道心的堅固，才不會退志而造成過失。

　　知禮大師更詳細的爲初修行者，宣說實踐勸請的重要性，務必先爲了解勸請的含義，才能獻出眞實心而仰求！即現在的十方世界，有不可說的佛國，及數不盡的諸佛，安然於成道，且坐在寶座的道樹⓭而未轉法輪⓮。此即指初成道的佛陀，尚未說法，故我等行者，必以誠懇的觀想，熏習止觀而運用至誠心於一一佛前，請諸佛說妙法！同時還有十方如上數的諸佛，宣示欲入涅槃⓯，故我等皆於佛前懇請久住說法！行者能如此妙運正觀，則

不止是能滅魔王之阻礙，復能成爲法布施，其功甚大，故要切記
運於內心，作如是觀想後，披陳懺悔！其次：

> 「次修隨喜者，則隨他修善、喜他得成。謂六道凡夫，二
> 乘聖賢，一切菩薩，三世如來，有爲無漏善根，上求下化
> 功德，皆歡喜讚歎，隨順修行！夫善是樂因，今隨喜助
> 成，則與一切眾生安樂之果，當以此意念念之云云。」

行者的實踐修懺，還必須雅量鴻大，且無嫉妒他人之心，更必須
看他人作善事，絕不逃避而歡喜與之共成功德！對像是六道凡夫
❿，或二乘聖賢❽，一切菩薩❾，三世的如來⓿，有爲善根⓫，
無漏善根⓬，或是上求下化的大小功德⓭，都盡能皆歡喜讚歎而
實踐修持爲旨趣。

　　行者的實踐修持，旨在求得安樂，即作善就是得樂的根本，
因爲作善的人，心無恐懼而安然（不作惡故），且能得天龍八部
的護衛，亦獲得眾人的尊敬，故學佛門中，慈悲作善是第一課
程。也因會作善的人，絕不與人計較長短而結善緣，故生善心而
隨喜爲修六度萬行的舖路，更是成就道果的前方便道，及能施與
一切眾生，俾使種植安樂的果報！因此，修懺必當念念於善觀念
爲最適當之道。其次：

> 「次修廻向者，所謂廻事向理，廻自向他，廻因向果。初
> 廻事向理者，元由理具，方有事用。一切修證，不出理
> 性，眾生強執，計是有爲，今廻此心向於實際！廻自向他
> 者，昔迷理遍，凡所修善莊嚴自身及己眷屬，今順本性廻

向眾生。廻因向果者，一毫善種，三業熏修，不趣二乘，寧滯三有，修旣順性，則成緣、了二因，因必顯眞，同歸究竟三德，是名廻因向果。此三種廻向一切菩薩共修，是故行人依此廻向云云。」

實踐修懺，在隨喜之後，必須修廻向⓴，即將自己所修功德，施給與一切眾生。所謂廻事向理，以從緣生之有爲法，即如儀如法的修懺，志向於不生不滅的無爲法爲旨趣。理雖凝然不動，但寂靜無爲之眞如，則非由緣而生事，故無法自顯彰，是以行者，嚴肅身心之如儀如法的修持，旨在皈向於寂靜無爲，故事與理，同是由法性中之流露，是以離事則無理，離理事亦不存在，故認通事理之不二，始可得事用的成就。因爲在實踐門中，事、理是不二，故不能單依事唯修，必須事理雙行，始能由實踐中證悟，但眾生，卻偏由宿世習氣深重而固執事相，遂放棄理觀而自妄計有爲的事懺爲重，故知禮大師極力地強調，必須事理兼備，重視理懺而配合事懺的實際，始能眞實受用。

又廻自向他，即眾生從宿世以來，被業惑愚弄而失去一切理智，致使被受一切的痛苦！但茲遇佛法，將所修善的功德，以莊嚴自身及眷屬外，並實際爲大乘理性而廻向於眾生，欣求平等而皆得如實法性。

次，廻因向果，乃廻轉所修之因行，轉向所求之果，即小乘人唯求自利，以歸空寂爲滿足，但大乘卻主張：自利、利他的大心，故絕不停於半途而急追求證，以得萬德圓滿的最高佛果爲旨歸。又所謂微小一毫的善根，如種子雖小，但由日月雨露的滋潤終成大樹，故善根雖小，可由三業熏習的修持力，終成大果，故

知禮大師強調不以二乘小果爲滿足，而停留於方便城，當知，對於目的地之寶所的佛國，二乘乃唯跑半途而已！故明示豈可單顧眼前的寂靜樂，而失去佛國的寶所，如修懺缺誠，即就無法脫離三界生死的三有⑮，不得趣入佛國的捷徑！故承善根的成熟，既能順利而修懺，則能成就緣因、了因的兩佛性⑯，由兩因佛性而獲得眞如的顯現，成就諸法實相理體之正因，同時得三德⑰的究竟，爲廻因向果。上舉三種廻向爲一切菩薩的共修法門，故行者們，必須依如是而廻向爲焦點。

其次乃發願：

> 「次修發願者，要誓志行也。一切菩薩，通有四誓：謂未度苦者令度，未解集者令解，未安道者令安，未證滅者令證！此則通標其志，已具前門。」

佛教的實踐門，發願是至爲重要！所謂「願」是由內心的自己約束之願望！如修善作福，皆須先發願以求達成其目的，故願是契合身心的相應，而俾使道心堅固的良方！因爲有願，始能依願而上進，且不敢違背所願而停止實踐，故可以說「發願」，更是離苦趣入正道的妙藥！

然從凡夫的發心學道起，至既成菩薩道，都不能時刻離所發之願，如地藏菩薩，從初發心起至生生世世，都是加強誓願而實踐，即「眾生度盡方證菩提；地獄未空誓不成佛」，故現在的他還是爲誓願達成而修持中！故發願在實踐門中，佔着不可缺少的特殊地位！且願必具根力，若無根力，即不能發揮上進的力用，如唯有種子而缺乏日月雨露的潤澤就不能生長，是以修持當中，

必依誓願力而精進，才能得證道果，否則徒勞無益！

又「願」的大體，可分為自證願、上求菩提願、下化有情願等，都散說在大乘經典中。但都以廣度眾生為主體，而對於未度能度，對於尚未證者俾其能證，綜合而論，菩薩的通願，即不出四弘誓願❽，即：眾生無邊誓願度；煩惱無盡誓願斷；法門無量誓願學；佛道無上誓願成！其他還有私願：如阿彌陀佛的四十八願，藥師佛的十二大願，或歷代祖師們的發願文等。知禮大師繼之強調說：

> 「今則別，要其心專期淨土！蓋此堪忍之界，不常值佛！多諸惡緣，深位尚乃有退，若彼安養之土，常得見佛，唯有勝緣，初心即得不退！又彼佛願力普攝有情，若能願求，定得生彼！況過現積集善惡業緣，每至終身，咸來責報，臨終惡念增盛，則眾惡成功，牽生惡道！臨終善念增盛，則眾善皆成，牽生善道！今既求生安養，必須淨業莊嚴，若無驗力強牽，焉克臨終正念，故誠心發願，決志要期，既欲往生，宜在專切！」

茲為專志祈求於淨土為對象❾，因為三界內的眾生，都住於堪忍的世界裡❿，無法時常能得親近佛陀而聽聞正法，且三界多諸惡緣，故《法華經》說：「三界無安，猶如火宅，眾苦充滿，甚可佈畏！ ⓬」即雖生於三禪天，還無法脫離風災的襲擊而墮落！故雖是初果聖人，還要潤七番生死，始能證阿羅漢果。故云三界無安，唯有安養的淨土⓬（即阿彌陀佛的國土）才可靠！既能生彼國，即時常值佛說法，如是獲得的勝緣，乃依宿世善根力，才能

遇善知識，始能得正行而念佛，即心存正念，口稱佛號，身儀整然的道心堅固，即得諸佛菩薩，諸天八部的護衛，得到安然自在! 故云初發心就得不退轉的殊勝!

又依據佛之願力，對眾生如赤子般的慈悲平等之攝持愛護，故凡有願求的眾生，必定能生彼土是確實的定論! 因為諸佛建設的安樂國，係是專為攝受眾生而建設，故能如法如儀的修持，則不收費而且極歡迎人們去居住。茲舉阿彌陀佛之四十八願中，其第十八願云: 十方眾生，若至心信樂欲生佛國，乃至發往生之十念，則悉得往生。且既往生之眾，還得無微不至的受愛護，並能享受一切平等待遇的安樂!

但在苦海中的業報眾生，卻不得如是的順利所願，因於過去，或現世積聚所造諸惡之業緣，絕免不了受報，故在最後的命終時，所有業報，必至顯現而追求，所謂果報不昧而昭彰，故造惡多端者，在臨命終時，惡相必現前，而且其惡念熾盛，逐時牽他入三惡道! 如作善者，在臨命終時，即善念增盛，得助生於三善道，但雖生於天上，亦非永久的安心（三禪還有風災），故既有緣，願求極樂世界，即必須如法如儀的實踐念佛，莊嚴身心，則能得往生，否則無希望! 因為念佛的願生最為重要，且依願力而樹立身心的正軌修持，否則臨命終時，萬業現前之當際，就無法抗制心亂而隨業去，故淨土宗強調，在於臨命終時的正念，即「一心不亂」始得往生，如欲能於臨命的正念，必須平時的如法如儀之實踐，否則臨終之際，心亂就無法抗制! 故知禮大師，才強調行持必須誠心的發願，而修持必須精進懇切，以克期取證為本旨，即時能得一心不亂的現前淨土為旨趣。

「第八行道法，第九誦經法云云。

　　然欲略知觀法之要者，但想繞佛之身，誦經之聲，皆是法
　　界，各遍虛空。一切眾生聞此句偈，十方三寶，受我繞
　　旋，而無能旋所旋，永絕能誦所誦，旋則步步無跡，誦乃
　　聲聲絕聞，故曰：舉足下足，無非道場。又云：其說法者
　　無說無示，如此旋誦，功莫於京（大也）。」

知禮大師對於第八的行道、第九誦經法，乃依《法華三昧懺儀》
（大正四六～九五三ＢＣ）所說：即行者既禮佛竟，當一心正身
威儀整然，右遶法座燒香散花，安然而徐步，內心念念不離三
寶，然後次第的三稱頂禮：

　　南無十方佛　　南無十方法　　南無十方僧
　　南無本師釋迦牟尼佛　　南無多寶佛　　南無釋迦牟尼分身佛
　　　　南無妙法蓮華經　　南無文殊師利菩薩　　南無大行普賢菩
　　薩（三遍）。

然後口宣佛號，圍繞佛座，如是旋繞三匝，乃至七匝、三七・二
十一匝、七七・四十九匝、百匝等，可以時間的方便，不必定
數。若行道欲竟，當如前默稱三寶，再燒香正念而唱讚皈依三
寶。

　　至於第九誦經法，行者即於行道中，稱諸佛名號竟，一心正
念誦《法華經》。但誦有兩種：（1）具足誦，（2）不具足誦。具
足誦是：行者首先能諳誦熟全部《妙法華經》而入道場，還可在
行道中誦單品、兩品或全卷，至行道欲竟時，終止誦經，如前稱
揚諸佛菩薩聖名，後三皈依竟，還本座位。若尚無意坐禪，更可

端坐而繼續默誦《妙法華經》，亦可隨意而不必定數。但四時的坐禪不得廢無⓬，且可久坐為宜。如不習坐禪之人，可以誦經懺悔代替坐禪，如誦經疲極時，還可暫休息後再誦，亦不違行法，雖不能入定境，但依誦經之功德力，可獲得身心泰然！又還依眼根專注經典的功德力而開智慧，得見本來的妙色身。不具足誦，乃指行者，本來未曾誦《法華經》，茲望深入正定，可在旋遶時，單誦「安樂行品」⓬一遍，或數遍隨意，或兼誦《法華》餘品更妙！但不得誦其他餘經，旨在以專為主。又對於事懺的誦經法，必須文句朗明，音聲不寬不急，乃要專志於經中文句，不得分心，即精神隨木魚聲韻和而進退，以運身心配合法音於充滿法界，即是真實供養三寶而獲得功德無量！

又實踐行道，誦經的事懺中，還不得離理懺的觀法，即身雖於行道遶佛的誦經聲中，必須觀想聲聲佛號，都在法界而遍虛空，俾使一切眾生，聞此聖號及句偈，獲得妙益！還祈十方三寶，攝受我等遶旋的最敬禮！內心放下一切而妙運三昧，自身無能旋、所旋，而步步無聲無跡，口誦乃聲聲無聞的寂靜，故動靜、念誦、聞法等，亦如無人之境！能如是實踐的修懺，始能達成，而得功德無量！

繼之即：

「第十：坐禪實相正觀法，上諸觀想，雖皆稱理而帶事
　　　修。蓋欲行人涉事之時，體事即理，心無倚著，功不唐捐
　　　故，如前施設也。
　　　今之禪法，乃是正修，純用理觀。茲先明坐相方示觀門。
　　　且坐相者，當於別室，身就繩（繩）床，結跏趺坐，以左

　　腳置右腳上，名爲半跏。更以右腳置左腳上，牽來就身，
令齊兩髀，名爲全跏，此坐爲最，易發禪那，若不能全
跏，半跏亦得。次整衣服，不得太寬，寬則袒露。不得過
急，急則氣壅。次當正身，令不萎不倚，項背相對，其頭
不低、不昂令平正，自然勿以力制，合眼令斷外光，合口
令斷外風。次令氣息調均，心離分散，故《止觀》云禪調
身則不緩不急；調息則不澀不滑；調心則不浮不沉，三事
若調，禪定可發也。」

所謂坐禪之實相正觀法㉕，即禪含有「單傳直示」之妙義，乃令
心不散亂而靜坐思惟，能獲得解脫證道的功能，故在佛教實踐門
中，乃最重要的一門！因禪能消滅一切煩惱，啟發一切智慧，故
我國的修禪者，自成一宗爲禪宗而盛傳，且傳至韓國、日本等地
至今不衰！要之，禪宗與其他諸宗的不同是：以依佛心而不立文
字，教外別傳，直指人心，見性成佛爲主旨，即有引用經典，亦
爲一時之方便施教而已！

　　又禪有如來禪、祖師禪之分，所謂如來禪，係頓悟自心本來
清淨，無有煩惱，且具足無漏之智性，認爲此心即佛，稱「如來
禪」㉖，亦是達摩祖師門下所相傳之禪法，但自中唐以降，卻盛
行棒喝、公案、不立文字、見性成佛等，而取代達摩門下的相
承，並且認爲傳統的禪法，尚未得迦葉尊者所傳承，以拈花微笑
的本意，故另立禪學極致之「祖師禪」，以顯揚爲達摩眞傳之「
以心傳心」、「即心即佛」的直指人心成佛之偉大，爲中國「祖
師禪」㉗的特色！

　　但禪學實踐者們，過於注重自心體驗，以不立文字、教外別

傳爲自尊，遂輕視律制、經教的傾向，導致養成晦昧不明的暗證
禪師者不少！換言之：唯以日夜不休的端坐，雖得身心的泰然安
定，卻不能了悟所證的階段，且易變爲增上慢（患未得認爲已
得，未證認爲已證），成爲狂妄自大之暗證禪師，這已患無法自
拔的危險病！尤其只證初禪的境界，就認爲已證出世大禪自居，
如是錯誤，致使無法眞正獲得解脫自在的了脫生死！尚且一不小
心就易墮所謂「野狐禪」❽、「邪僞禪」❾之類的弊害！如是修
禪的弊害，卻早就被天台智者（西元五三八～五九七年）大師道
破，爲樹立禪學於正道，遂將深奧的禪理語體化，而組織「止
觀」（天台禪學）的整然體系，成爲天台教學中的實踐門，至今
尚盛之特殊法門。

　　然爲修懺的成就，必重視修禪的觀想，尤更重要的還是不離
事修之嚴整身儀，得配合於觀想，即心必放下一切；身必整潔如
儀，呼吸亦必須調順，詳細參照《天台小止觀》第四調和（大正
四六～四六五 **B**），如是三事配合得宜，禪定必發，故理懺隨事
懺而彰顯，所得功德無量！

　　　「次示觀門者，所謂捨外就內，簡色取心，不假別求他法
　　爲境，唯觀當念，現今刹那最促最微，且近且要！何必棄
　　兹妄念，別想眞如！當觀，一念識心，德量無邊，體性常
　　住，十方諸佛，一切眾生，過現未來，虛空刹土，遍攝無
　　外，咸趣其中！如帝網之一珠，似大海之一浪，浪無別
　　體，全水所成，水旣無邊，浪亦無際！一珠雖小，影遍眾
　　珠，眾珠之影，皆入一珠，眾珠非多，一珠非少，現前一
　　念，亦復如是！」

修觀實踐門的最重要，乃捨去一切外境之色，即六根不貪於六
塵，以第六意識為主觀之境，故云簡色取心。因為凡夫的日常生
活，處處不離五蘊迷情而為之所亂❷，故必須攝持妄心於八正道
軌，以能契合實相觀智為旨趣，故云不假別求心外之法為境，其
最重要的還是唯對現前一念，絕不墮於惡，更不讓其另生第二念
而變質，即一心不亂，時時是清淨真如，那就不必掛礙有妄念、
真如之分別。然欲達成真如心的不變質，即當觀一念是真如實相
之本體，其體性乃常住而不變，其德量亦咸具無邊際，而且互通
十方諸佛，及一切眾生，且過去、現在、未來的虛空剎土，都遍
攝而無盡!

　　知禮大師，猶恐大眾還不了解其趣，故舉喻而再說，如帝網
之一珠❸，用於莊嚴天宮之網，而且網之一一結，皆附寶珠，其
數無量，一一寶珠，皆映現自他一切寶珠之影，又一一影中，亦
皆映現，如是寶珠，遂無限交叉的反映，現出重重無盡而互顯互
隱。又更舉大海水之波浪，即波浪無別體，乃依水而成的同一性
質，故凡有海水，即波浪亦隨之而有的狀態。所謂帝網之珠雖
小，但其影光，卻能遍眾珠，且眾珠之影，亦被攝於一珠。上述
舉喻，即用來明示現前的一念，都是真如實性的流露! 又說:

　　　「性徹三世，體遍十方，該攝不遺，出生無盡! 九界實
　　　造，佛地權施，不離即今，剎那能窮過未作用! 然須知性
　　　具一切，是故能攝能生，勿謂本覺孤然，隨妄緣而方有。」

所謂「性」乃具不變義，即指本來具足之性質、事物之實體，即

能貫徹於過去、現在及未來，且遍於十方而攝盡，出生亦無盡！九界眾生的實際[132]，乃從不昧因果，得趣入實地實造而明顯，故雖是菩薩還執二邊，唯有佛陀，才能施權顯實的方便，巧妙於運用度眾生，即以穢淨不二，且能頃刻貫徹於盡過去及未來，善巧妙作用於度眾生而趣入中道。由此可知「性具」[133]能造出諸相的一切，且「心性」卻終日隨緣而終日不變，故本覺心性是能攝持[134]、能生長而始終恆常不變，此乃先天性之本有，而不受煩惱污染等迷相所影響！但本覺的心性還不孤獨，乃由時、境、緣而能隨時演變，造出千差萬別的形相，遂有九界眾生的出現，但相雖變而形成萬象，然其性之本體卻不變，為性具說的特色。又說：

> 「不明性具者，法成有作，觀匪無緣。今觀諸法即一心，
> 一心即諸法，非一心生諸法，非一心合諸法，非前非後，
> 無所無能！雖論諸法，性相本空，雖即一心，聖凡宛爾！
> 即破即立，不有不無，境觀雙忘，待對斯絕，非言能議，
> 非心可思，故強示云：不可思議微妙觀也。」

宇宙萬象的形成，無不是由「性具」而有，如若不先了知「性具」，而認為一切法是有所造作，即就錯認「心性」的能攝、能生一切的原理！因為由時境緣的際遇不同，遂將心性演變而現一切象，既被境遷而心變，即遂有墮於下界之慮，故必依實踐修觀的重要，否則恢復本來之清淨心性就無望的了！

　　現在，當知諸法的顯現由心，即心與現象的融合成為萬象，絕非是心，別生諸法，猶不是一心，含諸法而生起分別，即現象雖有千差萬別，而其心之性體卻無差異，故云非前非後，非豎非

橫，無所有、能有的恆常不變！又現前的諸法，雖萬象分明，但其性相的本體，原來卻是空，絕沒有固定體相的存在！故心性的本體，乃聖凡同依而歷歷分明，遭遇迷惑時，必須破除，如遇善緣時，即不放棄而精進，更不得被二邊而固執，以不有不無的不偏於空有，而得境觀雙忘，其對待更無而寂靜中道爲旨趣。換言之：即「離四句絕百非」❸的脫離思慮，乃非語言、心思之所能表現，爲不思議妙觀也。又說：「此觀非滅罪之邊際；能顯理之淵源，是首楞嚴禪；是法華三昧，亦稱王三昧，統攝一切三昧故，亦號總持之主，出生一切總持故，功德甚深稱嘆莫及！」有關實踐門中修觀之重要，非僅是能實際的滅罪，還能闡顯眞理的淵源於窮盡，乃得心念住於一境的寂靜！所謂「首楞嚴禪」❸，其意乃爲堅固而能攝持諸法，且能觀察現在眾生之諸心，及能分別眾生諸根的利鈍、因果等一百項目之多。又是「法華三昧」❸，亦稱爲「三昧之王」❸，能統理攝持一切禪定門的總持。所謂總持，即總攝憶持無量佛法，而不忘失的念慧力，且在眾中無所畏懼；同時亦能自由自在的說法，並得無礙辯才的善妙用，其功德甚深，絕不是以口言所能稱歎得了，故修觀是輔成證道的不可思議之妙境界！又：

> 「上來所述：事儀理觀，多有漏略，備急披詳，不煩援引！若欲廣知，應尋《摩訶止觀》，當知止觀一部，即法華三昧之筌蹄；一乘十觀，即法華三昧之正體，圓頓大乘，究竟於此。」

知禮大師自謙對於「修懺要旨」的解說不周到，而且爲應急交

卷，故未能得充分而詳細的多引經典爲憾！ 最後尙爲勉勵學者
們，如對於修觀若具興趣，而欲須深層的研究，可自尋《摩訶止
觀》❸ 最妙！ 因爲「止觀」是修理懺門最圓滿的實踐法，乃智者
大師在天台華頂峯，實踐苦行的自悟妙證，特爲當時及未來，爲
學習「止觀」的禪法者們，吐盡心血而流露的結晶，故《摩訶止
觀》成爲禪學實踐門的寶典。

　　知禮大師之一生，乃具悲天憫人的慈懷，不愧是一代宗師，
雖在宣說修懺門，還不離強調「止觀」，是「法華三昧法」的實
踐理論綱要，即以「止觀」爲導入修懺捷徑的輔助。且更強調所
謂「一乘十觀」❹，就是「法華三昧」之正體，亦即依之爲斷妄
心的主體修觀法，始能顯現返本還源的妙證，故實踐「止觀」，
亦是爲實修「法華三昧」之正軌的闡揚！ 更證明圓頓大乘的深奧
究竟義❹，亦攝盡於此而顯露！ 由此可知， 天台學的理論與實
踐，是相互相攝而圓融無礙爲特色。

　　本書被限字數故「結論」省略。

註:

❶ 「大正」四九～一七八Ｃ。

❷ 同上。

❸ 初住無生忍位: (1) 初住爲別教初住位，即斷三界見惑盡與通教八
　人、見地齊。(2) 行者在實踐禪觀行中，能觀諸法，理寂而不生起
　妄爲無生。據天台宗，別教的初住即通教三乘與共之十地中，第三
　八人地，第四見地，即七八九地之菩薩，其慧安住於無生理體，捨
　離生相，名爲初住無生忍位。參照天台四教六即圖（拙編著《天台
　教學史》頁一一三）。

❹ 大正九～五三Ｂ。

❺ 卍續精一三四～六二二Ｂ（新文豐版）。

❻ 法華三昧前方便，初旋陀羅尼。所謂法華三昧（三昧譯爲「正定」、
「正心行處」等），乃四種三昧之一，即依《法華經》、《觀普賢
經》而修諸法，祈得實相理爲三昧行的實踐法，即以三七日爲一
期，行道誦經，或行或立或坐，思惟諦觀實相中道之理，此法專注
以一日中的六時修五悔，即懺悔宿業滅罪爲旨趣。「陀羅尼」譯爲
「總持」、「能持」、「能遮」，即能總攝憶持無量佛法，而不忘
失的念慧力。換言之：「陀羅尼」乃屬一種「記憶術」。依宋代曇
照法師註《天台智者大師別傳》說「前方便」即指「前」爲五品
觀行位。而「初旋陀羅尼」，「初」乃圓五品之初的實修空觀，
即入「十信相似位」，由五品之功，得趣轉入於十信位也。（參
照大正四九～一八一Ｂ、卍續精一三四～六二二Ｂ、天台四教六即
圖）。

❼ 迹本三千：迹乃指實體與其影現，即針對初地以上的法身菩薩及
佛，由其實身，變化爲百千億的應化身，以垂迹而化導眾生。本乃
指久遠刼前旣已成道之本佛。即強調實踐禪觀中的行者們，必須針
對現前的一念，本具三千的圓融而攝持本迹之眞實爲要旨。

❽ 大正四六～八五八Ｂ。

❾ 大正四六～八五七Ｂ。

❿ 大正四六～八六八。卍續精一〇〇－九〇四Ｂ。

⓫ 同上。

⓬ 大正四六～一一Ａ。

⓭ 大正四六～一三Ｂ。

⓮ 長齋：長是指在其規定時間中，絕不退失。齋者潔也，即清淨身心
之謂。俗云齋戒，即防患不生惡謂戒。長齊：又指終身素食。

⓯ 二十四戒：《二十四戒經》大藏中無，唯存於日本京都龍谷大學，
東洋史學研究室。敦煌本，《佛說善信菩薩二十四戒經》，或略云
《菩薩二十四戒經》，共計七十三行之短經。所謂二十四戒，即：
（1）不殺、（2）不盜、（3）不淫、（4）不妄、（5）不酒肉、（6）莫
於寺內不淨行、（7）不樂說在家出家過、（8）不好激發他人惡事、
（9）不於出家人住處發生淫、（10）不勸人沽酒、（11）不持薰辛入
塔寺、（12）不淨足入佛殿、（13）不打罵僧尼、（14）不鬥亂離間、

（15）不入講肆（場）求色、（16）不染觸經像、（17）不墮胎、（18）不亂賣經像、（19）睞目取物（不迷物質）、（20）不強奪財色、（21）不淫慾破齋、（22）不喜（不得不喜）人善、（23）撥無因果、（24）染欲（不就染五欲）不上求下化。又《大方等陀羅尼經》卷第二（大正二一～六四五Ｃ）可資參考。

⑯ 單縫三衣：單縫乃不許有卻刺（美麗之刺繡），如有卻刺，乃是大僧受持之衣。是故僧俗有別，如借用僧衣深爲不可。故單縫三衣，非出家服。三衣乃指：（1）單縫，（2）俗服（出道場時着），（3）三衣乃入道場時着，即在道場內，若離此衣，得障道罪，行者應當尊制爲妥！

⑰ 奉請三寶、十佛：凡是佛教徒，在實踐時，必念念不忘三寶（佛法僧）。十佛即南無本師釋迦牟尼佛、南無雲雷音王佛、南無寶王佛、毘婆尸佛、尸棄佛、毘舍浮佛、拘留孫佛、拘那含牟尼佛、迦葉佛等。

⑱ 大正四六～七九七Ｂ。

⑲ 大正四六～一三Ｃ。

⑳ 大正九～六一Ａ。

㉑ 大正四六～七〇〇Ａ。

㉒ 大正四六～九四九。

㉓ 大正二五～四〇一Ａ。

㉔ 卍續精九八～三四四。

㉕ 參照大正四六～九六八Ａ。

㉖ 大正四六～八六八。

㉗ 大正四六～七九五Ｂ。

㉘ 大正四六～九六八Ａ。

㉙ 大正四六～九七三Ａ。

㉚ 大正四六～六九七。

㉛ 大正一二～三四〇。

㉜ 大正三七～一九五。

㉝ 四淨土：乃行者們，念佛修觀而往生淨土的位次，即將淨土分爲四種，（1）凡聖同居土。（2）方便有餘土。（3）菩薩莊嚴土。（4）常

寂光佛土。

㉞ 大正四六～八六五。

㉟ 普門品：即《法華經》之第二十五品，在大正藏九～五六頁Ｃ。

㊱ 大正四六～五四Ａ。

㊲ 參照大正二五～二〇八Ｃ。

㊳ 道品：道即通往涅槃大道之修持法；品是品類差別。其品類凡有三十七科（三十七道品）。又云菩提分、覺支，即為追尋智慧，進入不生不滅境界之修持法。所謂三十七道品，即：（1）四念處、（2）四正勤、（3）四如意、（4）五根、（5）五力、（6）七菩提分、（7）八正道等。（1）四念處：①身念處，是觀身不淨。②受念處，觀受是苦。③心念處，觀心無常。④法念處，觀法無我。（2）四正勤：①已生惡令永斷，②未生惡令不生，③未生善令生，④已生善令增長。（3）四如意：①欲如意，②精進如意，③念如意，④思惟如意。（4）五根：①信根，②精進根，③念根，④定根，⑤慧根。（5）定力：①信力，②精進力，③念力，④定力，⑤慧力。（6）七菩提分：①擇法，②精進，③喜覺，④除覺，⑤捨覺，⑥定覺，⑦念覺。（7）八正道：①正見，②正思惟，③正語，④正業，⑤正命，⑥正精進，⑦正念，⑧正定。

㊴ 圓位：指天台宗之藏通別圓，四教中之最高階位，即位位相攝圓融，故稱圓位。又指涅槃圓果之位，即滅除煩惱，超越生死輪迴，證得最高智慧之境界為圓位。

㊵ 寂忍：即指依修持之功力，得寂靜安然與堪受侮辱，所謂「披寂忍衣，坐大慈室」的境界。

㊶ 相似：在佛典中，常用於比擬類似之修行境界為相似。天台圓教所立六即位之第四。智者大師設六種階位，以示從凡夫至佛的位次。所謂相似，即在觀行中，由修觀的精勤就得真證，獲六根清淨位，即三界迷惑斷盡，習氣亦清之時，與初住之證位近似。

㊷ 分真：或云分證。即天台所立圓教菩薩修行階位之一（六即中之第五）。即初地以上菩薩的次第修行，以斷除一份之煩惱，得證悟一份之中道。

㊸ 一禮一旋：由如儀虔誠心之五體投地的一拜，得能消除不少的罪

業。即虔誠心是一塵不染的清淨心，由清淨心的禮拜，才能眞正獲
得功德無盡的受用。「旋」是轉動。在佛教禮節上，有旋遶讚頌佛
德而宣揚聖號，即以佛陀爲中心而環圍佛陀右繞，亦是古代印度禮
佛的最敬禮儀之一。如是禮節，被我國高僧承用，而配合於叢林早
晚課的禮拜，因每堂課大概是二個小時，爲大眾站久疲勞着想，故
以轉動姿態，即以動制靜的調換氣分，且能訓練大眾不失定念的起
行，即動靜不離，以止觀實踐修持爲焦點。

❹ 法身：是佛三身之一，具十力、四無畏之無漏功德法所成，乃非肉
眼所能見之理佛，　即常住眞實普遍平等，　以理體之眞如法性爲法
身。但法身的具足圓滿，必須由應身的嚴肅修持，始能成就，即在
因地實踐，由其功力，獲得大慧、大力、大悲等功德，得到受用無
盡爲報身。更由報身而救濟法界中的一切眾生，成就上求下化的功
德圓滿，獲得無漏無爲、無生無滅，即爲法身，而常住於常寂光淨
土。

❺ 五果：由道力所證，有爲無爲之果，分爲五：（1）等流果，（2）異
熟果（報果），（3）離繫果（解脫果），（4）士用果（功用果），
（5）增上果。

❻ 四德：即常、樂、我、淨。（1）常爲永遠不變不遷的常住。（2）樂
爲永離眾苦，安住於寂滅之大樂。（3）我爲遠離有我、無我之二妄
執的自在無礙。（4）淨是離垢無染的湛然清淨。又虔誠的佛教徒，
來世之四德，即能得　（1）大富，　（2）端正相好，　（3）無疾病，
（4）長壽。

❼ 香華偈：香偈又作燒香偈，即燒香回向文（於佛前上香時所唱之偈
文）。在禮佛儀式（禮敬讚德，先至香台，端身息慮，思念聖德，
目覩聖容，雙膝着地，手擎香爐）唱戒香、定香、解脫香，光明雲
台遍法界，供養十方無量佛，聞香普熏證寂滅。或願此華香雲，徧
滿十方界，供養一切佛，化佛並菩薩，無數聲聞眾，受此香華雲，
以爲光明台，廣於無邊界，無邊作佛事。又香華、華香，多爲供佛
之用，奉施香華，　來世可得十種功德。（1）爲人如花，（2）身無
臭穢，（3）福香、戒香，遍諸方所，（4）隨所生處，　鼻根不壞，
（5）超勝世界、爲眾歸仰，（6）身常香潔，（7）受樂正法、受持讀
誦，（8）具大福報，（9）命終生天，（10）速證涅槃。

㊽ 參照大正四六～九五〇C。

㊾ 三大阿僧祇刼：阿僧祇，意爲無量數，刼爲極長遠的長時間。刼具大中小三刼之別，乃釋迦佛陀，從出家值遇無數佛，即於初刼之時，奉事過七萬五千佛，第二刼時奉事七萬六千佛，第三刼時奉事七萬七千佛。

㊿ 三諦：眞諦、俗諦、中諦。(1) 眞諦，又稱空諦、無諦。眾生不了諸法本空，執之爲實而生妄見，若以空觀對治，則執情自亡，而了悟眞空之理。(2) 俗諦又稱假諦、有諦。諸法雖空，然在因緣聚合時，則歷歷宛然，於空中立一切法，稱爲俗諦。(3) 中諦又稱中道第一義諦。諸法本來不離二邊，但以中觀觀之，不即二邊、非眞非俗、即眞即俗，清淨而無礙圓融稱爲中諦。

(51) 三德：法身德、般若德、解脫德。法身是指一切本來具足，即功德完成身。解脫是指離煩惱束縛。般若是指開悟之智慧。三德又指佛果位具足的三種德相，即智德、斷德、恩德。智德是指觀察一切諸法之智慧。斷德是指滅盡一切煩惱惑業。恩德是由救度眾生之願力，而予眾生以恩德。

(52) 四德：常、樂、我、淨。參考㊻。

(53) 三覺：即自覺、覺他、覺行圓滿。

(54) 三乘：乘乃運載義，即運載眾生於彼岸。三乘即聲聞、緣覺、菩薩。聲聞是聞佛聲教而悟道，修四諦法的知苦斷集，慕滅修道。緣覺是修十二因緣法，了知眞諦理的緣生緣滅，而悟非生非滅的聖者。菩薩是上求無上菩提；下化一切眾生，修六度而得自利、利他的大乘聖者。

(55) 因位：即指修行佛道之階位。未成佛前皆稱因位。菩薩雖斷盡塵沙惑，尙有無明惑未斷，故還稱因位。

(56) 無緣大慈：即無條件、無親疏、無所求、無分別而唯予於他人的幸福設想，乃慈悲的極致爲無緣大慈。

(57) 四誓弘願：所謂「誓願」乃自表不食言之詞，亦是約束，即在心裡深深下定決心與希望。故云「自制其心爲誓」，「志求滿足爲願」。在佛教中，最根本而常見之大願，稱爲四弘誓願：(1) 眾生無邊誓願度，(2) 煩惱無盡誓願斷，(3) 法門無量誓願學，(4) 佛道無上誓願成。因諸佛菩薩的大願，都是爲救度眾生而發誓，其願心深

重，故稱大弘誓願，如地藏菩薩發願：地獄未空，誓不成佛！且由
其誓願而成就的力量，稱誓願力。據云：四弘誓願偈，是智者大師
所作。

⑱ 罪根：違反常理而觸犯禁條，所招受苦報之惡行爲，稱爲罪。而從
我人之語言、動作、思想等三方面所犯之惡行，稱爲罪業。又罪由
惡行爲而成，且能妨礙聖道，故能妨礙聖道而招罪報之根本，稱爲
罪根。

⑲ 我執：執着實我之意。即眾生之體，本來是由五蘊假和合而有，且
妄執具有主宰作用，即產生我與我所的妄想分別，稱爲我執。我執
有兩種：(1) 俱生我執，即先天性之我執，乃從無始以來，由虛妄
薰習，即內因堅執力強故，恆與身俱，任運流轉，故謂俱生。(2)
分別五執，即後天所起之我執，乃由現在外緣力之故，即受環境影
響，或接受邪教，或妄說等迷信後方生起，謂分別我執。又分別生
起之我執，能生「造業」之禍；俱生我執，能累「潤生」之弊，故
兩執皆是擾惱身心，至令使輪迴生死不休。

⑳ 六根：人之六種感覺器官的認識能力。即眼、耳、鼻、舌、身、
意，前五根爲物質上存在之色法——色根。由生理器官稱爲浮塵
根，以四大爲體，對取境生識之作用，但其實際，以取境的生識作
用，稱爲勝義根。

㉑ 六塵：眾生以六識，緣外境而染污六根，能昏昧眞性稱爲塵。所謂
六塵，即色、聲、香、味、觸、法等六境之外塵。

㉒ 八識：即眼、耳、鼻、舌、身、意、末那、阿賴耶識。其中的眼等
六識，隨所依之根立名；末那（意）識爲取捨思量，依其自性而立
名；阿賴耶識依攝持諸法因果，故亦稱含藏。又眼等六識，以了別
爲其性，緣色六境，通善等三性；末那識以恆審思量爲其性，阿賴
耶識以微細之行相緣種子性，故云含藏。

㉓ 大正三～二九七Ｃ。

㉔ 同體慈悲：或云同體大悲。即觀一切眾生與自己身同體，而生起拔
苦與樂、平等絕對之悲心。

㉕ 四恩：指四種恩惠：父恩、母恩、如來恩、法師恩。又另一說：父
母恩、眾生恩、國王恩、三寶恩。

㉖ 三有：欲有、色有、無色有。(1) 欲有乃欲界之天、人、修羅、畜

生、餓鬼、地獄等，各隨其業因而受果報，稱為欲有。(2)色有：即色界四禪諸天，雖離欲界粗染之身，得有清淨之色。(3)無色有：無色界四空諸天，雖無色質之礙，但還有隨所作之因，必受其果報。又有情一生之始終，分為生有、本有、死有。(1)生有：指託生之最初一刻。(2)本有：指生至死之間。(3)死有：指死之瞬間。且三有亦是有漏之異名，漏為煩惱之異稱。煩惱乃自有情眾生之六根門漏泄無窮，令其流轉於生死之間，故有漏乃三有之因，且為其所依、所攝。又數論外道立：善成有、性得有、變異有。(1)善成有：初生時，就具法、智、離欲、自在等四德，此係因善而得。(2)性得有：至十六歲時，自然成就法、智、離、欲、自在等四德。(3)變異有：以師身名變異，因師身故，弟子恭敬親近聽聞，得智慧，因智慧而得離欲，能離欲故得善法，因具善法而得自在，弟子四德從師身得，故稱變異有。又稱等起善、生得善、加行善等（詳見《金七十論》卷中，大正五四～一二五五A）。

㊻ 六根：參照㊿。

㊼ 四悔：即勸請、隨喜、廻向、發願。

㊽ 真實知見：真實即至誠，知見是智慧。乃諸佛菩薩的至誠久修三業真實行，故悉皆清淨。由清淨心而發智慧，得不可思議、不可稱、不可說之至德，且由之至心的知見，悲憫受苦於煩惱惡業海中的眾生，平等為之救度。

㊾ 十心：在《摩訶止觀》卷四上（大正四六～三九C），十心有順、逆兩種。(1)順流十心，即：一切眾生，以單行道而隨順煩惱，甘心於流轉生死海。①無明昏暗：眾生從無始來，被惑而昏迷理智，廣造罪業。②外加惡友：諸眾生內心本具煩惱，外值惡友，扇動入邪法而迷惑身心，不修善法。③善不隨從：諸眾生既內外具惡緣，即內無善心，外滅善事，後見他人作善，不肯隨喜而且嫉忌。④三業造惡：恣從語言、動作、思想而無惡不作。⑤惡心遍布：處處欲對付他人而惱害他人。⑥惡心相續：被業惑拘使而惡心相續不斷。⑦覆諱過失：作惡不讓人知，不肯發露惡行而且無悔改心。⑧不畏惡道：不怕惡道而無惡不作。⑨無慚無愧：造諸惡業而不知慚愧。⑩撥無因果：邪知邪見而不信果報。(2)逆流十心，修行者由此十心，即可除順流十心之惡法而證道。即：①深信因果，可破撥

無因果的惡觀念。②生慚愧心，可破無慚愧心。③生大怖畏，可破不畏惡道之心。④發露懺悔，可破過去所造惡業。⑤斷相續心，破惡念相續之心。⑥發菩提心，可破一切惡觀念。⑦斷惡修善，可破三業所造之惡惑。⑧守護正法，可破妨害他人，及不隨喜心。⑨念十方佛，可破隨順惡友之心。⑩觀罪性空，可破無明昏暗之心。若欲實踐修持懺悔，當認識順流十心而明知過失；反之能運用逆流十心以爲對治，故此二十心的通徹，始能識得修懺之道的妙受用。

㉗ 涅槃: 又稱泥洹，意譯爲作滅、寂滅、滅度、無生等。即指: 完成悟智（菩提）之境地，亦是超越生死之最高目標，即得常樂我淨的境界。

㉘ 六道: 又作六趣，即眾生各依其業而趣往之世界生處。①、地獄，②、餓鬼，③、畜生，④、阿修羅，⑤、人間，⑥、天人，前三爲三惡道；後三爲三善道。

㉙ 根本無明: 又云根本不覺、無始無明、元品無明。即諸煩惱之根本，無明即不達事理，乃不覺迷妄之心。即於眞如性海中，起動一念之煩惱，稱爲根本無明煩惱。所謂煩惱，即眾生所具的貪、瞋、痴、慢、疑、惡見等。惡見又分爲身見、邊見、邪見、見取見、戒禁取見等五種，稱爲五利使；前之五種稱爲五鈍使，因爲煩惱具有污染身心之作用，能驅使一切眾生，流轉於生死苦海的基本，故云根本無明。

㉚ 我見: 執着非我之妄見爲我。即內堅執色受想行識的五蘊假合之身心爲實我。外妄計一切法，皆有其實性的妄認。

㉛ 一闡提: 譯爲斷善根、信不具足、大貪等。即撥無因果的觀念，執着一切與因果無關，如印度順世外道等。又一闡提，乃樂欲生死而不感覺苦，且不願求出離苦海的眾生爲闡提。

㉜ 參照㉗。

㉝ 心性本寂: 即心之本性，本來清淨。雖有客塵外染的煩惱，但其本體是清淨而無染。

㉞ 五悔: 即修懺時之五種爲滅罪之悔過法。（1）懺悔，乃悔罪而修善果。（2）勸請，恭請十方諸佛轉法輪以救眾生。（3）隨喜而稱讚他人之善行。（4）回向善行之功德於菩提。（5）發願上求佛道，下化眾生。

⑲ 三昧: 又云三摩地、三摩提，譯爲等持、正定、調直定、正心行處等。即在修持時，將心不散亂而能保持安靜，即能除一切煩惱發正智而開悟眞理，稱爲三昧。在天台宗的實踐門，有四種三昧之修持法，即常坐、常行、半行半坐、非行非坐等。又三昧之種類，計有一〇八種之多，參照《大智度論》卷第四十七，大正二五～三九六ＢＣ。

⑳ 菩提: 意譯爲覺、智、知、道。即斷絕世間的煩惱而成就智慧，具有智慧才能趣入不生不滅的涅槃道。

㉑ 諸佛常色光: 即佛三十二相之一，乃時常圍繞佛菩薩的身邊，晝夜恆照之明妙色光。

㉒ 刹那: 意譯爲須臾、念頃，即心之一念起間（瞬間）。

㉓ 三身一體: 身即聚集義，乃聚集而成身，以理法聚集，稱爲法身；智法聚集爲報身；功德法之聚集爲應身。法身、報身、應身稱爲三身。法身爲顯證實相眞如之理體，無二無別，常住湛然。報身乃酬報因行功德而顯現相好莊嚴之身。應身乃隨順所化眾生的機性而顯現之身，又或稱化身。三身以眞性爲本，依眞應受用，即依眞起應，以相應而受用於遍化，故三身是一體，且依眞性爲本。

㉔ 四德參照㊻。

㉕ 罪相: 所犯之罪，不得不受報，其受報之苦，已表露於外的狀態。

㉖ 實相: 原義爲本體、實相、本性等，即宇宙萬法眞實不虛之體相。由無漏智所證之實相，則離虛妄之諸相，而平等一如爲實相。

㉗ 十惡: 又云十惡業、十不善業、十惡業道。即由語言、動作、思想之三業中的惡行爲，即殺生、偸盜、邪淫、妄語、惡口、兩舌、綺語、貪、瞋、痴等。

㉘ 五逆: 又云五逆罪。即指罪大惡極，破壞五種之恩田、德田等五無間罪業，或云五不救罪，即殺（弑）父、殺母、殺阿羅漢、破和合僧、出佛身血等。

㉙ 四重: 指比丘戒之淫、盜、殺、妄等，爲戒律所禁之四種根本重罪。

㉚ 八邪: 又作八邪支、八邪法。即（1）邪見: 指不信因果、功德、父母、聖人等之見解。（2）邪志: 又作邪思惟，指欲、瞋、害等思惟。（3）邪語: 即妄語、兩舌、惡口、綺語等。（4）邪業: 殺生、

不與取、邪淫等。（5）邪命：不如法之生活。（6）邪方便：又作邪精進，爲惡事所作之方便精勤。（7）邪念：不如法之觀念。（8）邪定：非正定之定。以上八種乃凡夫、外道行者的所常行之道。

⑨ 理毒：或云性惡。理爲一切始終不變之本具理體。毒是禍害，諸法之理性無染，但因境而生染，爲理性之毒。因爲，如來雖斷經驗惡——修惡，而尚留本具的理惡——理毒，也因爲尚留有性惡，故在於眾生濟度時，才能發揮其任運自然的神通力用！換言之：即自性清淨心和煩惱染污心，在本質上，即不可分離而同是如來藏的流露，是以一闡提也不離「無記無明」的阿賴耶識爲依持，故現在雖無善根，但仍然可依薰修的潛意力，而得再度能生起善念的作用。另一面：如來斷修惡故修惡永不會再生，但爲化度罪惡眾生，必須圓融三諦，而運用慈悲的複合，或爲與三惡道眾生，共事作業，故不得不以觀自惡，而保留「一念惡」理毒——性惡的存在。

⑨ 性染：性本清淨，爲眾生本具之性德。但因被境所迷而有所染。即眾生之本性，於先天就具有善、惡，稱爲性善、性惡；然在後天行爲所生之善、惡，稱爲修善、修惡。天台宗主張一念三千説，即十界皆具三千迷悟之法，乃佛陀斷盡修惡唯存性惡，一闡提斷盡修善而唯存性善，即性之善惡永不喪失。但本來清淨的性體，被煩惱而渲污爲性染。

⑨ 無生理觀：諸法無自性，爲因緣而生，雖生而非實有，性自不生，故云無生。能觀一切罪，皆從一念不了心性所生，故能觀心性本空，罪福無相，即一切法皆空寂的理懺，爲無生理觀。

⑨ 有作事儀：配置如法如儀，而莊嚴的場地爲修懺道場。

⑨ 五體投地：又作五輪投地、投地禮、接足禮、頭面禮、頂禮等。本爲印度所行禮法之一。據《大唐西域記》卷二載：印度禮敬法，共有九種之多，第九種禮即五體投地，爲所有禮法中的最殷重，佛教亦沿用之。現在的西藏佛教徒，在印度菩提伽耶等地亦盛行之行儀。所謂五體：指兩手、兩膝、頭頂等。然行此五體投地禮，亦表示對他人極度敬重推崇之意。又凡禮敬三寶時，必須五體投地，藉此以折伏憍慢而表達虔誠。以五體行禮，其義有五：（1）行禮者於右膝着地時，願使眾生得證覺道。（2）行禮者於左膝着地時，願使眾生於外道法不起邪見，悉得安立於正覺道中。（3）行禮者於右手

着地時，願如世尊坐於金剛座上，大地震動，呈現瑞相，證入大菩提。(4) 行禮者於左手着地時，願使眾生遠離外道，以四攝法（布施、愛語、利行、同事），攝取難調伏者，令其入正道。五行禮者於首着地時，願使眾生離憍慢心，悉得成就無見頂相（如來頭頂上之肉髻相，一切天人不能得見）。

⑯ 六根清淨位: 六根清淨，即眼至意等根無染，即我人的身心，由修持而得種種功德，獲得清淨而互用功能! 在天台教學中，即圓教六即中之「相似即位」，於此位菩薩，已斷除見思二惑，而得六根清淨位，即證四果阿羅漢。

⑰ 阿羅漢: 聲聞乘之極高位，譯: 應供、殺賊、無生。指斷盡三界見思惑，證得盡智，堪受世間人天供養之聖者。

⑱ 圓觀: 能觀諸法圓滿，即眾生一念具足三千之諸法；三千諸法融即於眾生之一念，行者在實踐行持，得眞智通達，稱爲圓觀的修行法。

⑲ 大乘懺法: 乘是運載義，係指能將眾生從煩惱之此岸，超中流而載至彼岸爲大乘教法。能於實踐理懺修習止觀，以通達眞智，得到圓融無礙，而證解脫爲大乘懺法（事懺屬小乘懺法）。

⑳ 三惡道: 或云三惡趣。即地獄、餓鬼、畜生。乃眾生造作惡業而所感報之處所。(1) 地獄在地下之鐵圍山間，有八寒八熱等，造上品十惡者墮入此趣，無有頃刻間的能離苦。(2) 餓鬼乃造中品十惡，其中罪重者，積刼不聞漿水。其次者，但求人間蕩滌膿血糞穢。輕者，時或一飽。(3) 畜生乃造下品十惡，有披毛戴角、鱗甲羽毛、四足多足、有足無足、於水陸空行等。

㉑ 三界: 即指眾生所居之處，乃欲界、色界、無色界。即迷妄之眾生，在生滅變化中流轉，依其境界而分三階級。(1) 欲界: 具有淫欲、情欲、色欲、食欲等，乃有情愛所居之世界。即上自第六他化自在天，中包括人界及四大洲；下至無間地獄等，因男女雜居，多諸染欲，故稱欲界。(2) 色界: 色爲變礙，或示現之義，乃得遠離欲界淫、食二欲，但仍具有清淨色質等，此界在欲界之上，無有欲染，亦無女形，其眾生皆由化生，由初禪至四禪共有十八天，但還有色質，故稱色界。(3) 無色界，唯有受想行識四心，而無物質，唯有識情所居之處。此界無一物質，亦無身體、宮殿、國土、唯以

「心識」住於深妙禪定中，共有四天，即空無邊處天、識無邊處、無所有處、非想非非想處，又稱四無色天、四空處天。

⑩ 波旬：意譯爲殺者、惡物、惡中惡、惡愛，指能斷除人之生命與善根，稱爲波旬惡魔。魔王具很毒的心行，時時常隨逐佛及諸弟子，企圖擾亂，障礙善法、破壞勝事，即犯逆佛及亂僧之罪，乃諸罪中之最大。現在亦有魔王波旬的出現，即穿佛衣、食佛飯、住佛寺，但其行爲都違反佛法，即成爲佛教中之附佛外道的邪見者，亦稱波旬魔王。

⑩ 入滅：或云入滅度、入寂滅，即滅盡世間之煩惱執着，入無漏解脫，亦即指捨肉身而歿。此語不僅是指佛陀，歷代祖師、高僧、聖者之死亦可稱入滅。

⑩ 道樹：又云覺樹、思惟樹。即指釋尊於覺樹之下，金剛寶座上成佛。故尊成佛的寶座爲道樹。

⑩ 法輪：即對佛法常轉之喻稱。以輪比喻佛法，其義有三，即：（1）摧破義，因佛法能摧破眾生之罪惡，猶如轉輪王寶，能輾摧山岳岩石，故喻之爲法輪。（2）輾轉義，因佛之說法不停滯，如車輪輾轉不停。（3）圓滿義，因佛說法，其教法圓滿無缺，故稱法輪。《大智度論》卷二五（大正二五～二四五Ａ）說：佛轉法輪，一切世間，天及人中，無礙無遮。……遇佛法輪，一切煩惱毒皆滅。……一切邪見、疑悔、災害皆悉消滅。

⑩ 涅槃：參考⑪。

⑩ 六道凡夫：參考⑫。六道中的天人，其衣食住比人間享受，但雖是最高之「非想非非想處」的天人，還未能解脫三界生死，故還稱凡夫。所謂凡夫是具無明、塵沙、見思煩惱的齊備，故必隨業受報而不得自在，故稱凡夫。

⑩ 二乘聖賢：乘是運載義。二乘即指聲聞乘與緣覺乘。（1）直接聽聞佛陀說四諦法，而依諦理修行證悟者稱爲聲聞乘。（2）未曾親聽佛說法，而獨自依十二因緣法，能依理修持證道者爲緣覺乘。證二乘的行者，已斷三界內之見思煩惱，不再受三界生死，即已脫離三界苦海，故稱聖人、賢人，可由之再向上進修，能成佛道。

⑩ 菩薩：菩提薩埵之略稱。譯爲大道心眾生、覺有情等。和聲聞、緣覺合稱爲三乘。又上求佛道、下化眾生之慈悲行者。亦是自利、利

他圓滿的勇猛求菩提者。菩薩道的特色是大慈與大悲。大慈，能愛護一切眾生，常爲隨眾生之所求而饒益有情。大悲是能拔除眾生之苦，常懷悲心以拯救而使眾生離苦。

⑩ 如來：佛陀十號之一。即乘如實道，來成正覺。如來是因境契合，功果圓滿。且來至人間八相成道，爲應身如來而度眾生，但不失眞如性中的眞實涅槃爲如；雖在涅槃如實中，還不忘度眾生爲來。又遍一切處而無有變質爲如，不動而至應一切眾生處爲來。

⑪ 有爲善根：有爲是指有所造作，即針對由因緣和合的現象。亦以生滅變化中之現象，而以生、住、異、滅之四有爲相，現其特徵。有爲法乃無常法，於每一刹那皆在轉變、遷移稱有爲。善根：又作善本、德本，即能產生諸法善之根本。無貪瞋痴爲善根之體。所謂有爲善根，是指修四諦法，唯斷三界見思煩惱，證方便有餘涅槃是有爲善根。尚未修六度萬行，故不能稱無餘涅槃。但超勝人天之善根甚多。

⑫ 無漏善根：無漏是有漏的對稱。漏是煩惱之異名，即貪、瞋等煩惱，日夜由眼耳等六根門而漏泄不止故稱爲漏。又煩惱能令人墮落至於三惡道爲漏。反之，離煩惱垢染之清淨爲無漏。如涅槃、菩提等，能斷三界煩惱法爲無漏。旣斷見思惑，不停滯於二乘道，尚能進修六度萬行的菩薩道爲無漏善根。

⑬ 上求下化：即上求菩提，下化眾生。上求是自利，下化是利他。亦即是菩薩於初發心時，所立弘誓，自求菩提而淨佛土，以大悲赴諸難而化導一切眾生。所謂功德，乃行善所獲之果報，即功能德用。又善能滋潤福利之功；由修功所得之能獲善用，其爲德用。

⑭ 廻向：以自己所修之善根功德，廻轉與眾生，並使自己趨入菩提爲廻向。

⑮ 三有：見❻。

⑯ 緣因、了因：乃三因佛性之二因。所謂緣因，緣即助緣，一切功德善根，能資助了因，開發正因之性爲緣因佛性。了因是由善根的互照，明徹自智的照了，即由智與理的相應爲了因佛性。正因是中正雙照，離於邊邪，照空照假，非空非假，三諦具足爲正因佛性。又諸法實相之理體是成佛之正因。

⑰ 三德：見❺。

⑱　四弘誓願，參見❺。

⑲　淨土：指菩提修成之清淨處所，為諸佛之所居處。稱為淨國、淨域、淨世界等。對之眾生的所居處，有煩惱污穢，故稱為污染地如火宅。所謂淨土，乃諸佛在因地行菩薩道時，累積功德，以建立之莊嚴清淨世界。故凡是諸佛的住處，都稱淨土。在諸佛淨土中，東方有藥師佛的淨瑠璃世界，阿彌陀佛的西方極樂世界等。有關信仰淨土往生之說，在印度盛極一時，我國在南北朝的道安法師，即有彌勒淨土的提倡，至慧遠大師，即強調西方阿彌陀淨土，至現代還盛！

⑳　堪忍世界：堪忍是忍受身心之壓迫痛苦。堪忍世界即指眾生所住之娑婆世界，即眾生忍受貪瞋痴的三毒浸害，及受諸苦惱。但菩薩也為救度眾生，忍受勞倦而住於是處，故稱為堪忍世界。

㉑　大正九～一四Ｃ。

㉒　安養：為西方極樂世界之異名。或稱安樂、安養國、安養淨土、安養世界等。因住此，可得安心、養身，故稱安養。

㉓　四時坐禪：在一日中的四次定時坐禪。即早晨二點、上午十點、下午四點、下午八點。乃異於道教之子午卯酉的四時靜坐。古代之行者，強調如是規定時間的坐禪，也許配合身體上調整之需要。

㉔　安樂行品：大正九～三七Ａ。

㉕　禪：印度語稱「禪那」、「馱衍那」、「持阿那」，乃集中心意，令不散亂，以思慮真理的一種修行法。譯為棄惡、功德叢林、思惟修，靜慮等。禪為小乘、大乘、外道、凡夫等共修。悟我空偏真之理而修是小乘禪；悟我法二空，所顯真理而修，是最上乘禪。

㉖　如來禪：能頓悟自心，本來清淨，無有煩惱，且足無漏智性與佛無異，稱「如來禪」。

㉗　祖師禪：中唐以後，將本來清淨，頓悟自心的傳統如來禪，認為尚有滯礙於義解名相，仍未能達至於達摩西來的本意，故仰山慧寂（八四〇～九一六）禪師，倡立「祖師禪」，以顯揚達摩西來的傳心本懷，以別其他諸禪。又「祖師禪」稱為「南宗禪」，即六祖慧能（六三八～七一三）大師以下的五家七宗之尊奉。主張教外別傳、不立文字、不依言語，直接由師父傳給弟子的祖祖相傳，以心印心、見性成佛為祖師禪。

⑫ 野狐禪：禪林用語。以喻似是而非之禪。即所謂不契合禪之眞義，而自許爲契合。此語係出自唐代禪宗高僧百丈懷海（七二〇～八一四）禪師，開導野狐之談話。參照《無門關》第二則（大正四八～二九三Ａ）。

⑫ 邪僞禪：係是錯誤之禪定，即指不善一心之邪禪定。又稱魔禪，如爲求神通，役使鬼神而修禪，乃是違逆正理之禪，能損害正道，故稱邪僞禪。

⑬ 五蘊：蘊是積聚義，即五種有爲法之類別，乃色受想行識等，人之身心，即由五蘊假合而成。

⑬ 帝網：即帝釋天主之寶網，其網結皆附寶珠，其寶珠明徹互顯，而映現無盡的重重寶珠之影。《華嚴經》以帝網喻諸法之一與多，相即相入；重重無盡以顯示無礙圓融的法門。

⑬ 九界：即地獄、餓鬼、畜生、阿修羅、人間、天上、聲聞、緣覺、菩薩。然九界的眾生，悉有執迷之心，唯佛界，始能離情執而顯全知見。

⑬ 性具：性指法界性、法性、眞如，或稱本、理、體。具是具足、具有。性具即吾人本有之眞如法性。天台宗主張：法界中之一一事法，本來圓具十界三千迷悟因果的諸法，稱性具。故在實踐行中，主張十界（六凡四聖）互具，謂眾生本性，善惡具備，故眾生與佛根本無差別。但佛已斷修惡，一切惡不會再生，故凡夫必依實踐修行，始能斷惡而趣入善的境界。

⑬ 本覺：指本有之覺性。爲「始覺」之對稱，即經過後天的修習，次第斷破無始以來的迷惑，能啟發心源，稱爲「始覺」；先天本有而不受煩惱污染迷相影響，其心體本性，乃本來清淨之覺體，稱爲本覺。

⑬ 離四句絕百非：乃爲眾生之有無對待等，迷執、邪見而明：眞空無相不可得的常用語。三論宗、禪宗均常用爲接引學人。所謂四句：即有、無、亦有亦無、非有非無等。此外，《維摩玄疏》對四句之說，有十種之多。又北本《大般涅槃經》，以非有、非無、非有爲、非無爲、非有漏、非無漏，乃至非過去、非未來、非現在等的種種否定。故知四句百非，均爲基於一切判斷，與論議之立場的假設概念，但佛教之究極宗旨，乃超越如是概念，而達於言亡慮絕的

境界，故在實踐門，具有「離四句絕百非」的名言。

⑬ 首楞嚴禪：又稱健行三昧。首楞嚴，意爲堅固攝持諸法。乃諸佛及
菩薩所住之禪定，菩薩住此三昧，則於諸三昧行相之多少深淺，悉
能分別了知，且一切魔惱都不能破壞。此三昧不以一事一緣一義而
已，即一切禪定解脫三昧，神通如意無礙智慧，皆攝在首楞嚴定
中。

⑬ 法華三昧：乃天台宗所立，四種三昧之一，即依據《法華經》及《
觀普賢經》而修之法，分爲有相行、無相行。（1）有相行是依「法
華勸發品」，以散心念誦《法華經》，不入禪定，故必須在坐立行
中，都要一心念誦法華文字，並於日夜的六時，爲六根懺悔六根
罪。（2）無相行是依據「安樂行品」，入於甚深之妙禪定，以了達
實相，空假中三諦的正空。

⑬ 參照⑲。

⑬ 摩訶止觀：摩訶，意譯爲大、多、勝。止是停息一切外境與妄念，
而專心貫注於特定的對象；觀是以生起正智正慧而觀爲對象。止觀
即定慧二法，或作寂照、明靜。止與觀的相輔相成，即能完成佛
道。所謂《摩訶止觀》是天台三大部之一，即以《法華經》作爲實
踐化，是智者（五三八～五九七）大師晚年最圓熟的論書，於湖北
當陽縣玉泉寺所說。凡十卷，由灌頂（五六一～六二七）大師筆
錄，現收藏於《大正藏》第四十六冊中。內容是：詳說圓頓實踐
法，乃以宗教信仰與宗教實踐，即禪觀思惟而體驗，得超常識的宗
教證悟爲旨趣。十卷分爲五略十廣而宣說。然至第七正修章，乃是
智者大師在天台華頂峯的妙悟境界之闡揚！

⑭ 一乘十觀：乘是運載義。一乘是指佛乘，即佛說一乘法，爲令眾生
依此修行，能出離苦海，運至涅槃彼岸。十觀：又稱十種觀法、十
乘觀。此十種觀，係由《金光明經》《大智度論》等，大小乘經論
中，所採取而來的綜合觀法，旨在俾行者們的心念中，能觀實相而
體證三諦圓融的原理，故凡是能依法而實踐行持，可以說是捷徑中
之捷徑，即妙趣實所的觀法。即（1）觀不思議境，（2）起慈悲心，
（3）巧安止觀，（4）破法徧，（5）識通塞，（6）修道品，（7）對治
助開，（8）知次位，（9）能安忍，（10）無法愛等。第一之「觀不
思議境」，是依境立名。「起慈悲心」以下的九乘，是行從名。

又，初之一乘是九乘的根本──觀道常軌，且是觀行之總體，即上中下三根普被共修的眞相，餘九乘是別相，如應病之輕重投藥。故從第二「起慈悲心」乃至第七「對治助開」的六法，是輔助修觀的巧術，第八「知次位」以下的三法，是表明進趣的方法，即專爲針對下根性者的便宜而設。再說：初至四是行門正軌，次三是隨宜的方便，後三是進趣的運用，故後三不能稱爲觀法，唯作前七之修觀的成就後，作爲經歷過程的位次之表明而已。

⑭ 圓頓大乘：是圓滿頓超，即立地可達悟界，得可頓速成佛的大乘法。因爲眾生一念具足十法界，十法界諸法融即於眾生之一念，故云一色一香皆中道，自他融即，生佛不二，故行者修理懺的實踐止觀，以觀實相，即能三惑同斷，頓速圓滿具足諸法而證果，故稱圓頓大乘行。

年　表

（由《四明尊者教行錄》第一·

大正四六～八五七Ｃ·及其他錄出）

宋建隆元年	西元九六〇	誕　生	大師名知禮，字約言。俗姓金氏，父諱經、母李氏。大師之父母禱佛，夢梵僧携童子來至說：「此佛子羅睺羅也」。其母孕而誕生大師於浙江省寧波縣，羣城白塔巷。
乾德四年	西元九六六	七歲	遇母喪而哭絕不已，遂懇求其父，准其出家於太平興國寺，投禮洪選上人爲師。
開寶七年	西元九七四	十五歲	受具足戒，後專攻律部。
太平興國四年	西元九七九	二十歲	隨侍義通大師，學習天台教觀。
太平興國六年	西元九八一	二十二歲	常代義通大師講座，宣講諸經論。
端拱元年	西元九八八	二十九歲	遇恩師義通大師圓寂而遷住乾符寺。
至道元年	西元九九五	三十六歲	因乾符寺之堂舍狹隘而移錫城東保恩院。且改爲長講「天台教觀」之十方叢林。

咸平三年	西元一〇〇〇	四十一歲	是年大旱，和遵式、異聞大師等，恭修《光明懺》祈雨獲甚驗！又《金光明經》廣略之辯，即始於此年，而撰《釋難扶宗記》予以辯正。
咸平六年	西元一〇〇三	四十四歲	九月，為應日本僧——寂照、源信等，請問「台宗問目二十七條」為之答釋。
景德元年	西元一〇〇四	四十五歲	正月著《十不二門指要鈔》二卷。
景德二年	西元一〇〇五	四十六歲	繼齊作《指濫》，遂以《別理隨緣二十問》而反駁。
景德三年	西元一〇〇六	四十七歲	十二月著《十義書》，呈與慶昭大師。
景德四年	西元一〇〇七	四十八歲	六月著《觀心二百問》。
大中祥符三年	西元一〇一〇	五十一歲	十月，保恩院得勅賜為延慶寺。
大中祥符四年	西元一〇一一	五十二歲	七月，將立四明延慶寺，為十方傳教叢林。
大中祥符六年	西元一〇一三	五十四歲	二月十五日設立念佛施戒會於延慶寺。
大中祥符七年	西元一〇一四	五十五歲	九月著《觀經融心解》、《教問、雜問》七章。
大中祥符九年	西元一〇一六	五十七歲	實踐《法華懺》三年圓滿。
天禧元年	西元一〇一七	五十八歲	得勅賜紫架裟。著《消伏三用章》。

天禧四年	西元一〇二〇	六十一歲	得勅封「法智大師」號。
天禧五年	西元一〇二一	六十二歲	八月著《觀音玄義記》四卷、《觀經妙宗鈔》六卷。《修懺要旨》一卷。
天聖元年	西元一〇二三	六十四歲	正月與天童子凝師討論達摩門下三人得道之深淺。三月回答禪宗清泰師，佛法十問。四月撰《光明玄拾遺記》三卷。
天聖三年	西元一〇二五	六十六歲	四月奏上朝廷，以西湖作為放生池，永立放生會。七月於四明延慶院建立放生池碑。
天聖五年	西元一〇二七	六十八歲	十二月撰《光明文句》六卷。因以迫近歸寂而不及終帙，後由其門人廣智大師，續「讚佛品」一品而完成。
天聖六年	西元一〇二八	六十九歲	正月元旦起，建修「光明懺」以七日為期，但至第五日，結跏趺坐，召大眾說「法華」，並稱念阿彌陀佛數百聲，而安然圓寂。壽六十九，戒臘五十四夏。露龕二七・十四天，顏貌如生，舌根不壞，若蓮華然！
明道二年	西元一〇三三		七月，徒眾為奉安舍利建塔於南城崇法院之左。

綜上知禮大師之年譜，可獲悉大師的一生，乃非講即寫，且自四十歲以後，更是積極的專務講懺修持，而常坐不臥，且足不外出。所講《法華玄義》七遍，《文句》八遍，《止觀》八遍，

《涅槃疏》一遍，《淨名疏》二遍，《光明玄義》十遍，《別行玄》七遍，《觀經疏》七遍。《金剛錍》、《止觀義例》、《大意》、《十不二門》、《始終心要》等不計其數。更在實踐修持，即修《法華懺》三七期五遍，《光明懺》七日期二十遍，《彌陀懺》七日期五十遍，《請觀音懺》七七期八遍，《大悲懺》三七期十遍。更結集十僧，嚴修《法華懺》長期三年，十僧修《大悲懺》三年。又燃三指以捨身供佛。更且敬造彌陀、觀音、勢至、普賢、文殊聖像等各二十尊，並天台祖師像亦二十尊。刊印教乘亦滿一萬卷之多。所著《光明玄續遺記》三卷，《光明文句記》六卷，《妙宗鈔》三卷，《別行玄記》四卷，《指要鈔》二卷，《扶宗記》二卷，《十義書》三卷，《觀心二百問》一卷，《解謗書》三卷，《金光明三昧儀》、《大悲懺儀》、《修懺要指》各一卷。其他如《融心解》、《義例境觀》、《起信融會章》、《別理隨緣二十問》，還有《消伏三用章》、《光明玄當體章問》、《答日本僧源信問》、《釋楊文公三問》、《絳幃問答》等。又大師對《大乘起信論》亦大有悟入，且其著述，亦多所援引，故時人立一匾，稱其堂為「起信」以作留念。

知禮大師的徒眾甚多，其中能領眾弘揚教觀者，有三十多位，即：尚賢、本如、梵臻、則全、慧才、崇矩、覺琮大師等。入室弟子有四百八十多位。升堂超過千人之多。親手為之剃度者，立誠師等七十餘位。大師雖圓寂千年後的今天，凡是台宗後裔，都尊稱知禮大師為「四明尊者」（大師誕生於四明、浙江省寧波）、「法智大師」、「天台宗第十七代祖師」而恭敬永為奉祠。

參 考 資 料

1. 法華玄義釋籤（大正三三）
2. 法華文句記（大正三四）
3. 摩訶止觀輔行傳弘決（大正四六）
4. 卍續藏經第九五冊・第一○○冊・第一二八冊
5. 大正大藏經第三九冊・第四六冊・第四八冊・第四九冊・第五○冊
6. 國譯一切經諸宗部（日文）第十三・十四
7. 天台宗要論叢刊（建康書局）
8. 佛光大辭典（佛光山版）
9. 佛典解題事典（日文・水野弘元等編）
10. 中國佛教史辭典（日文・鐮田茂雄編）
11. 唐代天台學研究（日文・日比宣正著）
12. 宋代佛教史研究（日文・高雄義堅著）
13. 十不二門論講義（日文・島地大等著）
14. 十不二門指要鈔詳解（宋・可度）
15. 佛性與般若　牟宗三（學生書局）
16. 天台教學史　釋慧岳（中華佛教文獻編撰社）

索 引

一　畫

二　畫

四　畫

五　畫

六　畫

色具三千　*21, 44*

色法也具三千　*19*

七　畫

佛性　*24, 25, 27, 35, 55, 89, 119, 135, 138, 140, 144,*
　152, 161, 167, 193

《佛說三十五佛名禮懺文》　*223*

但中　*116*

但中之理　*159*

但理　*105, 159*

作法懺　*235*

別教　*44, 51, 52, 53, 54, 55, 84, 88, 89, 90, 94, 99, 100,*
　104, 105, 113, 117, 127, 136, 152, 153, 154, 155,
　156, 157, 158, 159, 172, 182, 184, 189

別理隨緣　*17, 65, 155, 156, 157*

《別理隨緣二十問》　*280*

即中　*121*

即空　*121*

即假　*121*

八　畫

事三千　*80*

事中之一念　*40*

事用三千　*80*

事別三千　*31*

十 二 畫

十六畫

書　　名	作　者	出版狀況
德　　日　進	陳　澤　民	撰　稿　中
朋　謂　斐　爾	卓　新　平	撰　稿　中

書　　　名	作　者	出版狀況
馮・賴特	陳　波	撰稿中
赫　爾	馮耀明	撰稿中
帕爾費特	戴　華	撰稿中
梭　羅	張祥龍	撰稿中
愛默生	陳　波	撰稿中
魯一士	黃秀璣	已出版
珀爾斯	朱建民	撰稿中
詹姆斯	朱建民	撰稿中
杜威	葉新雲	撰稿中
蒯因	陳　波	已出版
帕特南	張尚水	撰稿中
庫恩	吳以義	排印中
費耶若本	苑舉正	撰稿中
拉卡托斯	胡新和	撰稿中
洛爾斯	石元康	已出版
諾錫克	石元康	撰稿中
海耶克	陳奎德	撰稿中
羅蒂	范　進	撰稿中
喬姆斯基	韓林合	排印中
馬克弗森	許國賢	已出版
希克	劉若韶	撰稿中
尼布爾	卓新平	已出版
默燈	李紹崑	撰稿中
馬丁・布伯	張賢勇	撰稿中
蒂里希	何光滬	撰稿中

世界哲學家叢書(八)

書　　　　名	作　　者	出版狀況
馬　賽　爾	陸　達　誠	已　出　版
梅露・彭迪	岑　溢　成	撰　稿　中
阿　爾　都　塞	徐　崇　溫	撰　稿　中
葛　蘭　西	李　超　杰	撰　稿　中
列　維　納	葉　秀　山	撰　稿　中
德　希　達	張　正　平	撰　稿　中
呂　格　爾	沈　清　松	撰　稿　中
富　　科	于　奇　智	撰　稿　中
克　羅　齊	劉　綱　紀	撰　稿　中
布　拉　德　雷	張　家　龍	撰　稿　中
懷　特　海	陳　奎　德	已　出　版
愛　因　斯　坦	李　醒　民	撰　稿　中
玻　　爾	戈　　革	已　出　版
卡　納　普	林　正　弘	撰　稿　中
卡爾・巴柏	莊　文　瑞	撰　稿　中
坎　培　爾	冀　建　中	撰　稿　中
羅　　素	陳　奇　偉	撰　稿　中
穆　　爾	楊　樹　同	撰　稿　中
弗　雷　格	王　　路	已　出　版
石　里　克	韓　林　合	已　出　版
維　根　斯　坦	范　光　棣	已　出　版
艾　耶　爾	張　家　龍	已　出　版
賴　　爾	劉　建　榮	撰　稿　中
奧　斯　丁	劉　福　增	已　出　版
史　陶　生	謝　仲　明	撰　稿　中

世界哲學家叢書 (七)

書　　　　　　　名	作　　　者	出　版　狀　況
普　列　哈　諾　夫	武　雅　琴	撰　稿　中
約　　翰　　彌　　爾	張　明　貴	已　　出　　版
狄　　　爾　　　泰	張　旺　山	已　　出　　版
弗　洛　伊　德	陳　小　文	已　　出　　版
阿　　　德　　　勒	韓　水　法	撰　稿　中
史　　賓　　格　　勒	商　戈　令	已　　出　　版
布　倫　坦　諾	李　　河	撰　稿　中
韋　　　　　伯	陳　忠　信	撰　稿　中
卡　　　西　　　勒	江　日　新	撰　稿　中
沙　　　　　特	杜　小　眞	撰　稿　中
雅　　　斯　　　培	黃　　藿	已　　出　　版
胡　　　塞　　　爾	蔡　美　麗	已　　出　　版
馬　克　斯・謝　勒	江　日　新	已　　出　　版
海　　　德　　　格	項　退　結	已　　出　　版
漢　娜　鄂　蘭	蔡　英　文	撰　稿　中
盧　　　卡　　　契	謝　勝　義	撰　稿　中
阿　多　爾　諾	章　國　鋒	撰　稿　中
馬　爾　庫　斯	鄭　　湧	撰　稿　中
弗　　　洛　　　姆	姚　介　厚	撰　稿　中
哈　伯　馬　斯	李　英　明	已　　出　　版
榮　　　　　格	劉　耀　中	已　　出　　版
柏　　　格　　　森	尚　新　建	撰　稿　中
皮　　　亞　　　傑	杜　麗　燕	已　　出　　版
別　爾　嘉　耶　夫	雷　永　生	撰　稿　中
索　洛　維　約　夫	徐　鳳　林	已　　出　　版

世界哲學家叢書(六)

書　　　　　名	作　　者	出版狀況
洛　　　　　　克	謝啟武	撰稿中
巴　克　萊	蔡信安	已出版
休　　　　謨	李瑞全	已出版
托馬斯·銳德	倪培林	撰稿中
梅　里　葉	李鳳鳴	撰稿中
狄　德　羅	李鳳鳴	撰稿中
伏　爾　泰	李鳳鳴	已出版
孟德斯鳩	侯鴻勳	已出版
盧　　　梭	江金太	撰稿中
帕　斯　卡	吳國盛	撰稿中
達　爾　文	王道遠	撰稿中
施萊爾馬赫	鄧安慶	撰稿中
康　　　德	關子尹	撰稿中
費　希　特	洪漢鼎	排印中
謝　　　林	鄧安慶	已出版
黑　格　爾	徐文瑞	撰稿中
叔　本　華	鄧安慶	撰稿中
祁　克　果	陳俊輝	已出版
尼　　　采	商戈令	撰稿中
彭　加　勒	李醒民	已出版
馬　　　赫	李醒民	已出版
迪　　　昂	李醒民	撰稿中
費爾巴哈	周文彬	撰稿中
恩　格　斯	李步樓	撰稿中
馬　克　斯	洪鎌德	撰稿中

世界哲學家叢書 (五)

書　　　　名	作　　者	出版狀況
楠　本　端　山	岡田武彥	已　出　版
吉　田　松　陰	山口宗之	已　出　版
福　澤　諭　吉	卞　崇　道	撰　稿　中
岡　倉　天　心	魏　常　海	撰　稿　中
中　江　兆　民	畢　小　輝	撰　稿　中
西　田　幾　多　郎	廖　仁　義	撰　稿　中
和　辻　哲　郎	王　中　田	撰　稿　中
三　　木　　清	卞　崇　道	撰　稿　中
柳　田　謙　十　郎	趙　乃　章	撰　稿　中
柏　　拉　　圖	傅　佩　榮	撰　稿　中
亞　里　斯　多　德	曾　仰　如	已　出　版
伊　壁　鳩　魯	楊　　適	撰　稿　中
愛　比　克　泰　德	楊　　適	撰　稿　中
柏　　羅　　丁	趙　敦　華	撰　稿　中
聖　奧　古　斯　丁	黃　維　潤	撰　稿　中
安　　瑟　　倫	趙　敦　華	撰　稿　中
安　　薩　　里	華　　濤	撰　稿　中
伊　本·赫　勒　敦	馬　小　鶴	已　出　版
聖　多　瑪　斯	黃　美　貞	撰　稿　中
笛　　卡　　兒	孫　振　青	已　出　版
蒙　　　　田	郭　宏　安	撰　稿　中
斯　賓　諾　莎	洪　漢　鼎	已　出　版
萊　布　尼　茨	陳　修　齋	已　出　版
培　　　　根	余　麗　嫦	撰　稿　中
托　馬　斯·霍　布　斯	余　麗　嫦	已　出　版

世界哲學家叢書(四)

書　　　　名	作　者	出版狀況
世　　　　親	釋依昱	撰稿中
商　　羯　　羅	黃心川	撰稿中
維韋卡南達	馬小鶴	撰稿中
泰　戈　爾	宮靜	已出版
奧羅賓多·高士	朱明忠	已出版
甘　　　　地	馬小鶴	已出版
尼　　　赫　　魯	朱明忠	撰稿中
拉達克里希南	宮靜	撰稿中
元　　　　曉	李箕永	撰稿中
休　　　　靜	金煐泰	撰稿中
知　　　　訥	韓基斗	撰稿中
李　栗　谷	宋錫球	已出版
李　退　溪	尹絲淳	撰稿中
空　　　　海	魏常海	撰稿中
道　　　　元	傅偉勳	排印中
伊藤仁齋	田原剛	撰稿中
山鹿素行	劉梅琴	已出版
山崎闇齋	岡田武彥	已出版
三宅尙齋	海老田輝巳	已出版
中江藤樹	木村光德	撰稿中
貝原益軒	岡田武彥	已出版
荻生徂徠	劉梅琴	撰稿中
安藤昌益	王守華	撰稿中
富永仲基	陶德民	撰稿中
石田梅岩	李甦平	撰稿中

世界哲學家叢書 (三)

書　　　　　　名	作　　　者	出版狀況
澄　　　　　　觀	方　立　天	撰　稿　中
宗　　　　　　密	冉　雲　華	已　出　版
永　明　延　壽	冉　雲　華	撰　稿　中
湛　　　　　　然	賴　永　海	已　出　版
知　　　　　　禮	釋　慧　嶽	排　印　中
大　慧　宗　杲	林　義　正	撰　稿　中
袾　　　　　　宏	于　君　方	撰　稿　中
憨　山　德　清	江　燦　騰	撰　稿　中
智　　　　　　旭	熊　　　琬	撰　稿　中
康　　有　　爲	汪　榮　祖	撰　稿　中
譚　　嗣　　同	包　遵　信	撰　稿　中
章　　太　　炎	姜　義　華	已　出　版
熊　　十　　力	景　海　峰	已　出　版
梁　　漱　　溟	王　宗　昱	已　出　版
胡　　　　　　適	耿　雲　志	撰　稿　中
金　　岳　　霖	胡　　　軍	已　出　版
張　　東　　蓀	胡　偉　希	撰　稿　中
馮　　友　　蘭	殷　　鼎	已　出　版
唐　　君　　毅	劉　國　強	撰　稿　中
牟　　宗　　三	鄭　家　棟	撰　稿　中
宗　　白　　華	葉　　朗	撰　稿　中
湯　　用　　彤	孫　尚　揚	排　印　中
賀　　　　　　麟	張　學　智	已　出　版
龍　　　　　　樹	萬　金　川	撰　稿　中
無　　　　　　著	林　鎭　國	撰　稿　中

世界哲學家叢書 (二)

書　　　名	作　　者	出　版　狀　況
胡　　　　宏	王　立　新	排　印　中
朱　　　　熹	陳　榮　捷	已　出　版
陸　　象　山	曾　春　海	已　出　版
陳　白　沙	姜　允　明	撰　稿　中
王　廷　相	葛　榮　晉	已　出　版
王　陽　明	秦　家　懿	已　出　版
李　卓　吾	劉　季　倫	撰　稿　中
方　以　智	劉　君　燦	已　出　版
朱　舜　水	李　甦　平	已　出　版
王　船　山	張　立　文	撰　稿　中
眞　德　秀	朱　榮　貴	撰　稿　中
劉　蕺　山	張　永　儁	撰　稿　中
黃　宗　羲	吳　　　光	撰　稿　中
顧　炎　武	葛　榮　晉	撰　稿　中
顏　　　元	楊　慧　傑	撰　稿　中
戴　　　震	張　立　文	已　出　版
竺　道　生	陳　沛　然	已　出　版
眞　　　諦	孫　富　支	撰　稿　中
慧　　　遠	區　結　成	已　出　版
僧　　　肇	李　潤　生	已　出　版
智　　　顗	霍　韜　晦	撰　稿　中
吉　　　藏	楊　惠　南	已　出　版
玄　　　奘	馬　少　雄	撰　稿　中
法　　　藏	方　立　天	已　出　版
惠　　　能	楊　惠　南	已　出　版

世界哲學家叢書㈠

書　　　　　　名	作　　　者	出　版　狀　況
孔　　　　　　子	韋　政　通	撰　稿　中
孟　　　　　　子	黃　俊　傑	已　出　版
荀　　　　　　子	趙　士　林	撰　稿　中
老　　　　　　子	劉　笑　敢	撰　稿　中
莊　　　　　　子	吳　光　明	已　出　版
墨　　　　　　子	王　讚　源	撰　稿　中
公　孫　龍　子	馮　耀　明	撰　稿　中
韓　　非　　子	李　甦　平	撰　稿　中
淮　　南　　子	李　　增	已　出　版
賈　　　　　誼	沈　秋　雄	撰　稿　中
董　　仲　　舒	韋　政　通	已　出　版
揚　　　　　雄	陳　福　濱	已　出　版
王　　　　　充	林　麗　雪	已　出　版
王　　　　　弼	林　麗　眞	已　出　版
郭　　　　　象	湯　一　介	撰　稿　中
阮　　　　　籍	辛　　旗	排　印　中
嵇　　　　　康	莊　萬　壽	撰　稿　中
劉　　　　　勰	劉　綱　紀	已　出　版
周　　敦　　頤	陳　郁　夫	已　出　版
邵　　　　　雍	趙　玲　玲	撰　稿　中
張　　　　　載	黃　秀　璣	已　出　版
李　　　　　覯	謝　善　元	已　出　版
楊　　　　　簡	鄭　曉　江	排　印　中
王　　安　　石	王　明　蓀	已　出　版
程　顥　、　程　頤	李　日　章	已　出　版